Wolfgang Kiener · Frater Johannes Weise

Die Individualismus-Falle

Warum die Lebensfreude schwindet und wie wir das ändern können

Mit einem Vorwort von Anselm Bilgri

Deutscher Taschenbuch Verlag

All den Menschen, in deren Gegenwart zu leben
uns eine Freude ist

FSC
Mix
Produktgruppe aus vorbildlich
bewirtschafteten Wäldern und
anderen kontrollierten Herkünften

Zert.-Nr. GFA-COC-1298
www.fsc.org
© 1996 Forest Stewardship Council

Der Inhalt dieses Buches wurde auf einem nach den
Richtlinien des Forest Stewardship Council zertifizierten
Papier der Papierfabrik Munkedal gedruckt.

Originalausgabe
Mai 2008
Deutscher Taschenbuch Verlag GmbH & Co. KG,
München
www.dtv.de
Umschlagkonzept: Balk & Brumshagen
Umschlagfoto: Christine Strub
Satz: Greiner & Reichel, Köln
Gesetzt aus der Stone 9,5/12˙
Druck und Bindung: Kösel, Krugzell
Gedruckt auf säurefreiem, chlorfrei gebleichtem Papier
Printed in Germany
ISBN 978-3-423-24675-0

»Man müßte die Frage untersuchen,
weshalb unsere Lebensweise uns in
eine Lage versetzt, die das Alte Testament
als die schlimmste Sünde der Hebräer
bezeichnet: nämlich mitten im Überfluß
ohne Freude zu leben.«
Erich Fromm

»Ein kollektives Problem erscheint –
solange es nicht als solches erkannt ist –
stets als ein persönliches und erweckt dann
gegebenenfalls die Illusion, es sei im Gebiet der
persönlichen Psyche etwas nicht in Ordnung.
Tatsächlich ist der persönliche Bereich gestört,
aber nicht notwendigerweise primär, sondern
vielmehr sekundär, infolge einer unzuträglichen
Veränderung der sozialen Atmosphäre.«
Carl G. Jung

»Unwissentlich Gefangene ihres eigenen Egoismus,
fühlen die Menschen sich unsicher, vereinsamt und
der naiven, einfachen und unkomplizierten
Lebensfreude beraubt.«
Albert Einstein

Inhalt

Anselm Bilgri
Zum Geleit

Eine der großen Errungenschaften der Moderne ist die Gewinnung der individuellen Freiheit. Die grundsätzliche Möglichkeit der freien Wahl ist besonders in unseren demokratisch geprägten Gesellschaften zu einem Merkmal des selbstbestimmten Lebens geworden. Zu früheren Zeiten und heute noch in anderen Kulturen war der Mensch viel mehr fremdbestimmt, als wir es uns vorstellen können. Die Wahl des Berufs, des Lebenspartners, des Wohnortes und vieles andere wurde dem Individuum durch das gesellschaftliche Umfeld, in das der Mensch hineingeboren wurde, abgenommen und vorgegeben. Demgegenüber haben die »vier Mobilitäten« in geografischer, sozialer, partnerschaftlicher und politischer Hinsicht unbegrenzte Möglichkeiten der Wahl geschaffen. Gleichzeitig erfährt der Einzelne diese Möglichkeit der Wahl zunehmend als Qual. Er muss ständig Entscheidungen treffen, muss die richtigen Kriterien für sein Urteil finden und anwenden, und wenn er sich für das eine entscheidet, verzichtet er auf das andere.

Dies ist nur eine Seite des Problems, das wir mit dem Begriff des modernen Individualismus benennen, aber eine alltäglich erfahrbare. Ganz banal erlebbar ist das beim Einkaufen in einem großen Supermarkt, wenn man vor einem Regal voll gleichartiger Produkte steht, die sich nur durch das Etikett voneinander unterscheiden. Diese Fülle von Wahlmöglichkeiten hatte man zu den Zeiten noch nicht, als es um das bloße Überleben ging. Heute scheint es in Verbindung mit den suggerierten Markenwelten mehr um das Erleben zu gehen. Die Soziologen zergliedern die Gesellschaft in Milieus oder Sinus-Gruppen, die Psychoanalytiker erheben die Individualität jedes Einzelnen zum Leitbild ihrer Therapie.

Es gibt vielfache Bestrebungen, dem Auseinanderfallen unserer Gesellschaften in »Elementarteilchen« des Individualismus entgegenzutreten. Eine davon ist der Kommunitarismus, der es sich zur Aufgabe gemacht hat, den Bürgersinn wiederherzustellen, welcher der Vereinzelung der Individuen und dem Nebeneinander von Kulturen in unseren Gesellschaften zum Opfer zu fallen droht. Die jüngste Bewegung zur Herstellung einer bürgerschaftlichen Gesellschaft scheint in eine ähnliche Richtung zu weisen: Gemeinsinn auf der Basis individueller Freiheit. Darüber hinaus braucht jede menschliche Gemeinschaft aber soziale Formen, gemeinschaftsstiftende Usancen und »Gewohnheiten des Herzens«, wie sie schon Alexis de Tocqueville in seinem Reisebericht ›Über die Demokratie in Amerika‹ angesichts des zu seiner Zeit (1835) bereits feststellbaren Anwachsens des Individualismus angemahnt hat. Der Mensch unserer Tage, hineingeworfen in die Welt der Freiheit, der Wahl und der Individualität, empfindet sich quasi dazu verurteilt, wenn nicht gar verdammt, aus den vielfältigen Möglichkeiten, die sich ihm bieten, selbst ein Muster zu stricken, in dem er für sein Leben Sinn finden und leben kann.

Könnte nicht auch das Christentum, das trotz vieler Irrwege im Prozess der Inkulturation mit seinen beiden ethischen Kernforderungen, dem Liebesgebot und der Goldenen Regel (»Was ihr von anderen für euch erwartet, das tut auch ihnen.«), den Anstoß zur Entdeckung der Personenwürde des Menschen und damit des späteren Individualismus gegeben hat, Hilfe im schwierigen Umgang mit diesem modernen Problem bieten? »Wo aber Gefahr ist, wächst das Rettende auch.« (Friedrich Hölderlin). Es geht immer um die Beziehung des Selbst zum Anderen. Für eine christliche Lebenskunst besteht sie in der Haltung der Liebe oder zumindest des gegenseitigen Respekts.

Der Investment-Analyst Wolfgang Kiener und der Dominikanermönch Johannes Weise, beide viel gereist und vielfach interessiert, legen einen eigenen Entwurf für die Schule der Lebenskunst vor: durch Lebenskultur zur Lebensfreude. Haben früher wirtschaftliche Faktoren die Menschen quasi zwangsweise in Kontakt zu den Mitmenschen getrieben, so erhöht der Wohlstand unsere Freiheit und Unabhängigkeit. Stärker als je stehen wir einer neuen Herausforderung gegenüber: Freiheit erfordert Gestaltung des Lebens aus eigener Initiative in lebendigem Austausch mit den anderen Individuen. Lebenskultur heißt, Fähigkeiten zu entwickeln für ein bereicherndes Verhältnis zu den Mitmenschen sowie zu den kulturellen Gebräuchen und Einrichtungen einer Gesellschaft. Diese Lebenskultur umfasst die Bereiche Freizeit und Urlaub genauso wie die Welt der Arbeit und die der Sozialkontakte. Durch gemeinsame Aktivitäten jenseits einer bloßen Arbeits- und Leistungskultur, jenseits von TV-Fernbedienung und Freizeitstress, mit der Neuentdeckung echter Feierkultur, die wir durchaus von weniger hoch entwickelten, spezialisierten und damit individualisierten Kulturkreisen neu lernen und uns anverwandeln können, mag wieder Lebensfreude einkehren in den oft so trist und grau gewordenen, weil meist kurz getakteten oder sinnleer erlebten Lebensablauf.

Dies ist das Leitwort des hier vorgelegten Buchs: die Freude. Es ist das alte Thema der *ars vivendi*, der Lebenskunst, die Erlangung der Eudämonie, der *vita beata*, des guten Lebens: Wie kann ich glücklich, freudig, wir würden noch ergänzen: sinnvoll und erfüllt, leben? Freude kann heißen, geistig frei zu sein, gelassen zu sein, innerlich gefestigt zu sein, sich seelisch und körperlich wohlzufühlen; nicht als Selbstzweck, nicht als Egotrip, sondern um beziehungsfähig und damit liebesfähig zu werden. Es gibt ein altes, vielleicht auch altersweise klingendes Wort für diese Art von Freude, die *hilaritas*, die heitere Gelassenheit. Heiterkeit meint eine Freude, die von innen nach außen strahlt, nicht laut und lärmend sich bemerkbar macht, sondern eher still und leise lächelnd. Gelassenheit trägt zwei Aspekte in sich: sich selbst, den eigenen »Wahn« (so lässt Richard Wagner seinen Hans Sachs singen) loslassen können, aber auch andere Menschen so sein zu lassen – nicht unbedingt, wie sie selber sein wollen, schon gar nicht, wie ich sie haben will, wohl eher so, wie sie von Gott gedacht sind.

Das ist ein Rezept für gelingendes Zusammenleben von Menschen, das den falsch verstandenen Individualismus zu übersteigen vermag. Freude und heitere Gelassenheit stellen sich nur ein, wo der Geist der Liebe herrscht. Liebe ist die Hinwendung zum Mitmenschen ohne Hintergedanken. Liebe meint, offen zu sein für den anderen, ihm entgegenzugehen, aufmerksam und achtsam zu sein, in Gemeinschaft zu leben und sich zu ergänzen. Liebe ist für Menschen mit Tiefgang der höchste Ausdruck gelingender Kommunikation und damit Ausdruck des Menschseins schlechthin.

Teil I
Worin besteht das Problem,
und was sind seine Konsequenzen?

Die leeren Gesichter des Alltags
Eindrücke und Möglichkeiten

Ein Reisender gewinnt mitunter bei der Rückkehr einen neuen Eindruck von seinem Heimatland. Er war vorübergehend in einer »anderen Welt«, weit weg von der heimischen Normalität. Erholt kehrt er nach Hause zurück, bringt noch Bruchstücke eines fernen Lebensgefühls mit sowie etwas von der Aufmerksamkeit, mit der er die fremde Kultur und ihre Menschen musterte. Auf ähnliche Weise betrachtet er nun seine Landsleute. Schon kurz nach der Ankunft im Flughafen, in der Bahn nach Hause, sticht ihm bei uns eins ins Auge: wie viele ausdruckslose, sichtbar unzufriedene, mürrische Gesichter er sieht und wie freudlos die Atmosphäre erscheint.[1] Womöglich erschrickt er sogar und wundert sich, was hier eigentlich los ist. Nach kurzer Zeit wird er jedoch vom Alltag erfasst, die Gewöhnung setzt ein, die Aufmerksamkeit richtet sich auf andere Dinge, die Eindrücke lassen nach, es bleiben Erinnerungen – und eventuell Fragen.

Im Hinblick darauf hat sich eine Frage herauskristallisiert und den Autoren immer intensiver gestellt: die Frage, ob wir nicht exzessiv individualistisch geworden sind und dadurch unser Sozialleben so »unter die Räder« geraten ist, dass uns viel Lebensfreude fehlt, die aus diesem Bereich kommen könnte. Diese Frage stößt oft auf schnelles Verständnis, weil viele Menschen Erfahrungen menschlicher Gemeinschaft gemacht haben, die sie den Unterschied zu den herrschenden Mängeln im Sozialkontakt erahnen lassen. Die Bedeutung und die Konsequenzen dessen, insbesondere die Auswirkungen auf unser Repertoire an Lebenskultur, sollen hier aufgezeigt werden. Auch soll dargestellt werden, wie es zu einer exzessiv individualistischen Prägung überhaupt kommt. Die Emanzipation des Individuums, weg von Zuständen der Unfreiheit, hin zu persönlicher Entwicklung, war zweifelsohne ein Schritt nach vorn in der Menschheitsgeschichte; auf dem bisherigen Weg sind jedoch Dinge verloren gegangen, die der Mensch zu seiner Entfaltung benötigt.

Wir denken, wenn wir uns stärker im Klaren darüber sind, was uns verloren ging, und etwas Energie darauf verwenden, unseren Lebensstil weiterzuentwickeln – auf eine natürliche und naheliegende, keinesfalls exotische Weise –, dann werden wir deutlich mehr Freude am Leben entfalten, als dies gegenwärtig der Fall ist. Und die Energie, die wir darauf verwenden, werden wir vielfach zurückbekommen, denn wenn wir momentan nicht gerade vor Energie überschäumen, dann liegt es häufig daran, dass es uns an Quellen der Lebensfreude mangelt.

Wir denken, dass eine Wiederbelebung verlorener Bereiche unseres Lebens zur natürlichen Heilung weit verbreiteter charakterlicher Defizite sowie zu einer umfassenderen Entwicklung der Persönlichkeit führen wird, und dass sie helfen wird, die Entfremdung von den Mitmenschen zu überwinden, besonders auch in unserer nächsten Umgebung.

Wir denken, dass der soziale Instinkt des Menschen, wenngleich oft verstört und abgedrängt, so doch alles andere als tot ist, und dass bereichernde und selbsttragende Formen von Gemeinschaft, mit entsprechender Lebenskultur, heute nach wie vor möglich sind.

Wir denken, dass wir die vielen Errungenschaften unserer Zivilisation in wesentlich höherem Maße schätzen und genießen könnten, wenn unsere Lebensweise nicht in anderen Bereichen erhebliche Mängel aufweisen und essenzielle menschliche Bedürfnisse unverwirklicht lassen würde.

Wir denken, wenn wir unser eigenes Leben umfassender leben und selbst stärker Lebensfreude ausstrahlen, dann wird unser Nachwuchs – welcher gegenwärtig auf einigen Gebieten unter beträchtlicher Orientierungslosigkeit leidet – wieder mehr Beispiel, Orientierung und auch glaubwürdige, weil real gelebte Werte in uns finden.

Wir denken, dass eine Weiterentwicklung unserer Lebensweise in vielen Bereichen Probleme lindern sowie positive Veränderungen herbeiführen kann, von der Jugend bis zum Alter, in der Beziehung zwischen Frau und Mann, in der Familie, in Beruf und Freizeit, etc.

Es geht hier weder darum, alle Probleme in unserer Gesellschaft auf ein einziges Phänomen zurückzuführen, noch darum, die Fortschritte unserer Zivilisation herabzuwürdigen. (Den Autoren schwindelt bei dem Gedanken, ein Buch ohne einen Computer zu erstellen.) Vielmehr geht es darum, häufige und dennoch wenig beachtete Zusammenhänge sowie Probleme deutlich zu machen, und zu zeigen, wie wir in unserem Alltag glücklicher werden können. Zu diesem Zweck ist es unumgänglich, herrschende Defizite – und Kontraste zu besseren Verhältnissen – stark herauszustellen.

Um solche Zusammenhänge aufzudecken, kann dieses Buch nicht der in den Sozialwissenschaften verbreiteten Tendenz folgen, sich nur auf scharf eingegrenzte Einzelthesen zu beschränken, die unmittelbar experimentell oder statistisch getestet werden können – und bei denen »als einzige Tugend die Genauigkeit der Begriffe und der Terminologie zählt. [Denn] Wörter ohne genau definierte Bedeutung könnten ein Vorhaben vereiteln, als dessen Idealbedingung die Sterilität eines Labors gilt«[2]. Auf einem Gebiet, auf dem mit den bestehenden Mängeln in einer Gesellschaft sich schon der Bedeutungsgehalt von Wörtern reduziert, ist es gar nicht sinnvoll, an den Anfang eine Definition jedes zentralen Begriffs zu stellen. Vielmehr wird hier die Bedeutung einiger Begriffe, insbesondere desjenigen der »Lebenskultur«, erst im Laufe des Buchs vollständig klar werden.

Die Autoren haben längere Zeit im inner- und außereuropäischen Ausland gelebt; diese teils gemeinsam, teils getrennt gemachten Erfahrungen haben entscheidend dazu beigetragen, zwei Menschen auf so unterschiedlichen Lebenswegen – der eine Ökonom und Investment-Analyst (Wolfgang Kiener), der andere Mönch und Seelsorger (Johannes Weise) – zu dem Projekt des vorliegenden Buches zusammenzubringen. Vor dem Hintergrund solcher Auslandserfahrungen werden hier gelegentlich Vergleiche zu bestimmten Regionen oder Ländern gezogen. Dabei soll selbstverständlich nicht der Eindruck erweckt werden, in einer Kultur wären alle Menschen »so« und in einer anderen alle »ganz anders« – dies wäre absurd. Ungeachtet individueller Verschiedenheiten gibt es jedoch allgemeine Unterschiede zwischen Kulturen, z. B. was die Häufigkeit gewisser Charaktereigenschaften betrifft, und diese sind für eine systematische Analyse von Bedeutung.

»Auch wird sich der gebildete Leser darüber
im klaren sein, daß die menschliche Natur,
selbst wenn sie hier unter einem Sammelnamen
gefaßt wird, von so wunderbarer Vielfalt ist,
daß ein Koch eher sämtliche Spezialitäten der
internationalen Kochkunst kennenlernen als
ein Autor ein derart weitläufiges Thema
erschöpfen kann.«
Henry Fielding

Stimmt hier etwas nicht?
Der paradoxe Mangel an Lebensfreude

> »*Der weiße Mann wird vor*
> *vollen Tellern verhungern.*«
> Autor unbekannt

Im Vergleich zu den Verhältnissen in etlichen Gesellschaften, u. a. in Südamerika, ist es bei uns wirklich auffallend, wie leblos, unzufrieden oder verdrossen viele Menschen aussehen und wie wenigen ein Lächeln ins Gesicht geschrieben steht. Neuerdings gibt es sogar Kurse, um lachen zu lernen. Selbst wenn man davon ausgeht, dass es unaufrichtig wäre, im stressigen Arbeitsleben gut gelaunt zu sein, und sich nur am Samstagabend umschaut: die Situation ist nicht viel anders. Wenn man sich nicht überhaupt auf verschiedene Art langweilt, dann werden in Deutschland z. B. in Restaurants oder Bars oft die ernstesten Themen diskutiert und beklagt, obwohl man eigentlich ausgegangen war, um sich zu amüsieren; und bisweilen wird diskutiert auf eine Weise, als gäbe es nichts Wichtigeres auf der Welt als ein Thema, an das man sich am nächsten Morgen dennoch kaum erinnern kann. Der Kontrast zu fröhlichen Gesichtern in einem einfachen Tanzlokal in Südamerika – ohne Shows und sonstigen »Schnickschnack«, mit Tischen und einer Tanzfläche, wo gelacht und getanzt wird – ist frappierend. Wer zudem um die schwierigen wirtschaftlichen Umstände und nicht selten auch familiären Probleme der Menschen in südamerikanischen Ländern weiß, dem erscheint dieser Gegensatz auf den ersten Blick schlichtweg paradox. Während jedoch einerseits Südamerikaner aus wirtschaftlichen Gründen nach Westeuropa ziehen, ist es andererseits tatsächlich so, dass es heute europäischen Unternehmen ausgesprochen leicht fällt, selbst hochqualifizierte Nachwuchskräfte für die Entsendung zu ihren Tochterfirmen in Südamerika zu finden – und zwar nach Auskunft von Betroffenen genau deswegen, weil sie von der dort verbreiteten Lebensfreude stark angezogen werden.[3]

Freude am Leben ist bei vielen Kindern in Form einer unspezifischen Lebendigkeit noch weitgehend vorhanden. Von nicht wenigen Erwachsenen wird dies als außergewöhnlich bewundert, und manche hat es schon zu der absurden Meinung verleitet, Fröhlichkeit und Lebendigkeit wären kindliche Eigenschaften. Die Aufrechterhaltung der Lebensfreude, wenn auch in gereifterer Form, scheint allerdings bei uns ab der Jugend immer schwieriger zu werden. Die Anthropologin Jean Liedloff hat sich in diesem Zusammenhang einmal veranlasst gesehen, Folgendes zu schreiben (aus dem Gegensatz zu der Situation in einer von ihr untersuchten Stammeskultur heraus): »Wir betrachten es als erwiesen, dass das Leben schwer ist, und meinen, wir hätten Glück, das bisschen an Zufriedenheit zu besitzen, das wir gerade bekommen. Wir betrachten Glücklichsein nicht als ein Geburtsrecht, *noch erwarten wir, dass es mehr als Ruhe oder Zufriedenheit sei. Wirkliche Freude [...] ist bei uns außerordentlich selten.*«[4]

Tatsächlich gibt es zahlreiche Menschen, die nur selten gut gelaunt sind, an allem herumnörgeln, sich wegen unbedeutender Kleinigkeiten übermäßig ärgern, sich fast niemals für etwas begeistern können, überall Risiken sehen bzw. ständig unzufrieden sind. Einerseits machen in den westlichen Industrieländern viele Menschen kaum etwas anderes mehr in der Freizeit, als sich vor den Fernseher zu setzen. Die US-Amerikaner verbringen inzwischen im Durchschnitt über die Hälfte ihrer Freizeit vor dem Fernseher, obwohl sie das Fernsehen nach ihren eigenen Aussagen weniger genießen als die meisten anderen Freizeitaktivitäten.[5] Andererseits ist eine ausgeprägte Rastlosigkeit anzutreffen, mit Reisen in alle Winkel der Erde und überhaupt jeglicher Art von Freizeit-Aktivismus – von täglichem Joggen, »Wunder wirkenden« Gesundheits-Methoden, Gesprächsgruppen, wozu auch immer, bis zu Extremsportarten und aufwendigsten Ausflügen jedes Wochenende (nach dem Motto »Das Leben ist anderswo«). Wieder andere vermuten Glück immer in der Zukunft – »wenn ich *das* noch erreicht oder bekommen habe, werde ich zufrieden sein« –, und dennoch tritt dieser Zustand nie ein. Von Psychiatern wird berichtet, dass in den letzten Jahrzehnten zunehmend Patienten auftreten, die über eine »vage, diffuse Unzufriedenheit mit dem Leben« klagen und darüber, dass sie trotz eines vermeintlich gut funktionierenden Alltags nicht glücklich sind.[6] Vielen Menschen ist kaum noch bekannt, was echte Lebensfreude bedeutet. Das Spektrum reicht bis hin zu Einzelnen, denen Freudlosigkeit und Verbitterung richtiggehend in die Gesichtszüge geprägt sind, sowie offen lebensfeindlichen Charakteren, die am liebsten jedes Anzeichen von Freude am Leben verbieten und überall Friedhofsruhe verordnen würden.

Das »Klischee«, dass Menschen in manchen ärmeren Ländern fröhlicher sind als wir, ist weithin bekannt. Dafür haben wir dann allerhand vorschnelle Erklärungen parat, wie z. B. die Sonnenscheindauer. Aber Meldungen wie »die Menschen in Puerto Rico sind am glücklichsten« tun wir doch als Irrtum oder Kuriosität ab, da wir nichts damit anzufangen wissen. Ähnlich halten wir es mit der Tatsache, dass es Kulturen gibt, die weitaus weniger entwickelt sind als die unsere und in denen dennoch keine Neurosen auftreten, während dies bei uns an der Tagesordnung ist.[7] Oder wir versuchen, solche Rätsel dadurch zu erklären, dass wir zu viel haben und deshalb mit nichts mehr zufrieden sind. Diese »Erklärung« entspringt allerdings eher einer Vorliebe für Paradoxa (und einer Idealisierung der Armut) als der menschlichen Realität – *vermutlich fehlt uns jedoch wirklich etwas.*

Im Zusammenhang mit »diesem allgemeinen Mangel an Lebensfreude«[8] ist noch ein weiteres Phänomen auffällig. Es scheint, dass wir verlernt haben zu feiern. In der Religionssoziologie ist es allgemein anerkannt, dass ein gesunder Wechsel von Alltag und Feier notwendig ist für den Menschen. Und wirkliche Feiern gehören zu den ursprünglichsten und authentischsten Ausdrucksformen von Freude am Leben.

In kleinerem, privatem Kreis sind allerdings bei uns viele Feste zu faden, leblosen Ritualen erstarrt und letztlich von Langeweile und Konventionalitäten geprägt – manchmal selbst in Fällen, in denen Freude da war, sich zu sehen. Oder sie sind gar zu Pflicht- bzw. Prestigeveranstaltungen verkommen, an denen man mehr aufgrund »sozialer Pflicht- und Anstandsregeln« als wegen anderer Gründe teilnimmt. Mitunter sind sie auch gekennzeichnet durch enormen Aufwand, der ziemlich wirkungslos verpufft. In größerem, öffentlichem Rahmen wiederum, in Clubs, Bars, Diskotheken, bleiben Partys häufig überaus anonym. Während etliche Menschen mehr oder weniger regungslos herumstehen (oder sich mit ihren Handys beschäftigen), versuchen manche, durch affektiertes Gehabe Interesse zu wecken – ohne jedoch einmal mit Gelassen- und Offenheit ein paar Worte mit anderen zu wechseln. Im Endeffekt ist die Atmosphäre distanziert und flau, und von ansteckend guter Stimmung kann kaum die Rede sein. Im Grunde ist es bei Techno-Musik oder einsamem »Nebeneinanderher-Tanzen« nicht verwunderlich, wenn einige sich nur noch betrinken oder Drogen schlucken, um überhaupt irgendetwas zu empfinden.

Im privaten wie im öffentlichen Raum ist oft wenig zu sehen von Fröhlichkeit und echtem Feiern, bei dem die Zeit vergeht, ohne dass man es merkt, und keiner an das Ende denken will. Ganz im Gegenteil, es warten bei derartigen Veranstaltungen nicht wenige Leute auf die erstbeste Gelegenheit, um nach Hause zu gehen. Dies fällt kaum auf, da es für normal und nicht weiter beachtenswert gehalten wird. Man kennt es nicht anders. Natürlich gibt es auch gelegentlich gute Feste, die Lichtblicke darstellen und zu dem Versuch anhalten, immer wieder das Beste daraus zu machen. Viele Menschen schränken allerdings – quasi in Reaktion auf all die unbefriedigenden »Feiern« – ihre Aktivitäten der Geselligkeit in dieser Hinsicht stark ein. Meist nehmen sie das gar nicht mehr als Beschränkung ihres Lebens wahr, und einige sind schon zu dem eigentlich absurden Schluss gekommen, feiern wäre nur etwas für jüngere Leute. Aus den USA wird selbst bei Geburtstagen über Formen des Feierns berichtet, die den Eindruck erwecken, der Geburtstag würde »erledigt«, anstatt als Anlass für eine Feier genommen zu werden. Es gibt dort sogar Statistiken, die anzeigen, dass in der Breite überhaupt nur noch wenig gefeiert wird.[9] Wer auf diesem Gebiet einmal wirklich andere Verhältnisse erlebt hat, dem drängt sich der Eindruck auf, dass hier etwas nicht stimmt.

Beispielhaft ist die kontrastreiche Erfahrung eines Freundes der Autoren. Er wohnte zuerst in Russland bei einer Familie, zu der Zeit, als diese zum ersten Mal eine Waschmaschine bekam. Bei deren Lieferung waren Freunde und Nachbarn beteiligt, da es sich um ein älteres und schweres Modell handelte, das über mehrere Stockwerke transportiert werden musste. Nach getaner Arbeit wurde dieser Anlass willkommen geheißen für eine ausgiebige, fröhliche und bis spät anhaltende Feier mit Essen und Trinken in der Wohnung der Familie. Kurze Zeit darauf hatte er einen Aufenthalt in einer Familie in Nordamerika, die sich in dieser Zeit ein neues Auto kaufte. Auch dort beschloss man, den Anlass zu feiern – man bestellte sich Pizzas beim Lieferservice und schaute dann gemeinsam Fernsehen …

Einer der Autoren hat einmal selbst kürzere Zeit in Russland bei einer Familie der dortigen Mittelschicht gewohnt. Er konnte an etlichen Familienfeiern teilnehmen, zu denen Nachbarn vorbeikamen, bei denen man während der Unterhaltung einander immer näherkam, den Ernst des Lebens beiseiteließ, lachte, Musik hörte und sogar tanzte. Auch in Diskotheken und Bars ergab sich ein deutlich anderes Bild als bei uns, sofern es sich nicht um die exklusiven Treffpunkte der oft wenig sympathischen Neureichen handelte. Man kam spontan miteinander ins Gespräch oder tanzte, ohne dass dies gleich als »Anmache« mit dem einzig möglichen Ziel des »Abschleppens« aufgefasst wurde – kurzum, es wurde richtig gefeiert.

Häufig werden derartige Berichte so interpretiert, dass der Wodka-Konsum wohl ausschlaggebend für die Fröhlichkeit sei – obwohl wir selbst wissen, dass reines »Sich-Betrinken« nur einen Absturz bewirkt und sonst gar nichts. Oder es wird vermutet, dass wir uns aufgrund des Wohlstands über nichts mehr freuen könnten oder generell zu viel arbeiten müssten, wobei Letzteres vor allem eine gänzliche Unkenntnis darüber offenbart, wie viel z. B. in Russland gearbeitet wird. Auch diese Interpretationen gehen allerdings am Wesentlichen vorbei und verkennen das eigentliche Problem völlig, das reale, konkrete Gründe hat. »Die Menschen wissen nur, *dass* sie unglücklich sind, nicht *wieso*.«[10]

Trotz dieser unbefriedigenden Verhältnisse haben jedoch viele Menschen, besonders jüngere, nach wie vor so etwas wie eine innere Überzeugung, dass es des Öfteren, gerade auch in unserer Freizeit, intensive Erlebnisse von Freude am Leben geben müsste; Erlebnisse, die uns Kraft geben, mit Energie wiederaufladen, die uns erfrischen und erneuern – und nicht nur Arbeit, Entspannung und Aktivitäten, bei denen wir uns abreagieren oder mit denen wir die Zeit schlicht »verbringen«.

Wo sind diese Erlebnisse intensiver Lebensfreude?

Wie kommt es zu einem solch weit verbreiteten Mangel von Freude am Leben?

Und wieso ist die »Soziabilität [Geselligkeit] inzwischen so diffizil geworden, mit so vielen Schwierigkeiten verbunden«[11]?

Die Suche nach der achtzehnten Krawatte, oder:
Voraussetzungen der Entwicklung von Lebensfreude

»The basic experience and expression of joy
appears to be universal to mankind.«
Michael Argyle

In diesem Kapitel sollen einige grundlegende, für Lebensfreude maßgebliche Zusammenhänge angesprochen werden, die teilweise einfach, fast schon banal erscheinen. Es wird sich indessen später zeigen, dass bereits hier die Ursachen des Mangels an Lebensfreude liegen – wenngleich uns die Macht der Gewohnheit den Blick dafür trübt.

Das Empfinden von Freude am Leben ist an sich eine natürliche Gabe des Menschen. Es setzt eine Lebensweise voraus, die zur Verwirklichung seiner essenziellen Anlagen und Bedürfnisse führt[12] – wobei die höheren Anlagen zugleich Träger von Lebenssinn sind (»ein Gehirn, um zu denken, ein Herz, um zu fühlen«). Und sie wird durch die Entfaltung aller Sinne des Menschen – denen seine Bedürfnisse entsprechen – erreicht. Sämtliche einseitigen Definitionen und Auffassungen vom Menschen übersehen dies. Glück liegt weder in einer extremen Hingabe an ein einziges Lebensziel, welcher Art auch immer, noch wird es durch eine theoretische Antwort auf die Frage nach dem Sinn des menschlichen Daseins erlangt. Ganz im Gegenteil kann vermutet werden, dass eine übermäßige Betonung der Sinnfrage selbst eine Folge des Mangels an Wohlbefinden und Lebensfreude ist. Glück lässt sich auch weder irgendwo in Indien auffinden, noch wird es durch be-

> *»Weil ich Augen habe, habe ich das Bedürfnis zu sehen; weil ich Ohren habe, habe ich das Bedürfnis zu hören; weil ich ein Gehirn habe, habe ich das Bedürfnis zu denken, und weil ich ein Herz habe, habe ich das Bedürfnis zu fühlen.«*
> Erich Fromm

stimmte Techniken bewirkt. Es ist vielmehr das direkte Ergebnis einer bedürfnisgemäßen, der eigenen menschlichen Natur entsprechenden Lebensführung.

Es soll hier keine umfassende Darstellung menschlicher Bedürfnisse erfolgen. Auf einige besonders wichtige wird allerdings im Folgenden eingegangen, während andere – wie Partnerschaft und Sexualität – an späterer Stelle stärker einbezogen werden. Neben physiologisch-materiellen Notwendigkeiten (Ernährung, Bekleidung, Wohnraum) ist ein erstes essenzielles Bedürfnis des Menschen dasjenige nach produktiver Selbstverwirklichung. Dies beinhaltet das Bedürfnis, die eigenen Fähigkeiten anzuwenden, den eigenen Kräften und Anlagen Ausdruck zu verleihen, sich einer Sache zu widmen, irgendwo gebraucht zu werden und sich dadurch zu entwickeln. Die Möglichkeiten hierfür, vor allem in Arbeit und Kindererziehung, sind bei uns – trotz einiger gravierender Probleme – im weltweiten sowie im längerfristigen historischen Vergleich relativ gut. Bei genauerem Hinsehen sind denn auch auf diesem Gebiet Zuversicht und persönliches Engagement öfter anzutreffen als in anderen Bereichen unseres Lebens. So sagen z. B. drei Viertel der deutschen Beschäftigten aus, dass sie mit ihrem Job »zufrieden bis sehr zufrieden« sind, und zwei Drittel würden in ihrer Stelle sogar dann weiterarbeiten,»wenn sie durch einen Lottogewinn finanziell abgesichert wären«.[13]

Die Tatsache, dass es uns trotz einer vergleichsweise guten Situation im Bereich der produktiven Selbstverwirklichung häufig an Lebensfreude mangelt, hat zu verschiedenen Fehlschlüssen geführt – unter anderem, Glück sei relativ und man müsse dafür vor allem erfolgreicher sein als die anderen. Der niederländische »Glücksforscher« Ruut Veenhoven, dem wir eine Menge nützlicher Daten zu menschlicher Lebenszufriedenheit verdanken, hat diese Behauptungen geprüft und ist zu einem klaren Ergebnis gekommen:»Realanalysen vorliegender Studien zeigen jedoch, […] soweit Glück aus Bedürfnisbefriedigung resultiert, ist es nicht relativ.«[14] Wenn Menschen zur Zufriedenheit mit ihrem Leben befragt werden, dann beurteilen sie diese aus einer Art »inneren Gefühls« heraus, und nicht auf Basis eines Vergleichs mit anderen.[15] Es kommt auf dem Gebiet der Arbeit und der daraus erzielten materiellen Versorgung sehr wohl auf das sich ergebende *absolute* Lebenshaltungs- und Befriedigungsniveau eines Menschen an, und nicht in erster Linie auf seine relative Position in der Gesellschaft. (Bei einer statistischen Untersuchung in den Niederlanden stand Letztere in keinem Zusammenhang zur Lebenszufriedenheit.[16]) Darauf deutet auch die Tatsache hin, dass man in ärmeren Ländern gerade in der breiten Unterschicht oft mehr Freude am Leben findet, vorausgesetzt, die materielle Lage ist nicht zu mangelhaft und erlaubt es zumindest, die Grundbedürfnisse einer Familie zu befriedigen (besonders in Teilen von Lateinamerika[17] sowie vom südöstlichen Asien). Auch die vermeintliche Binsenweisheit – die wir gerne in solches Lebensglück ärmerer Menschen hineininterpretieren –, es müsse einem erst hin und wieder einmal schlecht gehen, damit man dann erfreuliche Dinge wieder schätzen könne, hält wissenschaftlichen Überprüfungen nicht stand: »Earlier hardship does not favour later happiness«[18], »frühere Nöte begünstigen nicht späteres Glücklichsein«. Ein höheres (bzw. niedrigeres) Niveau an Befriedigung elementarer Bedürfnisse beeinflusst die Lebensfreude von Menschen tatsächlich dauerhaft; die Wirkung wiederkehrender Bedürfnisbefriedigung verschwindet nicht deswegen, weil man sich daran gewöhnt hätte. Das simpelste Beispiel hierfür ist gutes Essen, welches in den Grenzen des gesunden Appetits jeden Tag aufs Neue einen Beitrag zum Lebensgenuss leisten kann.

Ein Bestreben, vor allem mehr zu verdienen und ausgeben zu können als die anderen, scheint sich in erster Linie dann zu ergeben, wenn der Lebensinhalt fast nur noch in Karriere, Konsum und Besitz gesucht wird. Und die Uferlosigkeit der bei diesem Streben auftretenden Wünsche ist wohl auch dadurch bedingt, dass eine Steigerung der Befriedigung dort erzielt werden soll, wo gar keine wesentlichen unerfüllten Bedürfnisse mehr sind. So wurden die US-Amerikaner selbst nach eigener Einschätzung durch die Verdoppelung von Realeinkommen und Konsum pro Person, die sie nach dem Zweiten Weltkrieg erreicht haben, nicht glücklicher.[19] Es geht dabei nicht darum, den wirtschaftlichen Fortschritt abzuwerten. In relativ armen Ländern erhöhen Einkommenszuwächse nach wie vor auf spürbare und anhaltende Weise die Lebenszufriedenheit. Nähere Analysen zeigen überdies, dass hierbei nicht die ständige *Steigerung* des Einkommens, sondern die Erhöhung bis zu einem *bestimmten Niveau* zu einer größeren Zufriedenheit führt (»Es ist das erhöhte Einkommen, nicht der Prozess der Einkommenssteigerung, welches Menschen im Durchschnitt glücklicher macht«).[20] Dieses Niveau ist jedoch in den westlichen Industrieländern bereits deutlich überschritten worden, selbst bei vergleichsweise niedrig bezahlten Tätigkeiten.[21]

Dementsprechend haben Wohlstands- und Einkommenssteigerungen in den Industrienationen keine signifikante positive Auswirkung mehr auf die durchschnittliche Lebenszufriedenheit. In diesem Bereich liegen einfach meist nicht mehr die ausschlaggebenden Ursachen geringer Zufriedenheit, obgleich es manche vorschieben oder sich einbilden. Man erkennt es schon daran, dass die Menschen, wenn sie sich »jetzt endlich noch dies oder jenes leisten konnten«, nachher nur selten glücklicher sind. Manche Menschen hat das bereits zu der absurd falschen – wenn auch bei Beschränkung auf unsere Zustände nachvollziehbaren – Aussage verleitet, permanente Unzufriedenheit wäre die normale menschliche Verfassung. Die Idee wird noch dadurch verstärkt, dass Menschen sich mitunter fast wohlzufühlen scheinen, wenn sie über diverse Probleme lamentieren oder in ihrem Pessimismus schwelgen. Dies ist zu einem gewissen Grad natürlich, da Personen, die selbst gerade unzufrieden sind, tendenziell lieber etwas beklagen, als sich über erheiternde Dinge zu unterhalten. Aber es bedeutet nicht, dass sie sich insgesamt gerne in einem unzufriedenen Zustand befinden würden oder dass dieser gar positiv für sie wäre. Im Übrigen soll hier auch nicht der Eindruck erweckt werden, eine bestimmte Unzufriedenheit wäre »falsch« oder unberechtigt. Der Ratschlag, man solle einfach zufriedener sein mit dem, was man habe, hilft erfahrungsgemäß nicht weiter, vor allem nicht längerfristig.[22] Wenn eine Unzufriedenheit vorhanden ist, stellt sie ein wichtiges Signal für die Notwendigkeit dar, den bestehenden mangelhaften Zustand zu verbessern. Nur muss diese Verbesserung in die Richtung gehen, in der die essenziellen Defizite tatsächlich liegen, und das ist in unserer Gesellschaft häufig alles andere als klar. So verhalten wir uns nicht selten »wie ein Mensch, der schon siebzehn Krawatten hat, aber keine Schuhe. Statt uns Schuhe zu kaufen, sehen wir uns nach der achtzehnten Krawatte um«.[23]

Ein weiteres essenzielles Bedürfnis des Menschen ist das soziale Bedürfnis im weiteren Sinn, wofür es im Englischen das treffende Verb »to socialize« gibt (»sich in Gesellschaft begeben«). Dies umschließt das Bedürfnis nach Kontakt und menschlicher Wärme; nach einem Sozialleben, in dem sich auch nicht-berufliche Seiten der Persönlichkeit entfalten können; nach hin und wieder einem schönen Fest bzw. einem sonstigen Zusammentreffen, bei dem man sich mit anderen am Leben erfreuen und gemeinsame Aktivitäten ausüben kann (in vielen Kulturen beispielsweise Tanz); oder nach einem Beisammensein in geselliger Runde, bei Essen und Trinken, Musik, eventuell auch einem Spiel oder Gesang. Das soziale Bedürfnis ist begründet durch den Wunsch nach gegebener sowie empfangener Zuneigung, Anteilnahme und Solidarität, nach Anerkennung, Gemeinschaft und kommunikativem Austausch.

Unter diesen Voraussetzungen ist es nur natürlich, dass etwa die US-Amerikaner in Umfragen angeben, diejenige Freizeitaktivität, welche sie am meisten schätzen und genießen, sei »socializing«. Paradox wirkt es aber, dass sie dennoch wenig Zeit mit »socializing« verbringen, im Durchschnitt weniger als ein Drittel der Zeit, die sie dem Fernsehen widmen.[24] Ein solcher Zustand widerspricht auf den ersten Blick unserer Vorstellung, jeder habe heute die Freiheit, das zu tun, was ihm am besten gefällt. Doch auch wenn wir alle Freiheit der Welt haben: Vielleicht ist Freiheit allein nicht ausreichend.

Außerdem verleitet dieser Zustand leicht zu voreiligen und oberflächlichen Schlussfolgerungen, gerade in Zusammenhang mit dem Fernsehen. Es liegen ihm jedoch reale und komplexe Ursachen zugrunde. Es scheint, dass seit längerer Zeit ein Zusammenspiel von Faktoren bewirkt, dass sich auch bei uns in der Breite kein intensiveres Sozialleben entfaltet. Und wie es später offensichtlich wird, entsteht ein reiches Sozialleben (selbstverständlich im nicht-finanziellen Sinn) nicht einfach unter beliebigen Umständen und quasi aus dem Nichts. *Es erfordert vielmehr die Entwicklung einer eigenen Lebenskultur – ähnlich wie ein funktionierendes Berufsleben Bildung, Disziplin, usw. benötigt.*

Wie fast jeder aus seiner eigenen Lebenserfahrung nachvollziehen kann, lässt sich ein erhebliches Defizit in der Erfüllung eines Bedürfnisses nicht durch ein besonders hohes Maß an Befriedigung in einem anderen Bereich kompensieren. Ein Mensch ist dann am glücklichsten und entwickelt am meisten Lebensenergie, wenn er sich regelmäßig sowohl produktiv verwirklicht als auch an einem Sozialleben mit Freunden teilnimmt und seinem Lebenspartner Zeit widmet. Wenn einer dieser elementaren Lebensbereiche längerfristig unterentwickelt bleibt, kommt es nicht zur vollen Entfaltung der Lebensfreude und -kraft. Wird das Leben schließlich auf nur ein Gebiet konzentriert und begrenzt, z. B. nur das Arbeitsleben oder nur die Beziehung zum Lebenspartner, dann ist die Gefahr ständiger Unzufriedenheit groß – wenn auf diesem Gebiet nicht alles perfekt läuft. Denn obendrein geht die Einseitigkcit oft mit einem übermäßigen Streben nach Perfektion einher. Es ist in der Tat *keine* Voraussetzung von Lebensfreude, dass in allen Bereichen wie Arbeit, Familie, etc. alles immer glatt läuft. In wissenschaftlichen Untersuchungen wurde festgestellt, dass Menschen sehr wohl Freude am Leben entwickeln können, wenn sie mit erheblichen Problemen konfrontiert sind. Vereinfacht gesprochen sind also in dieser Hinsicht »Probleme« weniger schädlich als Einseitigkeit. »Glück erfordert Bedingungen, die Leben ermöglichen, jedoch kein Paradies«[25] – ganz im Gegensatz zu den fixen Ideen vieler Menschen, irgendwelche Nebensächlichkeiten würden sie an ihrem Lebensglück hindern. Es ist *nicht* die Abwesenheit von Belastungen oder Unannehmlichkeiten, die Glück ausmacht.

Die Defizite einer beschränkten Lebensweise sind ziemlich eindeutig. Die Tragweite einer Kultur der Lebensfreude hingegen, die einen Rahmen für eine umfassende und intensive Verwirklichung der menschlichen Bedürfnisse abgibt, ist bei uns kaum noch bekannt. Es ist jedoch unter anderem bei Untersuchungen »primitiver« Zivilisationen deutlich zu erkennen, dass dort am meisten Freude am Leben herrscht, wo die gesamte Lebenskultur zu einer Realisierung der physiologischen Grundbedürfnisse, der produktiven Selbstverwirklichung sowie des sozialen Bedürfnisses führt.[26] Man stellt dabei auch fest, dass es durchaus »primitive« Kulturen gibt, die regelmäßig glücklichere Menschen hervorbringen als die unsere. Somit stellt sich zunächst die Frage, wie es überhaupt möglich ist, dass Menschen unter primitiven oder materiell schwierigen Umständen mitunter glücklicher sind als wir. Dies dürfte allerdings durch einen einfachen, konkreten Grund bedingt sein. Viele essenzielle menschliche Bedürfnisse lassen sich mit relativ simplen Mitteln verwirklichen. Auf Basis einer zwar »primitiven«, aber doch umfassenden Lebenskultur kann so ein vergleichsweise hohes Niveau an Lebensfreude erreicht werden kann (»Lebensfreude kann mit beträchtlichen Härten einhergehen«).[27] Hingegen ist es in einer hoch entwickelten Gesellschaft möglich, dass das Niveau an Lebensfreude niedrig bleibt, wenn bei einer nahezu perfekten Befriedigung bestimmter Bedürfnisse in anderen Bereichen erhebliche Mängel bestehen (ähnlich wie jemand, der über den Job, die Wohnung und das Auto seiner Träume verfügt, aber keine Freunde hat, meist nicht glücklich sein wird).

Die hier verwendeten Begriffe wie Lebenszufriedenheit, Wohlbefinden und Lebensfreude stellen im Prinzip *unterschiedliche* Aspekte menschlichen Glücks dar. Dennoch hängen sie voneinander ab, beeinflussen sich gegenseitig stark und sind letztendlich Teile eines Ganzen: »Die empirischen Erkenntnisse, die angesammelt wurden, deuten auf die Existenz einer einzigen, messbaren Dimension von Glück hin.«[28] Aus diesem Grund würde es die Aussagekraft einer ergebnisorientierten Analyse nicht erhöhen, die Begriffe strikt untereinander abzugrenzen. Während Lebens*zufriedenheit* mehr ein nachgelagertes Resultat von persönlichen Verarbeitungsprozessen ist, entsteht Lebens*freude* direkt aus den Quellen menschlichen Glücks[29] – weswegen hier der Schwerpunkt auf den Aspekt der Freude gelegt wird.

31

Im übrigen ist die Lebensfreude der Menschen zwar sicher ein bedeutungsvolles, aber doch nicht das einzige Kriterium, nach dem wir das Leben in einer Kultur oder Gesellschaft untersuchen können. Es gibt viele weitere Kriterien, nach denen unsere Gesellschaft deutlich besser als die »primitiven« oder anderen Kulturen abschneidet, zu denen wir noch Vergleiche ziehen werden. Wenn wir jedoch mehr Freude am Leben erlangen wollen, müssen wir uns genau den Sachverhalten und dem Zusammenwirken an Faktoren widmen, die uns dabei Probleme bereiten. Denn es würde uns nicht weiterbringen, voller Selbstzufriedenheit auf die Kriterien zu deuten, bei denen wir uns bereits in einer guten Situation befinden.

Zusammenfassend lässt sich sagen, dass ständige Unzufriedenheit keinesfalls der natürliche Zustand des Menschen ist. Die Entwicklung von Freude am Leben setzt eine ausgewogene Befriedigung der essenziellen menschlichen Bedürfnisse voraus. Sie erfordert hingegen weder, dass es uns ab und zu schlecht geht, damit wir dann positive Dinge wieder zu schätzen wüssten, noch, dass wir ein Leben frei von Problemen haben. Sie wird auch nicht längerfristig davon beeinflusst, ob wir finanziell besser als unsere Mitbürger dastehen, oder ob wir immer mehr verdienen und uns mehr leisten können. Einkommenserhöhungen ändern nichts an einem Mangel an Lebensfreude, dessen Ursachen woanders liegen.

In den westlichen Industrieländern scheinen besonders im Bereich des Soziallebens verschiedene »Bedingungen« für eine umfassende Verwirklichung menschlicher Bedürfnisse und die Entwicklung von Lebensfreude nicht mehr gegeben zu sein. Dies wird zwar vielleicht in »Klagen von Politikern über einen ›Abbau menschlicher Begegnungsmöglichkeiten‹ und das ›Sinken der seelischen Temperatur‹«[30] erspürt. Gleichwohl ist bei uns ein überaus niedriges Niveau an Sozialkontakt und -leben so weit verbreitet, dass es schon als normal gilt. Vor diesem Hintergrund wird in einigen der nächsten Kapitel versucht, unnatürliche und inhumane Teile unserer »Normalität« aufzuzeigen, bevor wir zu erfreulicheren Perspektiven – besonders auch zu Lebenskultur und zur konkreten Entfaltung von Lebensfreude – gelangen.

Ein Blick in den Spiegel
Die Individualismus-Falle

*»In allen reichen westlichen Industrieländern – besonders deutlich
in der Bundesrepublik Deutschland – hat sich nach dem Zweiten
Weltkrieg ein gesellschaftlicher Individualisierungsschub
von bislang unerkannter Reichweite und Dynamik vollzogen.«*
Ulrich Beck

Der Zustand unseres Soziallebens lässt sich fast nur dann wirklich erkennen, wenn man einmal – unter günstigen Umständen – lebendigere Verhältnisse erlebt hat, wie sie in anderen Kulturen normal sind. Doch auch bei uns haben zahlreiche Menschen irgendwann solche Erfahrungen gemacht, in Form von Erlebnissen bereichernder Gemeinschaft: ob in einer besonders aktiven jugendlichen Freundesgruppe, beim Studium in ausgeprägter studentischer Geselligkeit (z. B. in einem Wohnheim), am Arbeitsplatz in einer Abteilung mit starker Kollegialität, in einer Nachbarschaft mit überdurchschnittlichem Sozialkontakt, bei gemeinsamem Urlaub mit anderen Menschen, in einer Großfamilie, auf einer Berghütte, bei der Zusammengehörigkeit in einer Bewegung für ein politisches oder anderes Ziel, mitunter auch in einer Soldatengruppe beim Wehrdienst, oder in verschiedensten Situationen von Solidarität. Vielen Lesern wird es nicht schwerfallen, die Erinnerung an derartige Zustände intensiveren Sozialkontakts zu wecken – und dies könnte im Folgenden, wenn Vergleiche zu solchen Verhältnissen gezogen werden, beim Verständnis hilfreich sein.

Außerhalb des Arbeitslebens und der damit verbundenen Kollegialität beschränkt sich der soziale Kontakt vieler Menschen heute auf einige wenige Freunde, die sich in Schule, Ausbildung, Studium und bei anderen Gelegenheiten, bei denen Menschen näher zusammenkommen, angesammelt haben. Aus diesen Freundschaften, welche zudem oft durch berufliche oder persönliche Entwicklungen räumlich getrennt werden, entsteht allerdings eher selten ein lebendiges Sozialleben. Häufig ist der Sozialkontakt darauf eingeengt, einige dieser Freunde hin und wieder zu treffen. Zahlreiche Leute kennen nicht einmal ihre Nachbarn (obwohl 88 Prozent der Deutschen sagen, guter Kontakt zur Nachbarschaft sei ihnen »sehr wichtig«).[31] Selbst in Bereichen unserer Gesellschaft, in denen man aufgrund hoher Mobilität und anderer Faktoren etliche Menschen kennenlernt, sind diese Kontakte doch oftmals zersplittert, oberflächlich, vereinzelt und bleiben ohne einen Rahmen, in dem sich mehr entwickeln könnte. Es ist bezeichnend, wie viele Telefonnummern wir in unseren Handys oder Adressbüchern haben und mit wie wenigen Menschen – und wie selten – wir in engeren Kontakt kommen.

Vielen Erwachsenen und sogar schon Jugendlichen in unserer Gesellschaft fällt es bereits ziemlich schwer, spontan einen sozialen – nicht geschäftlich, dienstlich etc. bedingten – Kontakt zu anderen Menschen herzustellen.[32] Häufig sind sie in derartigen Situationen unsicher sowie distanziert, und etliche sind überhaupt wenig kontaktfreudig geworden. Desinteresse selbst für die Menschen der näheren Umgebung ist bei uns weit verbreitet. Besonders auffallend ist dies im Vergleich zu Kindern und zu Menschen aus anderen Kulturkreisen, die unbefangen auch mit Fremden reden können und von denen der Kontakt zu Mitmenschen ganz offenbar als interessant und erfreulich wahrgenommen wird. Wir betrachten dies dann gerne als Naivität – und stilisieren damit unsere eigenen Mängel zu einer Überlegenheit hoch.

Es gibt natürlich auch in unserer Gesellschaft Orte, die einen Rahmen für Sozialkontakt abgeben, wie Vereine oder Pfarreien. Ein intensives Sozialleben stellt sich dort allerdings derzeit eher punktuell ein – wenn es sich überhaupt ergibt, man denke nur daran, wie anonym die sonntäglichen Gottesdienste sind. Dies ist möglicherweise einer der Hauptgründe dafür, dass Sekten aufgesucht werden. An zahlreichen weiteren Orten, wie Clubs oder Bars, die eigentlich der Geselligkeit dienen sollten – und wo bei uns nach wie vor viele Menschen nach Dingen suchen, die sie dort gegenwärtig kaum finden –, herrscht eine solche Anonymität, dass sie ihre Funktion nicht wirklich erfüllen.

Jugendliche finden unter diesen Umständen oft kein Sozialleben vor, in das sie hineinwachsen könnten. Eine Art Lebensmodell ist für sie fast nur in den Bereichen Arbeit und Kleinfamilie erkennbar. Außerhalb von Schule und Ausbildung sind sie so mit all ihren Bedürfnissen und weitgehend ohne Orientierung sich selbst überlassen – bzw. der Gruppe der Gleichaltrigen, welcher es jedoch kaum gelingt, sich allein aus sich heraus und ohne Anregung Lebenskultur anzueignen. In dieser Situation ist es im Grunde kein Wunder, wenn sie übermäßig empfänglich für – und beeinflussbar durch – alles sind, was sich auf welche Weise auch immer an ihre Bedürfnisse zu richten scheint: Werbung, »Konsumkultur«, Fernsehen, oder das erstbeste kommerzielle Freizeitangebot, von dem sie nicht ausgeschlossen werden. Darüber hinaus kann es zu Verhaltensweisen kommen wie übermäßigem Computerspielen, fruchtlosem »Herumhängen«, Sich-Betrinken, usw. Zahlreiche Jugendliche erleben nur selten, vielleicht während einer Woche Landschulheim oder Skilager, eine Form menschlicher Gemeinschaft, die einen echten Beitrag zur Freude am Leben darstellt. Andere wiederum erleben dies nur unter besonderen Umständen, die von ihrem normalen Leben stark abgetrennt sind, z. B. im Urlaub. Die Grundlage für die Sozialisation, im Sinne eines »Einübens« von zwischenmenschlichem Kontakt, eines Lernens des Umgangs in Gruppen und einer Hinführung zu lebendiger Gemeinschaft, ist schwach. So werden denn auch in wissenschaftlichen Untersuchungen ab der Pubertät zum ersten Mal häufiger Einsamkeitszustände festgestellt.[33] Und von der funktionierenden Übermittlung einer Lebenskultur, die einen Rahmen oder zumindest einen Ausgangspunkt für das Sozialleben der nachwachsenden Generation abgeben würde, sind wir meist weit entfernt.

Trotz dieser Zustände schwachen Sozialkontakts bricht sich zwar der soziale Instinkt immer wieder Bahn. Im Verhältnis zu den menschlichen Bedürfnissen und im Hinblick auf die Entwicklung von Lebensfreude tut er dies derzeit allerdings nur in geringem Umfang. Unser Sozialleben befindet sich so in kontinuierlicher Zersetzung, bei der sich Initiative und Zerfall ablösen, und entfaltet sich selten auf ein wirklich bereicherndes Niveau. Häufig ist es auch von einer unterschwelligen Passivität, wenn nicht gar Lethargie, durchdrungen, während im Beruf Aktivität und ein gedämpfter Optimismus öfter anzutreffen sind. Das Problem wird obendrein dadurch verstärkt, dass man in unserer einseitig auf Arbeit und diverse Formen des Konsums ausgerichteten Gesellschaft leicht der Illusion unterliegt, man könne dauerhaft allein – oder zu zweit – glücklich werden, vor allem wenn einem dies als der normale Lebensstil erscheint. Manchmal wird Sozialleben sogar nur noch als ein Mittel der Partnersuche in einer bestimmten Lebensphase angesehen (was schlecht funktioniert, wie heutige Single-Quoten zeigen). Viele Menschen leben so nebeneinanderher, in mehr oder weniger großer Distanz zu ihren Mitmenschen und mit geringem sozialen Kontakt (auch in Form der Isolierung zu zweit oder in der Kleinfamilie). Auf besonders extreme Weise ist dies in den Städten der Fall, auf dem Land haben jedoch solche Tendenzen ebenfalls unübersehbar um sich gegriffen.

Die vorherrschende Schwäche des Soziallebens hat in den westlichen Industrienationen dazu geführt, dass eine exzessiv individualistische Charakterprägung und entsprechende Verhaltensweisen weit verbreitet sind.[34] Als exzessiv individualistisch wird hier jemand bezeichnet, bei dem aufgrund geringer »Praxis« sozialen Kontakts die Sozialkompetenz und besonders die Fähigkeit, einen zwischenmenschlichen Kontakt herzustellen oder sich in eine Gruppe einzugliedern, nicht voll entfaltet sind. Bereits Charles Darwin hatte den grundlegenden Zusammenhang erfasst, als er schrieb:»Die sozialen Instinkte und die Sympathie werden, wie alle anderen Instinkte, durch die Gewohnheit bedeutend gestärkt.«[35] Dementsprechend führt ein Mangel an Gewohnheit, an Praxis des Sozialkontakts, dazu, dass sich die sozialen Instinkte und Umgangsfähigkeiten abbauen bzw. gar nicht erst entfalten. Exzessive Individualisten kommen mit einem erheblichen Teil ihrer Mitmenschen nur schwer zurecht, oder bloß noch auf beschränkte Weise, z. B. in einer geschäftlichen Beziehung, und nicht in ihrer ganzen Persönlichkeit. Im Allgemeinen scheinen sie die Lebensbereicherung durch Sozialleben sowie durch intensivere menschliche

Beziehungen kaum zu kennen und sind wenig kontaktfreudig, wenn nicht irgendwelche besonderen Vorteile (außerhalb des eigentlichen Soziallebens) damit verbunden sind. Mitunter weisen sie ein Weltbild und Lebenskonzept auf, in dem jeder »allein vor sich hin« eigene Interessen zu verfolgen versucht, und sich Kontakte zu anderen Menschen nur aufgrund gemeinsamer Interessen ergeben – nicht jedoch, um einfach einmal gemeinsam etwas zu genießen oder sich an etwas zu erfreuen. Auch die nötigen Fähigkeiten hierzu – sowie Teile von Lebenskultur, die mit sozialem Leben zusammenhängen – sind bei ihnen oftmals wenig entwickelt oder abhandengekommen.

Das Gegenteil einer individualistischen Prägung ist ein soziabler Charakter; also jemand, dessen zwischenmenschliche Umgangsfähigkeiten voll entwickelt sind, der Sozialkontakt pflegt und die Bereicherung dadurch genießt, der Lebensfreude durch gemeinsames Feiern zum Ausdruck bringen, aber auch bei seinen Mitmenschen Trost suchen oder spenden kann. Wir verwenden hier den an sich wenig gängigen Begriff »soziabel«, um keine Unklarheit darüber entstehen zu lassen, dass es sich um eine charakterliche Prägung handelt, die zuallererst für die jeweilige Person selbst von großer Bedeutung ist (auch die Begriffserklärung des Duden beschreibt das Wort »soziabel« mit »gesellig, menschenfreundlich« und somit als Charaktereigenschaft). Denn der gängige Begriff »sozial« stellt Auswirkungen für andere Menschen und die Gesellschaft in den Vordergrund und würde deswegen leicht durch moralische Bewertungen vom eigentlichen Kern der Sache ablenken. Der alternative, vom Ursprung des Wortes her naheliegende Begriff »sozialisiert« hat im Sprachgebrauch die Bedeutung »verstaatlicht« angenommen, sodass eine Verwendung dieses Eigenschaftsworts für eine charakterliche Prägung zu Missverständnissen führen dürfte. Als Hauptwort verwenden wir allerdings den Begriff »Sozialisation«, da darunter nach wie vor die Integration von Menschen in eine Gemeinschaft und Kultur sowie die Ausbildung der in dem Bereich erforderlichen sozialen und anderen Fähigkeiten verstanden wird.

Mit der Bezeichnung »individualistisch« ist im Übrigen nichts darüber ausgesagt, ob eine Person *individualisiert* ist, d. h., ob sie eine eigenständige, ihrer individuellen Natur entsprechende Entwicklung vollzogen und eine gewisse Selbstständigkeit und Originalität erreicht hat. Einerseits gibt es sowohl individualistische Menschen, deren Charakterentwicklung mit Ausnahme der soziablen Seiten ein hohes Niveau erreicht hat, als auch Individualisten, deren Persönlichkeit so unausgereift ist, dass man bei ihnen nicht von einer wirklichen Individualisierung sprechen würde. Andererseits sind soziable Menschen bei uns oft vollständig individualisiert. *Individualisiert und soziabel zu sein stellt keinen Gegensatz dar, individualistisch und soziabel jedoch schon.*

Die Dimension »individualistisch oder soziabel« steht schließlich nicht in einem zwingenden Zusammenhang zu egoistisch oder altruistisch. Eine Person kann durchaus echte Sozialkompetenz besitzen, ein intensives Sozialleben führen und zugleich stark ihre eigenen Interessen verfolgen. Es scheint beispielsweise in Spanien insgesamt etwas weniger Individualismus sowie mehr Gemeinschaftlichkeit zu existieren, während es zugleich nach Aussage von Spaniern mehr Egoismus geben soll, im Sinne geringerer Rücksicht auf die Allgemeinheit. Umgekehrt sind Züge von Altruismus keinesfalls immer ein Zeichen eines soziablen Charakters. Exzessiver Individualismus führt allerdings allein schon aufgrund der Einengung des Lebens auf das eigene Selbst tendenziell zu Egozentrik und Egoismus. So wurde festgestellt, dass Jugendliche, die vergleichsweise einsam sind, weniger altruistisches – d. h. anderen Menschen helfendes, auf sie Rücksicht nehmendes – Verhalten an den Tag legen.[36] Es sollen jedoch hier wie gesagt nicht moralische Beurteilungen im Vordergrund stehen, sondern die ursächlichen Fehlentwicklungen, unter denen eben vor allem auch der Betroffene selbst leidet.

Das Phänomen von exzessivem Individualismus aufgrund mangelnder Sozialisation wird nun zunächst anhand eines sehr deutlich ausgeprägten Beispiels veranschaulicht. Ein zwanzigjähriger junger Mann kehrte nach einem Jahr Zivildienst in Afrika zurück nach Deutschland. Er war wegen des damit einhergehenden Kulturschocks verunsichert und beschloss, zur

»Selbstfindung« am Anfang des Studiums erst einmal allein zu wohnen. In Verbindung mit einem Studentenleben, das in diesem Fall relativ kontaktarm war, ergab es sich so, dass er nur noch in geringem Umfang an sozialer Begegnung teilhatte und einer gewissen Einsamkeit unterlag. Obwohl er eigentlich überaus soziabel geprägt gewesen war, begannen sich seine zwischenmenschlichen Fähigkeiten daraufhin abzubauen. Er fing an, sich an eine »totale Freiheit« zu gewöhnen, und zwar in erster Linie eine Freiheit *von* jeglichem äußeren Einfluss, nicht so sehr eine Freiheit *zu* irgendetwas Positivem. Seine Anpassungsfähigkeit an bestimmte Notwendigkeiten der Koordination im Zusammenleben mit anderen Menschen nahm ab – die Tatsache, jederzeit ungestört alles tun können, ohne sich absprechen zu »müssen«, wurde für ihn außerordentlich bedeutend. Auch seine Reaktionsfähigkeit und Spontaneität im Umgang mit anderen sowie seine Flexibilität in Meinungsfragen, z. B. in Bezug auf Ästhetik, ließen mangels fortgesetzter Übung im Alltag nach. (Ganz im Gegensatz zu dem, was Individualisten häufig von sich selbst denken, sind sie im Durchschnitt weniger tolerant gegenüber abweichenden Meinungen und unkonventionellem Verhalten als soziable Menschen, wie sich in Untersuchungen herausstellte.)[37]

Zusätzlich kam es zur Entstehung von individuellen »Schrullen« oder Marotten und einem Eigensinnig-Werden des Studenten. Er begann, auf extreme Weise seinen Alltag zu planen – und konnte so schlecht mit Unvorhergesehenem umgehen. Er stellte übertriebene Überlegungen zur effizienten Erledigung irgendwelcher weniger wichtigen Dinge an (unter anderem komplizierte Vorratshaltungssysteme im Haushalt), und verschiedene Regeln wurden zum Selbstzweck (so ergab sich ein Putzfanatismus oder »-fimmel«). Daraus entstanden für ihn richtiggehende zwischenmenschliche Hürden. Es kam zu einem unflexiblen Bestehen auf kleinlichen Gewohnheiten, bestimmte Einschränkungen beim Leben mit mehr sozialem Kontakt, z. B. in einer Wohngemeinschaft, wurden überbewertet (»Dann muss man ja Absprachen mit anderen treffen!«) sowie eventuelle Risiken überschätzt (»Wenn man zusammen wäscht, dann könnte ja ein Kleidungsstück bei den anderen landen!«). Und die Vorteile und die Bereicherung durch Sozial-kontakt wurden unterschätzt oder nicht mehr gesehen.

Glücklicherweise bemerkte er nach einiger Zeit, dass er, wenn er weiter so leben würde, im Kontakt zu anderen Menschen bald »inkompatibel« (unverträglich) wäre. Er entschloss sich, in eine Wohngemeinschaft einzuziehen, wo sich seine sozialen Fähigkeiten und die Wertschätzung für das Sozialleben durch die Praxis und Erfahrung relativ schnell wieder etablierten. Dieser junge Mann besaß allerdings erstens eine außergewöhn-liche Begabung zur Selbstbeobachtung, zweitens den festen Willen, nicht so eigensinnig wie sein Vater zu werden, und drit-tens einen geweiteten Horizont sowie einen gewissen Abstand dem Leben hier gegenüber wegen der Erfahrung in Afrika. Aus den drei Gründen sah er selbst die Notwendigkeit einer Ände-rung seines zeitweise exzessiv individualistischen Lebensstils und konnte sie auch herbeiführen. Viele Menschen scheinen jedoch ohne einen Anstoß von außen aus derartigen Zustän-den nicht herauszufinden.

Im Folgenden wird von »typischen« Individualisten gespro-chen, obwohl es in der Realität selbstverständlich verschiedens-te und mehr oder weniger starke Formen von exzessivem Indi-vidualismus gibt. Individualistische Menschen weisen fast nie *alle* der folgenden Charakterzüge und Verhaltensweisen auf, aber sie lassen sich meist durch einige davon charakterisieren. Das Auffällige an den Verhaltensweisen liegt dabei gerade auch darin, dass sie nicht nur gegenüber Fremden, zu denen keiner-lei Bezug besteht, zum Tragen kommen, sondern selbst gegen-über Menschen im näheren – beispielsweise beruflichen, örtli-chen oder familiären – Umfeld einer Person.

Individualistisch geprägte Charaktere bewahren eine in den westlichen Industrieländern weitverbreitete, vergleichsweise hohe Distanz zu anderen Menschen. Sie wollen nur ja nicht ir-gendwem zu nahekommen, und sei es auch bloß durch einen Blick – wie es dem brasilianischen Schriftsteller Joao U. Ribeiro aufgefallen ist: »Im Bus sieht niemand den anderen an, man kommt sich wie unsichtbar vor. Die Blicke, die sich zufällig kreuzen, wenden sich sofort ab, jeder zieht sich in sein Schweigen zurück.«[38] Individualisten brauchen einen Vorwand, um zu jemandem in Kontakt zu treten. Dies gilt sogar am Telefon: Sie geben zu Anfang eines Gesprächs einen »legitimierenden« (rechtfertigenden) Grund an, wieso sie anrufen, und erwarten von anderen ebenfalls ein solches Verhalten. Bei spontanem Kontakt werden sie, wenn sie sich denn auf die andere Person konzentrieren, nicht selten unterschwellig nervös und versuchen, den anderen gedanklich abzuschätzen: »Was will der andere von mir? Was denkt er über mich?« Oder sie verspüren einen Drang, sich zu produzieren, anstatt sich abwartend auf einen Austausch einzustellen und in Ruhe aufeinander einzugehen (und weder übermäßig noch zu wenig in die Augen des Gesprächspartners zu schauen). Es fällt ihnen überhaupt bisweilen schwer, ein der jeweiligen Situation angemessenes Verhalten zu finden, und so kommt es auch vor, dass sie in einem Gespräch übertrieben direkt sind. Mitunter scheinen sie gar nicht zu wissen, dass es im Sozialkontakt nicht darauf ankommt, sich zu verkaufen, um angenommen zu werden, sondern dass den meisten Menschen natürlich-normale Mitmenschen bei Weitem am liebsten sind, nebenbei bemerkt auch im Verhältnis von Frau zu Mann. Ein besonders zwiespältiges Verhältnis haben sie zu jeder Form von Körperkontakt. Umarmungen sind rar bei uns.

Den Individualisten fehlt die natürliche Neugierde auf andere Menschen (oder sie zeigen sie nur noch hinter deren Rücken, wenn ihr Interesse verborgen bleibt). Eine derartige Verhaltensweise hätte einer der Autoren selbst fast beispielhaft an den Tag gelegt, als er zum ersten Mal in Russland war, im Rahmen eines Aufenthalts bei einer Familie in Sankt Petersburg. Etwas erschöpft von der Flugreise überlegte er am Abend der Ankunft tatsächlich ernsthaft, ob er sich jetzt überhaupt noch mit der Familie zusammensetzen oder gleich schlafen gehen wolle. Ganz im Gegensatz dazu warteten die Russen selbstverständlich – einschließlich der Nachbarn – bereits am Wohnzimmertisch auf den Gast, und zwar nicht deswegen, weil dieser etwas Besonderes gewesen wäre. Sie hatten schon weit mehr von der Welt gesehen. Glücklicherweise entschied sich der Autor doch gegen das Zubettgehen, und alle Beteiligten wurden für ihre gegenseitige Neugierde belohnt, durch einen schönen, bereichernden Abend, bei dem ihnen ohne das Interesse aneinander nicht so warm geworden wäre. An dieser Stelle wird auch offensichtlich, dass solche Charakterzüge wohl viel mit dem Verlust an wirklicher Gastfreundschaft bei uns zu tun haben.

Wie es bereits am Beispiel des jungen Mannes nach dem Zivildienst in Afrika deutlich wurde, ist die Haltung von Individualisten zu Sozialkontakt gekennzeichnet durch eine weitgehende Unterschätzung der Bereicherung, die sich hieraus ergeben kann, sowie durch eine generelle Überbewertung möglicher Unannehmlichkeiten (z. B. der Notwendigkeit, sich abzustimmen oder spontan auf andere zu reagieren). Ihre soziale Risikobereitschaft, wissenschaftlich formuliert die »Bereitschaft eines Individuums [...], sich in interpersonale Situationen zu begeben, die das Risiko beinhalten, auf Zurückweisung zu stoßen, in Verlegenheit gebracht oder enttäuscht zu werden«[39], ist schwach ausgeprägt. Sie nehmen diese »Risiken« – welche eigentlich wenig echte Gefahr beinhalten – bei einer menschlichen Begegnung stark übertrieben wahr und meiden teilweise allein deswegen intensiveren Kontakt zu ihren Mitmenschen. Manchmal rationalisieren sie dies dann so, dass sie besonders »wählerisch« wären, »hohe Ansprüche« hätten oder gar allein glücklicher seien. Insgesamt weisen sie sowohl Züge von sozialer Überempfindlichkeit als auch Mängel an zwischenmenschlicher Sensibilität auf. Des Weiteren scheuen sie sich davor, einmal auf jemanden angewiesen zu sein oder von jemandem Hilfe anzunehmen – wobei diese Scheu wahrscheinlich noch größer ist als ihr eigener Mangel an Hilfsbereitschaft. Sie fürchten generell Abhängigkeiten jeder Art und können Solidarität oft nur noch in Notlagen zeigen. Auf diese Weise wird auch im Krieg »ein Grad von Solidarität und Verantwortungsgefühl bekundet, wie man es im Frieden nur selten findet«.[40]

Individualisten verhalten sich nicht selten so, als ob sie allein auf der Welt wären – nicht aus Bösartigkeit, sondern weil sie sich an die Kontaktlosigkeit zu den Mitmenschen schon so gewöhnt haben, dass diese im eigenen Horizont gar nicht mehr richtig vorkommen. Wenn ihre Aufmerksamkeit gegenüber anderen Menschen kaum größer ist als gegenüber bloßen Gegenständen, dann führen sie eben im Zug derart laute Telefonate mit dem Handy, dass alle mithören müssen. Mitunter halten sie es bereits für normal, dass jeder allein vor sich hin »sein eigenes Ding dreht«, ohne jegliche soziale Interaktion, ohne Kooperation mit, Hilfe durch und Rücksichtnahme auf andere. Gut in Erinnerung ist einem der Autoren der Verkehr in einer Stadt im südlichen Westeuropa, wo eine geringe Neigung, sich an offizielle Regeln zu halten, in Verbindung mit exzessivem Individualismus dazu führte, dass es ein schwieriges und riskantes Unterfangen sein konnte, sich in der Stadt fortzubewegen. Denn viele Leute achteten kaum auf andere Verkehrsteilnehmer, nicht einmal im Augenwinkel, und verhielten sich fast so, als ob sie alleine in den Straßen wären. Unlängst hat eine Psychologin aus dem betreffenden Land selbst angemerkt, dass diese Verhältnisse im Straßenverkehr mit der »Krankheit des Individualismus« in Zusammenhang stehen.[41] Einen interessanten Kontrast hierzu bildet der bereits von der Romanautorin Isabel Allende beschriebene Verkehr in Venezuela, welcher zwar ungemein chaotisch erscheint, aber bei genauem Hinsehen doch von einer hohen gegenseitigen Wahrnehmung der Menschen begleitet ist.

Der Aufenthalt in Zügen bietet abgesehen von lautstark geführten Telefonaten weiteren Anschauungsunterricht. Einige Menschen sind so kontaktlos, dass sie es komisch finden, wenn man sie fragt, bevor man sich auf einen Platz neben ihnen setzt, ob der Platz auch frei sei (»Ist doch klar, dass hier frei ist«). Sie verstehen offenbar nicht mehr, dass es nicht in erster Linie um die Frage geht, sondern um die Vermeidung der anormalen Situation, nebeneinander zu sitzen, ohne auch nur ein Wort zu wechseln. Ferner konnte einer der Autoren in einem westeuropäischen Land – wo dies angeblich nicht gerade selten vorkommt – einmal beobachten, dass sich eine ältere Dame minutenlang unter sichtbaren Anstrengungen vergeblich bemühte, ihren Koffer auf die Ablage zu heben. Es machte jedoch niemand der am Gang Sitzenden des vollen Zuges Anstalten, ihr zu helfen – aus totaler Gleichgültigkeit dem Mitmenschen gegenüber und aus Scheu, selbst in einer so unverfänglichen Situation auf jemanden zuzugehen. Diese Verhältnisse stehen wiederum in bemerkenswertem Gegensatz zu den Zuständen, die ein Argentinier aus seiner Heimat berichtete, wo offenkundig bereits fünf Minuten nach Abfahrt eines beliebigen Zuges die meisten Reisenden angeregte Gespräche untereinander begonnen haben.

Exzessive Individualisten haben häufig sehr wohl das Ziel, viele Freunde zu besitzen – allerdings nicht in erster Linie wegen der Freunde an sich oder wegen des mit ihnen geteilten Lebens, sondern als eines von verschiedenen Statussymbolen, als ein Zeichen »sozialen Erfolgs«, wie inhaltsleer dieser auch immer sein mag. Da sie den eigentlichen Wert menschlicher Beziehungen und die Lebensbereicherung daraus nur in geringem Umfang kennengelernt haben, geraten ihre sozialen Kontakte leicht unter eine utilitaristische (nutzenbetonte) Sichtweise. Ein Beispiel hierfür ist das sogenannte Networking, wenn bei jeder Gelegenheit möglichst viele Visitenkarten mit möglichst »wichtigen« Personen ausgetauscht werden, denn man könnte ja vielleicht irgendwann einmal einander nützlich sein ... Ein Element von Nutzen in sozialen Beziehungen ist keinesfalls zu verdammen, aber es stellt eine Verarmung dar, wenn sie darauf reduziert werden. Zudem sind die Kontakte, die allein auf Networking beruhen, nicht diejenigen, die sich irgendwann tatsächlich als hilfreich erweisen, da ihnen der Gehalt in Form gemeinsamer Erlebnisse fehlt und sie somit keine Festigkeit aufweisen.

Aufgrund ihres Mangels an sozialer Erfahrung und an gelerntem natürlichen Umgang übertragen Individualisten manchmal das Erfolgsdenken aus der Arbeitswelt in ihr Sozialleben – ohne zu merken, dass es hier um Geselligkeit und die Entfaltung nicht-beruflicher Seiten des Menschen geht und Erfolgsdenken dabei zu keinerlei wirklichen Erfolgen führt. So behindert des Öfteren auch eine latente innere Unruhe die Entfaltung des Soziallebens, oder es fällt gleich übertriebenem »Zeit-Sparen« zum Opfer. Wenn soziale Gelegenheiten immer wieder auf die Zukunft verschoben werden, erweckt dies den Anschein, ein bloßer Mangel an Spontaneität wäre für das niedrige Niveau an Sozialkontakt verantwortlich. Es ist jedoch eine charakterliche Prägung und ein stark eingeschränkter Lebensstil, der dahintersteckt. Exzessiven Individualisten wird soziale »Kontaktpfle-ge« bisweilen fast zu einer lästigen Pflicht, anstatt eine Quelle von Freude darzustellen.

Besonders unsicher sind Individualisten im Kontakt mit Gruppen, wobei sie sich oft verstellen oder versuchen, eine Rolle zu spielen. Ihre Aufmerksamkeit ist nur in geringem Maß auf die Gruppe als Ganzes gerichtet – sie sind wenig geneigt, einem Gespräch in einer Gruppe in Ruhe zu folgen bzw. daran teilzunehmen, wenn es nicht in der Form eines direkten Dialogs zwischen ihnen und den anderen Personen stattfindet, sondern der Gesprächsmittelpunkt gerade woanders liegt. Oft fühlen sie sich in solchen Situationen unwohl, halten Distanz zu den anderen, und es fällt ihnen letztlich schwer, sich einzugliedern. Wenn sie dann nicht irgendwelche Eigeninteressen verfolgen können, ziehen sie sich relativ schnell wieder zurück.

Ein weiteres Problem von Individualisten besteht darin, dass sie tendenziell selbst bei Arbeitskollegen, Nachbarn und Familienmitgliedern vorschnell denken, »mit dem muss ich ja privat nichts zu tun haben, deswegen brauche ich gar nicht versuchen, mit ihm gut auszukommen«. Hierbei spielt sicherlich auch die Tatsache eine Rolle, dass unsere Mobilität und die Vielzahl an Menschen, die uns zumindest in den Städten umgeben, den Eindruck erwecken, es bestünden »unendlich viele Möglichkeiten für neue Beziehungen«.[42] Dies stellt sich allerdings früher oder später als Illusion heraus, denn zwischen Menschen, zwischen denen weder ein Bezug noch Gemeinsamkeiten existieren, entwickeln sich keine Beziehungen und kein Sozialleben in nachhaltigem Umfang.[43] Es ist sogar kontraproduktiv, wenn Menschen, die zu ihrer persönlichen Umgebung kaum mehr Kontakt haben, dann ihre Suche nach Kontakt auf bestimmte Orte oder Veranstaltungen konzentrieren, z. B. auf Bars oder Clubs. So verstärkt sich die Isolierung in anderen Lebensbereichen, und es ergibt sich eine angespannte Stimmung in diesen Einrichtungen, die ihren Zwecken alles andere als dienlich ist.

Die Vorstellung der Individualisten von Sozialleben ist häufig darauf reduziert, zu einigen wenigen »ausgewählten« Freunden oder einer Clique, die sich irgendwann einmal unter kontaktfördernden Umständen gebildet hat, hin und wieder Kontakt zu halten. Sie machen viele Dinge allein, die sozablere Menschen mit Freunden unternehmen würden; und zwar nicht deshalb, weil sie es allein nicht könnten – dies wird ihnen dann von Individualisten unterstellt –, sondern weil es zu mehreren einfach unterhaltsamer ist, wie z. B. Urlaub in einer Gruppe. Letzteres erfüllt manche Individualisten schon mit »panischer« Angst vor möglichen Reibereien und löst fast eine »Allergie« gegen Gruppensituationen aus, mit denen sie eben schwer zurechtkommen.

Außerhalb der Arbeit ziehen Individualisten sich oft ganz auf die Partnerschaft und Kleinfamilie zurück – wobei ihnen selbst da ihre zwischenmenschlichen Defizite gefährlich werden können. Auf radikal klare Weise hat dies einmal Erich Fromm ausgedrückt: »Bei der Beziehung zwischen Mann und Frau – zwischen Männern und Frauen – handelt es sich im Wesentlichen um eine Beziehung zwischen Menschen. Alles, was in der Beziehung zwischen einem menschlichen Wesen und einem anderen gut ist, ist auch gut in der Beziehung zwischen Mann und Frau, und alles, was in menschlichen Beziehungen schlecht ist, ist auch schlecht in der Beziehung zwischen Mann und Frau. Die besonderen Mängel in den Beziehungen zwischen Männern und Frauen sind zum größten Teil nicht ihren männlichen oder weiblichen Charaktermerkmalen zuzuschreiben, sondern ihren zwischenmenschlichen Beziehungen.«[44]

Bei Personen, bei denen exzessiver Individualismus schon zu einer Oberflächlichkeit der sozialen Kontakte und Einsamkeit geführt hat, sind auch folgende Phänomene anzutreffen: eine negativ verzerrte Wahrnehmung anderer Menschen, eine entsprechend irrige Meinung über ihren Charakter und ihr Denken, übermäßiges Misstrauen sowie Zynismus gegenüber den Menschen und dem Leben insgesamt.[45] Der Wissenschaftler Wichard Puls, der dies untersucht hat, weist zu Recht darauf hin, *dass hierbei wohl eine im Allgemeinen nicht angebrachte Projektion (Übertragung) eigener Einstellungen auf andere eine erhebliche Rolle spielt.* In ähnlicher Weise sind übermäßige Egoisten

46

meist fest davon überzeugt, dass alle anderen Menschen ebenfalls Egoisten wären. Dies scheint unter anderem in den USA deutliche Auswirkungen zu haben, denn dort ist der Anteil der Bevölkerung mit dem Gefühl, dass »den meisten Menschen vertraut werden kann«, von 58 Prozent im Jahr 1960 auf 37 Prozent 1993 gefallen, und zwar auf dem Land genauso wie in den Städten.[46]

Eine derartige negative Einstellung zu anderen Menschen könnte außerdem durch zwei weitere Faktoren mitbedingt sein. Erstens ist in den gegenwärtigen individualistischen Verhältnissen bei vielen Menschen die soziable Seite zwar nicht komplett verloren gegangen, aber auch nicht sonderlich gefestigt. So zeigen sie sich bei einem zwischenmenschlichen Kontakt nur dann einigermaßen freundlich, wenn die Kontaktaufnahme auf eine ausgesprochen positive Weise erfolgt ist, und nehmen ansonsten sehr schnell eine abweisende Haltung ein. Dabei rufen exzessive Individualisten mit ihren mangelhaften sozialen Umgangsformen natürlich häufig die negative Reaktion hervor – was eine Rolle bei ihrer schlechten Meinung über andere Menschen spielen dürfte. Zweitens ergibt sich folgender Zusammenhang: Je mehr jemand auf individualistische Weise lebt, viele Dinge nur noch allein tut, und je weniger er in seinem Privatleben soziale Beziehungen pflegt, desto höher wird der Anteil an Kontakten zu anderen Menschen (an der Gesamtheit der Kontakte), die geschäftlich bedingt sind und oftmals einen zwiespältigen Charakter haben oder die überhaupt unerfreuliche »Kontakte« darstellen, wie Schlange stehen, Staus, usw.[47] Unter diesen Umständen ist es möglich, dass Individualisten eine – auf ihrer eigenen Lebensweise und ihrem Mangel an umfassender Erfahrung beruhende – negative Meinung über andere Menschen quasi selbst bestätigt finden.

Die wenigsten Menschen sind Heilige. Das Menschenbild mancher Individualisten ist jedoch entschieden zu schlecht und trifft auf nur einigermaßen »normale« Menschen nicht zu. Die meisten Menschen, die sich noch nicht total in individualistischen Verhaltensweisen und einer negativen Lebenseinstellung festgefahren haben, sind im Grunde durchaus kooperativ und umgänglich, wenn die Umstände nicht zu widrig sind und wenn die Distanz zu ihnen einmal überwunden, das Eis gebrochen ist.

Der amerikanische Psychologe Alan S. Waterman hat beschrieben, wie eine individualistische »Lebensphilosophie« im Extrem aussehen kann:[48] Der exzessive Individualist will nicht, dass andere Menschen in der eigenen Selbstverwirklichung eine Rolle spielen, zumindest nicht jenseits der Kleinfamilie. Er sieht soziale Beziehungen bei der Verfolgung eigener Ziele als störend an. Er will keine Hilfe von den Mitmenschen, da dies Verpflichtungen schaffen könnte. Er will auch keine Hilfe leisten, da dies vom eigenen Weg ablenkt. Eine Differenzierung (Unterscheidung) von anderen schließlich ist um der Verschiedenheit selbst willen gewollt (»Sei anders!«) – was nebenbei bemerkt oft zu einer Uniformität der Verschiedenheit führt, da es sich meist um oberflächliche Unterschiede handelt und wenig dahintersteckt.

Diese »Philosophie« ist nicht als eine Ursache, sondern als ein Ergebnis der individualistischen Lebensweise zu verstehen. Wahrscheinlich stellt sie dort, wo sie überhaupt im Bewusstsein der Betreffenden existiert, den Versuch einer Rechtfertigung für eine Lebensführung dar, die starken menschlichen Instinkten zuwiderläuft.[49] Sie verdeutlicht zugleich, dass es dabei nicht um eine positive *Individualisierung* im Sinne einer Verwirklichung der individuellen menschlichen Anlagen geht, wozu auch eine Form von Sozialleben gehört. Vielmehr handelt es sich um einen *Individualismus*, welcher auf Abgrenzung und letztlich eine gewisse Einsamkeit hinausläuft.

Wenn zwischen Individualisierung und Individualismus nicht korrekt unterschieden wird, kann auch bei statistischen Untersuchungen nichts Sinnvolles herauskommen. In einem solchen Fall hat sich ein Wissenschaftler einmal gewundert, wieso die Menschen in Lateinamerika sich genauso frei fühlen wie die Bevölkerung Westeuropas, obwohl sie doch weniger individualistisch sind. Darin liegt jedoch kein Widerspruch, denn während die Individualisierung eine der Grundlagen für eine positive Wahrnehmung von Freiheit ist, stellt der Individualismus eher eine Beschränkung des menschlichen Lebens dar.

Weniger Individualismus bedeutet also natürlich *nicht* weniger Freiheit.

Die teilweise überspitzte Beschreibung individualistischen Verhaltens könnte den Eindruck erwecken, es handele sich um irgendwelche Sonderfälle. Wer allerdings die Augen dafür öffnet und eventuell Vergleichsmöglichkeiten zu soziablen Menschen in weniger individualistischen Umständen hat, stellt fest, dass bei uns überaus viele Menschen zumindest einige dieser Verhaltensweisen und Charakterzüge aufweisen. *Und dies betrifft auch Menschen, die an sich ausgesprochen freundlich und keinesfalls Egoisten sind,* wenn man ihre Mauer der Gleichgültigkeit und Scheu gegenüber anderen Menschen einmal durchbricht.

Den zentralen Unterschied zwischen einer individualistischen und einer soziablen Charakterprägung veranschaulicht die Erfahrung eines Studenten in zwei verschiedenen Wohnheimen. Er befand sich zuerst unter Deutschen und dann unter ausländischen, aus weniger individualistischen Ländern stammenden Mitstudenten (unter anderem aus der Ukraine). Wenn im ersten Heim jemand einmal bei seinem Nachbarn klopfte, um sich etwas auszuleihen – was eher selten vorkam, da jeder bemüht war, alles allein und ohne Hilfe untereinander zu erledigen –, dann war die Reaktion durchaus freundlich. Man bekam eben, wenn möglich, die erwünschte Sache ausgeliehen, und damit war der Kontakt im Wesentlichen beendet. Wenn es hingegen im zweiten Wohnheim auf diese Weise zu einem Kontakt kam, dann wurde der Student häufig außerdem noch gefragt, ob er denn nicht hereinkommen, sich setzen und einen Tee oder Kaffee trinken wolle … Und hieraus resultierte auch genau das, was sich bei uns oft nicht mehr ergibt – es stellte sich auf natürlichem Weg und relativ schnell im ganzen Heim ein guter Sozialkontakt ein.

Zusammenfassend lässt sich sagen, dass es zahlreichen Menschen in unserer Gesellschaft schwerfällt, in Kontakt zu anderen Menschen zu treten und dabei ein angemessenes, unkompliziertes Verhalten an den Tag zu legen. Vielfach sind sie stattdessen distanziert, und zwar nicht nur zu Fremden, sondern auch zu Mitmenschen aus ihrer näheren Umgebung. Ihre sozial-zwischenmenschlichen Fähigkeiten, um mit anderen gut auszukommen, sind wenig entwickelt, und ihre Aufmerksamkeit gegenüber anderen ist mitunter überhaupt gering. Das natürliche Interesse für andere Menschen fällt bei ihnen schwach aus, oder sie zeigen es nur noch im Verborgenen. Abhängigkeiten unter Menschen und den Kontakt in Gruppen, der ihnen besondere Probleme bereitet, scheuen sie »wie der Teufel das Weihwasser«. Hinter all diesen Verhaltensweisen stecken meist gar keine schlechten Absichten – was jedoch nichts daran ändert, dass sie zu eingefahrenen Gewohnheiten geworden sind.

Die fundamentale Hauptursache der individualistischen Prägung ist der Mangel an Sozialisation im erwähnten Sinn und an dauerhafter Erfahrung der Lebensbereicherung durch ein intaktes Sozialleben. Darauf wird in Teil II dieses Buchs näher eingegangen. Exzessive Individualisten kommen nicht bis zur Verwirklichung ihrer sinnlichen und emotionalen Möglichkeiten im Sozialleben, da es ihnen oft nicht nur an erforderlichen Fähigkeiten, sondern auch an innerer Ruhe, Sicherheit und Spontaneität im Kontakt sowie an Einsicht in dessen Bedeutung fehlt. Ihr Individualismus ist ihnen zur Falle geworden: »Wenn der Individualismus im Übermaß getrieben wird, dann werden die Individuen ironischerweise zu seinen Opfern.«[50]

Natürlich hat es bereits zu früheren Zeiten exzessive Individualisten gegeben. Signifikant ist jedoch, dass sie heute manche Teile der Gesellschaft schon zu dominieren scheinen und dass sehr viele Menschen zumindest einige individualistische Züge aufweisen. Seit wann derartiger Individualismus bei uns ein Massenphänomen und nicht mehr nur eine Randerscheinung darstellt, ist unsicher. Allerdings liegt dieser Zeitpunkt wohl weiter zurück in der Vergangenheit, als man auf den ersten Blick vermuten würde.[51]

Exkurs zum »narzisstischen Sozialisationstypus«

Bereits in den 70er-Jahren ist von Psychologen und Soziologen in Deutschland sowie den USA das zunehmend häufige Auftreten eines »neuen narzisstischen Sozialisationstypus« festgestellt worden. Diese narzisstische Charakterprägung, dieser Typus mangelhafter Sozialisation in westlichen Industrieländern, erscheint wie eine Extremform des Individualismus. Sie soll hier kurz beschrieben werden, da in ihrer Extremität viele Aspekte deutlich werden, die beim »alltäglichen« Individualismus nur in Nuancen auftreten und nicht derart klar erkennbar sind.

Unter Narzissmus gemäß der freudschen Definition versteht man eine Fixierung der sexuellen Energie und der Liebeskraft im weiteren Sinn auf das eigene Selbst, anstelle der natürlichen Ausrichtung auf die Außenwelt. Hier geht es allerdings nicht um Fehlentwicklungen, die genau dieser Definition entsprechen. So ist es schon fraglich, inwiefern sich der narzisstische Typus wirklich selber liebt[52] – auch wenn er egozentrisch ist, mitunter bis hin zu einer Art Ich-Kult. Sicher ist hingegen, dass seine Liebesfähigkeit erheblich gestört ist und dass dies eine zentrale Rolle bei der Entwicklung seiner Charakterprägung spielt. Des Weiteren sind Menschen des »neuen Sozialisationstypus« von zumindest einigen der folgenden Eigenschaften gekennzeichnet:[53]

Sie beschäftigen sich auf fast besessene und in der Übertreibung sinnlose Weise mit sich selbst, mit Körper, Gesundheit, Psyche, Status, Styling, usw. Es fehlt ihnen die Hingabefähigkeit sowie das Interesse an Menschen, Aufgaben und Sachen im weiteren Sinn. Sie weisen wenig eigene Motivation und Fähigkeit zu zielgerichteter, nicht vorgegebener Arbeit auf. Vertrauen in Werte haben sie kaum, und die Fähigkeit psychisch gesunder Menschen zu Idealismus ruft bei ihnen Verwunderung hervor. Sie leiden generell an einer gewissen Beziehungslosigkeit zu ihrer Umgebung, ihren Mitmenschen und womöglich auch sich selbst. (Gerade dies könnte zu ihrer besessenen Selbstbeschäftigung führen.) Es mangelt ihnen an Einfühlungsvermögen in andere Menschen, und das Verhalten, das in einer Situation sozial angemessen ist, kennen sie noch wesentlich weniger als exzessive Individualisten. Sie suchen mehr als alles andere Selbstbestätigung und Bewunderung im Sozialkontakt und sie sind kaum zu einem gegenseitigen Geben und Nehmen in der Lage. Im privaten Bereich versuchen sie, Menschen für ihre eigenen Zwecke zu vereinnahmen, was ihnen längerfristig – wenn überhaupt – meist nur bei einem Lebenspartner gelingt, da dies sonst kaum jemand in Kauf nimmt. Sie haben nicht selten Schwierigkeiten, sich zu verlieben, und ihre Beziehungen sind geprägt von Unverbindlichkeit und davon, sich nicht festlegen zu wollen.

Es bleibt ihnen das Verfolgen eines beschränkten Lebensmodells aus Arbeit und Konsum. Beide Bereiche werden – genauso wie die Beziehungen zu anderen Menschen – von dem intensiven Wunsch durchdrungen, auf irgendeine Weise das eigene Ich zu erhöhen oder es erhöht sehen zu können. So wollen sie sich unbedingt abheben von anderen – womit sie besonders anfällig für Markenwerbung sind, wenn diese mit Sprüchen wie »für mich nur vom Feinsten« wirbt oder den Eindruck erweckt, man würde durch den Konsum oder Besitz eines bestimmten Produkts etwas Besonderes sein. Grundsätzlich ist ihr Ideal ein Hedonismus grenzenlos erfüllender Lust- und Genusserfahrung. Ihre Schwierigkeit, etwas intensiv zu genießen, verstärkt den Wunsch, dies zu tun, nur noch mehr. Nicht allein im Konsum, sondern auch in der Sexualität scheint das zuzutreffen, bedingt durch den erwähnten Mangel an Hingabefähigkeit. Zudem weisen sie ein Verlangen nach unmittelbarer Befriedigung jeglicher Bedürfnisse und eine geringe »Unlusttoleranz« auf; ein nötiges Abwarten oder überhaupt unangenehme Erfahrungen werden von ihnen also schlecht ausgehalten und führen zu übermäßigen Stimmungstrübungen oder Unruhe. Manchmal endet dieses missglückte Genuss-Streben schließlich in offener oder versteckter Lustlosigkeit.

Im Berufsleben tragen sie oft ausgeprägte Karrierevorstellungen mit sich herum, allerdings nicht auf der Grundlage harter Arbeit, zu der sie nicht wirklich in der Lage sind, sondern immer eher auf der Basis dessen, »was sie einmal tun könnten«. Sie sind von einer durchdringenden Sehnsucht ergriffen, etwas ganz Besonderes zu sein – woraus sich Konflikte im Verhältnis zur Wirklichkeit ergeben. Dabei entstehen ständige Spannungen zwischen dem überhöhten Anspruch und der Realität sowie eine bewusste oder unbewusste Angst vor Enttäuschungen angesichts der Ansprüche ihres »Größenwahns«. Dies ist wohl auch der Grund dafür, dass sie eine »übersteigerte Sensibilität und Angst in Konkurrenzsituationen«[54] aufweisen. Mitunter mangelt es ihnen an Realitätsbezug, wenn sie ihren Illusionen mehr Aufmerksamkeit als der Wirklichkeit schenken. So kommt es z. B. dazu, dass sie »sich um eine kaufmännische Lehre [bewerben] und denken, dass sie gleich ins mittlere Management einsteigen«, oder dass sie meinen, »an der nächsten Ecke warten immer mindestens zwei: einer, der besser zahlt, und einer, der sie besser versteht.«[55] Dennoch sind sie leidlich »gesellschaftsfähig«, da sie noch einigermaßen die Arbeit eines Angestellten erledigen können und mit ihrer konsumorientierten und individualistischen Lebensweise nicht unbedingt besonders auffallen. In der »zweiten Lebenshälfte« scheint es allerdings des Öfteren zu Zusammenbrüchen zu kommen.[56]

Es ist nicht klar, welche Faktoren zusammenkommen müssen, um diesen »neuen narzisstischen Sozialisationstypus« hervorzubringen. Unter anderem dürfte das Verhältnis zu den Eltern einen wichtigen Einfluss darstellen. Eine Rolle spielen könnte bei uns jedoch auch soziale Beziehungslosigkeit im Allgemeinen, insbesondere das Fehlen intensiverer Beziehungen, und ein dadurch bedingter Mangel an Möglichkeiten zur Äußerung und Entwicklung der Liebesfähigkeit. So wurde festgestellt, dass relativ *einsame* Menschen überdurchschnittlich häufig Züge von Narzissmus aufweisen, z. B. Arten von »Größenwahn« oder ein Bedürfnis nach »Angeberei«, um sich anderen gegenüber möglichst großartig darzustellen.[57] Der Psychoanalytiker Peter Schellenbaum weist darauf hin, »dass der heutige narzisstische Mensch sich selber das zu geben versucht, was er nicht nur in der Kindheit vermisst hat, zu wenig gefunden hat, sondern auch in der seelischen Atmosphäre, in der unsere Gesellschaft lebt«.[58] Zudem gilt, wie es einer der Entdecker des »neuen Sozialisationstypus«, Thomas Ziehe, selbst feststellt: Nicht das Auftreten »narzisstischer Strebungen« an sich ist etwas Neues, sondern vor allem die Tatsache, dass es in unserer Gesellschaft bei einer zunehmenden Zahl von Personen im Laufe ihres Lebens keine psychische Reifung über diesen Zustand hinaus mehr gibt.[59]

Narzissten gelingt überhaupt nicht mehr, was man als eine der größten Lebensweisheiten der christlichen Lehre bezeichnen kann – »sein Leben geben heißt, es zu gewinnen«. Und auch Individualisten fällt dies oft überaus schwer. Oder, wie es der amerikanische Autor Christopher Lasch einmal auf markante Weise ausgedrückt hat: *Der exzessive Individualismus und seine Konsequenzen haben das menschliche »Streben nach Glück in die Sackgasse einer narzisstischen Selbstbeschäftigung abgedrängt«.*[60]

Den Schluss dieses Exkurses soll ein Erfahrungsbericht von Peter Schellenbaum bilden, in dem die Anormalität der individualistischen und in der Spitze narzisstischen Zustände auf treffende Weise erkannt wurde: »Seit etwa drei Monaten gehe ich in Zürich regelmäßig in ein neues Sportzentrum oder Fitness-Zentrum, um dort Stretching und manchmal auch Aerobic zu praktizieren. Der Raum, in dem jeweils eine etwa 20-köpfige Gruppe übt, bildet ein Rechteck, dessen eine Wand an einer der Längsseiten ganz durch einen großen Spiegel ausgefüllt ist. Vor dieser Spiegelwand nun steht die Gruppe in zwei Zehnerreihen und zwar so, dass jeder einen unverstellten Blick auf sein Spiegelbild hat. Während der Übungen schaut keiner den anderen, sondern jeder nur sich selber an. Der Übungsleiter sagt manchmal: ›Schaut euch selber fest in die Augen.‹ Während er selber dies tut, also in Spiegelkontakt mit sich selber tritt, bekommt sein Gesicht einen zufriedenen, gesättigten Ausdruck, ein wenig wie ein Säugling, der beim Stillen in die Augen der Mutter schaut. Ist die Übungsstunde zu Ende, gehen einige ohne Gruß weg; andere grüßen sich freundlich und unverbindlich, wenden oft schon während des Grußes den Kopf ab und schauen in die Richtung, die sie gleich einschlagen werden. […] Sie sind gewandt, ohne inneres Interesse – zumindest scheint es so – an den anderen. Ich denke da an die Zeit der Turnvereine mit ihren Festen, den gemeinsamen geselligen Abenden, den Freundschaften. In diesen beobachtete man offensichtlich nicht sich selber im Spiegel, sondern höchstens die anderen, um von ihnen zu lernen.«[61]

Abschließende Bemerkungen zum Kapitel

Ein exzessiv individualistischer Lebensstil geht nicht selten auch mit einer latenten inneren Unruhe einher und einer ständigen Suche danach, die Zeit »möglichst gut zu nützen«. Auf diese Weise wird ein »Zeitdruck« erzeugt, der ein zusätzliches Hindernis dabei darstellt, Zeit auf lebenswerte und erfreuliche Art zu verbringen. Am deutlichsten wird das, wenn selbst das in den USA übliche »dating« – Verabredungen zwischen Frau und Mann, um sich gegenseitig kennenzulernen –

> *»Unser halbes Leben wird damit verbracht, dass wir versuchen etwas zu finden, um mit der Zeit etwas anzufangen, die wir uns bemüht haben einzusparen, indem wir durch das Leben gehetzt sind.«*
> Will Rogers

schnell gehen soll. Nach Aussagen amerikanischer Autoren ist es tatsächlich von dieser Hetzerei nicht ausgenommen.[62]

Mitunter verselbstständigt sich der »Zeitdruck«, und die betreffenden Personen haben den Eindruck, die Umstände und Anforderungen würden einen Zeitdruck erzeugen, nicht ihre eigene Lebensführung. So gibt z. B. ein hoher Anteil der US-Bevölkerung an, das Gefühl zu haben, gehetzt zu leben – und zwar ein wesentlich höherer Anteil als in anderen Ländern, in denen die Menschen aber de facto über weniger Freizeit verfügen als in den USA. Die subjektive Bedingtheit des Gefühls von Zeitdruck wird im Übrigen noch stärker dadurch verdeutlicht, dass auch Rentner, die sich nach Ende des Berufslebens keiner besonderen zeitaufwendigen Aufgabe widmen, dies angeben.[63]

Außerdem kann eine derartige Unausgeglichenheit dazu führen, dass Menschen versuchen, von Aktivitäten zu »profitieren«, anstatt sich ihnen richtig zu widmen, wie die amerikanischen Wissenschaftler John P. Robinson und Geoffrey Godbey anmerken: »Die Menschen versuchen, von Aktivitäten etwas zu ›bekommen‹, anstatt sich ihnen hinzugeben.«[64] Abgesehen davon, dass dies die Arbeitsfähigkeit beeinträchtigt, hindert es sie letztlich gerade daran zu profitieren – denn erwiesenermaßen verschafft es die stärkste Befriedigung, sich voll auf eine Aktivität zu konzentrieren und quasi in ihr aufzugehen.[65] Bei einer solch verfehlten Herangehensweise könnte auch die Tatsache eine Rolle spielen, dass heute nicht wenige Menschen annehmen, das Lebensglück sei in einer Aktivität oder Aufgabe zu finden, die sie »vollständig erfüllen« würde. Dabei wird gänzlich übersehen, dass eine ausgewogene und umfassende Lebensweise die Grundlage dafür ist, um sich einer derartigen Aufgabe konzentriert widmen zu können – und dass nicht durch irgendeine Aktivität alle menschlichen Bedürfnisse gleichsam »auf einen Schlag« zu verwirklichen sind.

Nach aller kritischen Betrachtung im laufenden Kapitel sei jedoch darauf hingewiesen, dass die exzessiv individualistische Charakterprägung, wie sie in Westeuropa auftritt, in den meisten Fällen nicht extrem tiefgehend ist, zumindest wenn sie noch nicht bis zu starkem Narzissmus geführt hat. Obwohl sie an der Verwirklichung menschlicher Bedürfnisse und an der Entwicklung von Freude am Leben in all seinen Bereichen hindert, ist sie nicht vergleichbar mit Charakterstrukturen und -defiziten, die aus der frühen Kindheit resultieren. Und sie benötigt bei Weitem keine Psychoanalyse oder andere Therapien, um überwunden zu werden.

Während bei uns gegenwärtig überhaupt ein Mangel an Sozialkontakt herrscht, gab und gibt es auch so etwas wie eine »Sozialisation unter lebensfeindlichem Vorzeichen«, z. B. in diversen Sekten, im militanten Islam oder in Deutschland zu Zeiten des Faschismus. Diese fand und findet allerdings gerade in den exzessiv individualistischen, kontaktlosen Zuständen ihren Nährboden: »Die größte Gefahr erwächst der Autonomie, wenn sich soziale Bindungen auflösen. Die Atomisierung der Individuen« bereitete »auch im Deutschland der 20er Jahre der Machtübernahme einer totalitären Bewegung den Boden«.[66]

In Teilen war die Nazi-Bewegung gar keine Form von Sozialisation, denn von den Nationalsozialisten wurden bewusst *anonyme* Menschenmassen gebildet, die zu gefühlter und tatsächlicher Verantwortungslosigkeit der Einzelnen in der Masse und somit zur Lenkbarkeit in Richtung inhumaner Ziele führten.

56

In gewissen Kreisen und bestimmten Grenzen wurde jedoch durch den Nationalsozialismus auch wirklicher Sozialkontakt gestiftet, was wohl zu seinem damaligen Rückhalt in Deutschland erheblich beitrug. Zu diesem Thema stellt der Soziologe Helmut Schelsky fest, dass verschiedene Nazi-Aktivitäten »im Durchschnitt eine gesteigerte soziale Kommunikation der Familien mit ihrer sozialen Umwelt gebracht« hatten: »Gerade in den Großstädten bildeten ja die Hausgemeinschaften und die Hilfsgemeinschaft der Nachbarschaft, also Beziehungen, die gerade im großstädtischen Leben längst zur Anonymität und distanzierten Fremdheit abgeklungen waren, wieder über die materielle Hilfe hinaus, die sie boten, echte Gemeinschaften, in denen ein Zusammengehörigkeitsgefühl entstand und die einem Gefühl der sozialen Sicherheit und Geborgenheit neuen Boden schufen.«[67] Es liegt ganz offensichtlich eine ausgeprägte Gefahr darin, wenn Sozialkontakt erst durch extremistische Bewegungen herbeigeführt wird. Die Lebensbereicherung aus menschlicher Gemeinschaft sollte ihnen nicht überlassen werden – ohne ihren Nährboden, ohne die Flucht aus der Einsamkeit in solche Bewegungen hinein, wären ihre Chancen, sich auszubreiten, erheblich vermindert.

Wenn wir hier auf Probleme des exzessiven Individualismus und damit verbundene charakterliche Fehlentwicklungen und Lebensdefizite hinweisen, dann wollen wir selbstverständlich nicht zurück zu einem primitiven Kollektivismus – der mit unserem Grad an positiver Individualisierung und Freiheit ohnehin unvereinbar ist. Ziel ist vielmehr eine Fortentwicklung zu einem erneuten Gemeinschaftsleben und entsprechender Lebenskultur, die notwendige Bestandteile der Individualisierung und Freiheit sind. Denn die menschliche Natur ist nicht für ein vereinzeltes Leben in einer atomisierten, individualistischen Gesellschaft geschaffen.

> *»Ein vollständig privates [in das ›Eigene‹*
> *zurückgezogenes] Leben zu führen, bedeutet vor allem,*
> *Dingen beraubt zu sein, die essentiell für ein wirklich*
> *menschliches Leben sind.«*
> Hannah Arendt

»Fragen Sie mal einen, der dabei war«
Das soziale Bedürfnis

»The ›state of nature‹ is social.«
Robert E. Lane

Unter dem Eindruck mancher exzessiver Individualisten könnte man auf die Idee kommen, der Mensch habe überhaupt keine soziale Veranlagung und kein entsprechendes Bedürfnis. Dass dies jedoch ein gravierender Irrtum wäre, soll das folgende Kapitel aufzeigen, zusammen mit einigen Besonderheiten und Bedeutungen der sozialen Anlagen des Menschen.

»Unsere Zivilisation hat die natürliche gegenseitige Sympathie zwischen Menschen fast zerstört.«
David H. Lawrence

Es liegen zahlreiche Untersuchungen vor, die ergeben, dass Einsamkeit tendenziell mit Gefühlen von Leere, Rastlosigkeit, Angst und mit »unglücklich« oder »unbefriedigt sein« verbunden ist, in schwereren Fällen auch mit Depressivität und Hoffnungslosigkeit.[68] In Nordamerika wurde sogar festgestellt, dass verschiedene Formen von Unglücklich-Sein am häufigsten bzw. stärksten in Zusammenhang mit sozialer Isolierung auftreten. Weitere Untersuchungen deuten darauf hin, dass ein solcher Zusammenhang selbst dann besteht, wenn sich die betreffende Person über ihren Mangel an Sozialkontakt gar nicht im Klaren ist, wenn sie ihr Sozialleben also als ausreichend empfindet.[69] Von Psychiatern wird zudem berichtet, dass es zu den Gefühlen von Angst, Rastlosigkeit oder Verzweiflung oftmals bei gleichzeitiger Verdrängung der Einsamkeit kommt, welche dann von der betroffenen Person selbst nicht mehr bewusst wahrgenommen wird.[70]

In der Medizin ist es ein bekanntes Phänomen, dass Menschen manchmal krank werden, damit einmal jemand an ihrem Schicksal Anteil nimmt – selbst wenn es sich lediglich um die »professionelle Anteilnahme« eines Arztes handelt –, und dass bei alten Menschen eine Vereinsamung mitunter in relativ kurzer Zeit zu einem richtiggehenden Verfall führt. Extreme Einsamkeit kann schlicht in Formen von Wahnsinn enden, wie bei Insassen von Einzelzellen früherer Gefängnisse, wo nur die Befriedigung von Bedürfnissen wie essen und schlafen gestattet war, oder bei vereinzelten Bauern in Australien, die fast völlig ohne Kontakt zu anderen Menschen leben. Im Übrigen gilt bei Einsamkeit als Frustration des sozialen Bedürfnisses, wie bei anderen menschlichen Bedürfnissen auch, das Folgende: Genau diejenigen, deren Bedürfnis im Laufe des Lebens meist intensiv befriedigt wurde, sind »am besten gerüstet«, einmal einen vorübergehenden Zustand der Nicht-Befriedigung oder Frustration zu ertragen, ohne Neurosen, eigenartige Ticks oder Ähnliches zu entwickeln.[71]

Kein Geringerer als Charles Darwin hat schon Wesen und Herkunft des sozialen Bedürfnisses beschrieben, mit einer bemerkenswerten Selbstverständlichkeit: »Jedermann wird zugestehen, dass der Mensch ein soziales Wesen ist. Wir sehen es in seiner Abneigung gegen Einsamkeit, sowie in seinem Wunsch nach Gesellschaft auch über den Rahmen seiner Familie hinaus. Einzelhaft ist eine der härtesten Strafen.« Unter der Überschrift ›Der Mensch als soziales Tier‹ schreibt er des Weiteren: »Bei solchen Tieren nun, die beständig in Gemeinschaft leben, sind die sozialen Instinkte immer gegenwärtig und tätig. Solche Tiere sind stets bereit, […] ihren Genossen in Übereinstimmung mit ihren Gewohnheiten zu helfen. Sie fühlen zu jeder Zeit, ohne den Ansporn einer besonderen Leidenschaft oder eines Verlangens, einen gewissen Grad von Sympathie und Liebe für sie. Sie sind unglücklich, wenn man sie vereinzelt, und glücklich, wenn sie wieder in ihrer Gesellschaft sind. So ist es auch mit uns Menschen.«[72]

Das menschliche Sozialverhalten war wohl ursprünglich eine Notwendigkeit des Überlebens, die zum eigenständigen Bedürfnis geworden ist, ähnlich wie die Sexualität als Notwendigkeit der Fortpflanzung sich zum Trieb entwickelt hat. So erklären Evolutionsforscher, dass »im Zuge der selektiven Anpassung an die Gefahren der Steinzeit« die Menschen zunehmend eine Tendenz zu Kooperation und Solidarität ausbildeten, »wodurch sie die evolutionäre Zukunft der Art sicherstellte[n]«.[73] Von 103 Pilgervätern, die 1620 von Europa aus mit der »Mayflower« nach Nordamerika übersiedelten, haben das erste Jahr dort 50 überlebt – und zwar vorwiegend die, wie sich inzwischen herausstellte, die miteinander verwandt waren, also wahrscheinlich auch stärker kooperierten. Wissenschaftler haben insbesondere herausgefunden, dass die frühere Notwendigkeit gemeinsamen Jagens zu einer menschlichen Neigung geführt haben könnte, zusammenzuarbeiten und zu teilen.[74] Im Sinne dieser Veranlagung hat außerdem bis heute das folgende Sprichwort seine Gültigkeit bewahrt, trotz der individualistischen Zustände: »Geteilte Freude ist doppelte Freude, geteiltes Leid ist halbes Leid.«

Die Aussagen Darwins über das soziale Kontaktbedürfnis des Menschen und seine Geselligkeit sind schließlich von moderneren Forschungsergebnissen bestätigt worden, wobei ferner festgestellt wurde, dass sogar der reinen Quantität an Sozialkontakt eine Bedeutung zukommt.[75] Darwin selbst deutete allerdings auch schon auf die Komplexität der Entfaltung der sozialen Anlagen hin, und zwar besonders darauf, dass die Instinkte des Menschen ihm nur eine Grundtendenz und keine genauere Anleitung für sein Verhalten geben. Aus diesem Grund bedürfen sie einer Sozialisation, einer Verstärkung durch Einübung, Gewöhnung und Erfahrung.[76]

In unserer Gesellschaft gibt es – trotz mitunter widriger Umstände – viele weitere Hinweise auf die Stärke des sozialen Bedürfnisses. So geben z. B. deutsche Mütter nach finanziellen Gründen und der Freude an der Arbeit als drittwichtigstes Motiv für eine von ihnen ausgeübte Berufstätigkeit »Kontakt zu anderen Leuten« an.[77] Nach Einschätzung des Begründers der humanistischen Psychologie, Abraham Maslow, stellt auch beim Erfolg von verschiedensten Arten von Gesprächs-, Trainings- oder Therapiegruppen der Kontakteffekt einen bedeutenden Faktor dar: »Ich bin der Meinung, dass der unglaublich rasche Anstieg in der Zahl von T-Gruppen und anderen intentionalen Gemeinschaften teilweise von diesem unbefriedigten Hunger nach Kontakt, Intimität, Zugehörigkeit und dem Bedürfnis kommt, das weitverbreitete Gefühl der Entfremdung, Einsamkeit, Fremdheit und Verlassenheit zu überwinden.«[78]

Dasselbe ist wohl der Fall bei diversen Lebensstil-Bewegungen (Punks, Grufties, etc.), Sekten und gewissen politischen Gruppierungen. Aktuell scheint auf manche Globalisierungsgegner das zuzutreffen, was Abraham Maslow in Bezug auf die 60er- und 70er-Jahre bemerkt hat: »Ich habe ganz stark den Eindruck, dass auch ein Teil der jugendlichen Revolte – ich weiß nicht, wie groß er ist – vom profunden Hunger nach Gruppenkontakt, nach wirklichem Zusammensein angesichts eines gemeinsamen Feindes motiviert wird, *irgendeines* Feindes, der allein dadurch, dass er eine Bedrohung von außen darstellt, zur Bildung einer Freundesgruppe führen kann.«[79] Letztlich zeigt dies zugleich, auf welche Umwege das soziale Bedürfnis bei uns bisweilen abgedrängt wird.

Sogar der Militärdienst, der zweifelsohne etliche Unannehmlichkeiten mit sich bringt, ist Wehrpflichtigen aufgrund der dort erfahrenen Kameradschaft nicht selten in positiver Erinnerung – was die Bundeswehr einmal nutzte, um mit den folgenden prägnanten Worten Werbung für sich zu machen: »Oft geht Individualität über alles. Persönliche Zurücknahme, Bescheidenheit und selbstloser Einsatz für die Gemeinschaft sind nicht gerade populär. Wer aber jemals Belastungen […] in Kameradschaft erlebt und durchgestanden hat, der weiß, was Gemeinschaft ist. Wahrscheinlich sein Leben lang. Gemeinschaft bedeutet immer Rücksichtnahme auf andere und auch Härte gegen sich selbst. Aber jeder spürt und gewinnt Dankbarkeit und die Hilfsbereitschaft der anderen […]. Das ist eine große persönliche Erfahrung. Fragen Sie mal einen, der dabei war.«[80]

Eine Rolle spielt das soziale Bedürfnis auch bei dem Rest an Anziehungskraft, den studentische Verbindungen noch aufweisen, obwohl sie nicht gerade »in« sind und unsinnigerweise Frauen häufig von Teilen des dortigen Soziallebens ausschließen. Einige sind zwar inzwischen zu einem Sammelbecken für Rechtsradikale entartet – es sei jedoch angemerkt, dass in Verbindungen oft eine Gemeinschaft über die Generationen hinweg anzutreffen ist, die sich für alle Beteiligten bereichernd und erfreulich auswirkt und in unserer Gesellschaft außerhalb der naturgemäß generationsübergreifenden Familie nur noch selten existiert. Ein indirekter Beleg für die sozialen Anlagen des

Menschen sind schließlich positiv gefärbte Erinnerungen an Situationen von Solidarität, die selbst dann auftreten, wenn diese Situationen durch gemeinsame Probleme bedingt waren, wie z. B. gegenseitige Hilfe bei Naturkatastrophen und in anderen Notlagen. Zahlreiche Berichte über derartige Erlebnisse gibt es in Deutschland aus der Zeit des Elbe-Hochwassers im Sommer 2002: »Die Flut schwemmte eine seltene Gelegenheit in viele Leben: helfen zu können und zu dürfen.«[81]

Weil der Bereich des Sozialen oftmals zu sehr auf das Gebiet von Hilfsbereitschaft und Mitleid eingeschränkt wird, soll dieser Aspekt hier nicht im Vordergrund stehen. Dennoch umfassen aber die sozialen Anlagen des Menschen eine natürliche Neigung, im Rahmen seiner Fähigkeiten anderen zu helfen. Diese Veranlagung wird noch dadurch verstärkt, dass eine erfolgreiche Hilfeleistung das Selbstwertgefühl des Helfenden steigert und dass sie es erlaubt, die eigenen Fähigkeiten einzusetzen. Nachdem sie zuvor an gemeinnütziger Arbeit teilgenommen hatten, sagten in einer Umfrage unter amerikanischen Jugendlichen 57 Prozent aus, anderen zu helfen gebe ihnen ein gutes Gefühl, und nur 1 Prozent beklagte sich über den damit einhergehenden Verlust an Freizeit.[82]

Obwohl bei uns nach wie vor nicht wenige Menschen eine deutliche Bereitschaft zur Hilfeleistung aufweisen, fehlt momentan dafür häufig der geeignete soziale Rahmen. Der exzessive Individualismus stellt zudem ein ausgesprochenes Hindernis dar, anderen zu helfen oder sich helfen zu lassen, da er es quasi ideologisch vorschreibt, dass sich jeder nur um sich selbst kümmern solle, und da er nicht-geschäftliche menschliche Zusammenarbeit gering schätzt. Klar erfasst hat das der amerikanische Soziologe Amitai Etzioni, der zu diesem Thema und in Bezug auf eine Befragung von Jugendlichen anmerkt: »Was fehlt, sind die Gelegenheiten zum Dienen [Helfen]. 42 Prozent der Schüler gaben an, dass niemand ihnen gesagt habe, wo und wie sie helfen könnten; 45 Prozent meinten, dass die Eltern sie nicht zur Gemeinschaftsarbeit ermunterten, sei ein wichtiger Grund dafür, dass sie sich nicht stärker engagierten.«[83] Hinzuzufügen ist dem nur noch, dass viele Eltern ganz im Gegenteil eher dazu raten, »für sich selbst zu sorgen«. Dieser Zustand verhindert nicht nur, dass jemand im Bedarfsfall Hilfe bekommt, sondern auch, dass Menschen die erwiesenermaßen – auch im Kleinen – bereichernde Erfahrung machen, anderen helfen zu können.

Es ist heute schon angebracht, darauf hinzuweisen, dass das soziale Bedürfnis sich nicht in einem Partner oder der Kleinfamilie erschöpft. In wissenschaftlichen Untersuchungen wurde festgestellt, dass es eigenständige Bedürfnisse nach Partnerschaft und nach Sozialkontakt gibt, die einander nicht kompensieren können. Dabei treten Gefühle von Einsamkeit bei uns noch öfter aufgrund von Defiziten im Bereich des Sozialkontakts als im Bereich der Partnerschaft auf.[84] Einsamkeit zu zweit oder in der Kleinfamilie ist alles andere als selten. Im Übrigen kann es in einer Partnerschaft schnell zu einer Vervielfachung von Problemen kommen, wenn man nur noch zu zweit aufeinander bezogen ist und kaum Ausgleich mehr hat durch Kontakt zu anderen Menschen. Insbesondere führt dies zu überhöhten Erwartungen an den Partner und zu einer Überforderung der Beziehung.[85] Sogar belastende Konsequenzen für Kinder scheinen sich durch eine soziale Isolierung der Kleinfamilie zu ergeben.[86] Umgekehrt wird explizit berichtet, dass sich engerer Kontakt zu anderen Menschen positiv auf eine Partnerschaft selbst auswirkt.[87]

Es ist nahezu unumstritten, dass es für Menschen eine enorme Bedeutung besitzt, einige wenige gute, enge Freunde zu haben. Doch das soziale Bedürfnis erschöpft sich nicht in der Existenz einiger solcher Freunde. Obschon es eigentlich Unsinn ist, irgendetwas allein an der Zahl der Freunde festzumachen, wurde in der Einsamkeitsforschung tatsächlich festgestellt, dass im Durchschnitt Menschen mit keinem, einem oder zwei Freunden sich fast gleich einsam fühlen. Erst bei einer größeren Anzahl – *und besonders wenn sie »mit einer oder mehreren Gruppen ein Wir-Gefühl teilen«* – geht es ihnen besser.[88] Darüber hinaus weist der Arzt und Psychiater Horst-Eberhard Richter darauf hin, dass sich in mehr oder weniger isolierten Kleingruppen häufig starre Rollen für die Einzelnen ergeben, die sie quasi auf eine »Teilfunktion« beschränken. Und er schreibt zu Recht: »Die Energie der unerfüllten Bedürfnisse, die sich in der abgeschlossenen Zweierbeziehung oder in der Kleinfamilie anstauen, ist einfach zu groß, es sei denn, *man öffne das Feld nach außen* und erweitere den Rahmen in eine größere Gruppe hinein, die dem Einzelnen eine *variablere Entfaltung* und eine breitere Kommunikation ermöglicht.«[89] Ähnliches gilt für Kleingruppen in Form von Cliquen, die in den exzessiv individualistischen Zuständen zudem oft zu Verschlossenheit tendieren.

Grundsätzlich ist, wie schon Abraham Maslow im Hinblick auf Bedürfnisse überhaupt festgestellt hat, auch das soziale Bedürfnis »nicht notwendigerweise bewusst oder unbewusst«. Beim »durchschnittlichen Menschen« ist es jedoch »weitgehend unbewusst«.[90] Insbesondere bei »entwöhnten« Individualisten macht sich ein Mangel in seiner Verwirklichung nicht derart eindeutig bemerkbar, wie sich der Hunger bei Nahrungsbedarf meldet. Die Existenz des Bedürfnisses zeigt sich auf deutliche Weise erst durch das Wohlbefinden bei gelungenem Sozialkontakt. Außerdem kann sie sich durch »Entzugserscheinungen« oder depressive Phasen nach intensivem Sozialleben äußern – wenn dieses nur unter besonderen vorübergehenden Umständen zustande kommt und sich anschließend wieder eine defizitäre »Normalität ohne Lichtblicke« einstellt. (Ein Beispiel hierfür wird gegen Ende des nachfolgenden Kapitels erläutert.) Das »nicht-eindeutige« Signalisieren eines Mangels an Befriedigung ist ein Merkmal der meisten höheren, nicht stark physischen Bedürfnisse. Wenn eine Person ohne jegliche produktive Selbstverwirklichung lebt, z. B. sich nur von irgendwem aushalten lässt, dann wird sie sich unbefriedigt fühlen, aber in vielen Fällen nicht genau wissen, warum. Und die fröhliche Grundstimmung desjenigen, welcher nach einem Tag produktiver Arbeit seinen Feierabend genießt, wird sie kaum nachvollziehen können – so wie exzessive Individualisten die Bereicherung durch ein intaktes Sozialleben oft nicht mehr kennen.

Sozialkontakt ist ferner zu den Grundbedürfnissen zu rechnen, die »echte Befriediger« brauchen, also nicht in einer virtuellen Welt oder Ähnlichem befriedigt werden können. So wurde befürchtet, dass Video- oder Computerspielen das Bedürfnis der Spieler nach menschlichem Kontakt reduzieren würde. In einer Untersuchung in Deutschland hat sich diese Vermutung oder These jedoch als »unwahrscheinlich« herausgestellt, denn das Kontaktbedürfnis der Videospieler schien mindestens so groß zu sein wie das der Nicht-Spieler.[91] Der Grund hierfür dürfte ganz einfach darin liegen, dass sich Sozialkontakt nicht durch Computerspielen ersetzen lässt, dass dieses Bedürfnis eben nur durch menschlichen Kontakt erfüllt wird.

Es sind die verschiedenen Teile des sozialen Bedürfnisses, die Bedürfnisse nach gegebener sowie empfangener Zuneigung, Anerkennung, Orientierung und Solidarität, nach Zugehörigkeit, kommunikativem Austausch, intensivem Kontakt, Mitgefühl und Trost, gemeinsamem Engagement und geteilter Verantwortung, usw., die insgesamt seine Stärke ausmachen. Jeder, der lebendige Gemeinschaft kennt oder kannte, weiß, dass diese wesentlich mehr ist als eine Ansammlung einzelner menschlicher Beziehungen und dass ihr möglicher Beitrag zur Lebensfreude eine bloße Summe von Bedürfnisbefriedigungen deutlich übersteigt. Bereits Adam Smith, Begründer der klassischen Volkswirtschaftslehre und Autor eines der grundlegendsten ökonomischen Werke, ›Der Wohlstand der Nationen‹, hatte dies wohl begriffen, als er schrieb: »Gesellschaft und Unterhaltung mit Menschen sind darum die mächtigsten Heilmittel, um dem Gemüte seine Ruhe wiederzugeben, wenn es sie einmal unglücklicherweise verloren hat, sie sind aber auch die besten Schutzmittel, um jene […] glückliche Gemütsstimmung zu bewahren, die zur […] Lebensfreude so notwendig ist.«[92]

Ruut Veenhoven ging sogar so weit, zu sagen: »Forschungen über menschliches Glück zeigen, dass soziale Beziehungen mit Freunden und anderen eine sehr wichtige Ursache, wahrscheinlich die wichtigste Ursache, von Freude und anderen Aspekten von Glück sind.«[93] Dem ist noch hinzuzufügen, dass das Sozialleben nicht generell die wichtigste Quelle der Lebensfreude sein dürfte, sondern eben eine von wenigen essenziellen, den menschlichen Anlagen entsprechenden Quellen. Häufig liegen jedoch bei uns die größten Lebensdefizite – und somit auch die größten Unterschiede zwischen mehr oder weniger glücklichen Personen – im Bereich des Soziallebens. Daher ist es nicht verwunderlich, wenn in statistischen Untersuchungen der Eindruck entsteht, dieser Bereich wäre die bedeutendste Ursache von mehr oder weniger Lebensfreude.

An der Stelle sei angemerkt, dass die Probleme exzessiven Individualismus *weltweit gesehen* nur eine Minderheit der Menschen betreffen, auch wenn sie bei dieser Minderheit eine gravierende Bedeutung innehaben. Denn die Mehrheit der Menschen lebt in Gesellschaften, die nicht von diesem Phänomen geprägt sind. Dort wird das jeweilige durchschnittliche Niveau an Lebensfreude massiv beeinflusst von den Unterschieden bei der wirtschaftlichen Entwicklung, dem Ausmaß von Armut, der gesellschaftlichen Freiheit oder Unterdrückung, etc.[94] Auch in diesen Gesellschaften ist allerdings der Einfluss von einem Mehr oder Weniger an sozialem Leben durchaus noch bemerkbar. So ist die Lebenszufriedenheit im Durchschnitt in den Ländern höher, in denen ein größerer Anteil der Menschen an Formen organisierter Gemeinschaft teilnimmt, z. B. in Pfarreien und Vereinen mit sportlichen, kulturellen oder gemeinnützigen Zwecken (eine Ausnahme hiervon stellen lediglich die Gewerkschaften dar, welche dort geringere Mitgliederzahlen aufweisen, wo die Menschen zufriedener mit ihrem Leben sind).[95]

Damit keine Missverständnisse aufkommen: Der Mensch braucht selbstverständlich auch Ruhe und Zeit für sich. Die hat er jedoch nur, wenn ihn beim Alleinsein nicht auf einmal Gefühle der Vereinsamung bedrängen, sondern wenn er um seine soziale Verankerung weiß. Die herrschende Schwäche des Sozialkontakts führt dabei eher zu Unruhe anstatt zur nötigen Ruhe. So kommt es mitunter auch zu Angst vor – selbst nur vorübergehendem – Alleinsein und einem unbeholfenen Verhalten der »Flucht vor dem Alleinsein«, meist in oberflächliche Kontakte hinein. Hierbei kann paradoxerweise der Eindruck entstehen, es gäbe zu wenig und nicht zu viel Einsamkeit. Auf diese Weise fehlinterpretiert wurden gelegentlich die Zustände in den USA, wenn offenbar Leute schon *einkaufen* gehen, weil sie »unter Menschen sein wollen«.[96] Die grundlegende Ursache der ganzen Symptomatik ist allerdings der Mangel an wirklichem Sozialkontakt.

Es ist ein Zeichen eines Zustands der Degeneration bzw. des Verfalls, dass heute das Sozialleben nicht selten ein Lebensbereich ist, in dem man »Erfolg« haben (oder vorspielen) soll – anstatt ein natürlicher Teil der Freude am Leben zu sein. Gegen diesen unnatürlichen Erfolgsdruck wehren sich manche, indem sie die Fähigkeit zum Alleinsein betonen, statt ihm ein natürliches Sozialleben entgegenzusetzen. Eine Überbetonung der Fähigkeit, allein zu sein, ist jedoch letztlich die Verklärung eines sozialen Defizits zu einer Tugend und trägt zur Lösung des Problems

> *»Wer nicht allein sein kann, hüte sich vor der Gemeinschaft; wer nicht in Gemeinschaft sein kann, hüte sich vor dem Alleinsein.«*
> Dietrich Bonhoeffer

nichts bei. So wurde in Untersuchungen denn auch festgestellt, dass Menschen, die aussagen, glücklicher zu sein, wenn sie allein sind, als wenn sie sich in Gesellschaft befinden, nach den gleichen Maßstäben insgesamt unglücklicher sind.[97]

> *»Der Mensch, der sich von seinesgleichen entfernt, kann seine Wärme und seine Flamme nicht erhalten, mag er auch noch so intelligent sein.«*
> Paulo Coelho

Glückliche Umstände?
Gegenbeispiele

Die Schwäche unseres Soziallebens ist keine Naturnotwendigkeit. Ganz im Gegenteil, es geht auch anders, und selbst Menschen, die bereits eine individualistische Prägung aufweisen, sind dafür zu begeistern. Es gab und gibt auch in unserer Nähe Gesellschaften bzw. Teilbereiche davon, die noch nicht dem exzessiven Individualismus unterliegen, und immer wieder gibt es Umstände, unter denen sich zumindest vorübergehend ein lebendiger Sozialkontakt einstellt. Die letztlich entscheidende Frage, welche die Faktoren sind, die dabei eine Rolle spielen, wird noch zu erläutern sein, ebenso wie das Element der Lebenskultur, welches hier nur am Rande gestreift wird. In diesem Kapitel soll nicht mehr als eine erste kurze Beschreibung von Beispielen erfolgen. Es könnten sehr viele solche Gegenbeispiele zu den individualistischen Zuständen angeführt werden, vor allem aus anderen, weniger individualistischen Kulturkreisen. Die relevanten Kenntnisse, um diese wirklich zu verstehen, sind jedoch bei uns nicht verbreitet. Deshalb werden hier zunächst einige Beispiele angeführt, die zwar auch nicht aus ihrem Kontext gerissen und auf andere Gesellschaften übertragen werden können, aber dennoch allgemein verständlich und nachvollziehbar sind.

Viele Menschen aus den neuen deutschen Bundesländern z. B. weisen einen sozialeren Charakter auf. In einer Untersuchung, in der das Ausmaß an Individualismus in verschiedenen Ländern durch Punktwerte gemessen wurde, lag der getrennt erfasste Punktwert der neuen Bundesländer gleichermaßen deutlich unter dem westdeutschen Wert wie unter dem Durchschnitt der westlichen Industrienationen.[98] Ferner ergab sich in einer Umfrage zum Freizeitverhalten in den neuen und alten Bundesländern nach der Wiedervereinigung, dass Ostdeutsche erheblich mehr Zeit als Westdeutsche bei »privatkommunikativen« und familiären Aktivitäten, d. h. in Kontakt mit ihren

Mitmenschen, verbringen.[99] Es sollten hierfür nicht vorschnell oberflächlich-politische Erklärungen herangezogen werden, welche die Unterschiede nur beschreiben und es vernachlässigen, die tatsächlich wirkenden Umstände und Mechanismen aufzuzeigen. Sinnvoll ist es vielmehr, nach konkreten Gründen für Verhalten und Charakterprägung zu suchen, und auf Basis empirischer (d. h. durch Beobachtung und Erfahrung erkannter) Unterschiede zu verstehen, was zu einem Mehr oder Weniger an Individualismus wirklich beiträgt. Im Übrigen gibt es etliche Hinweise darauf, dass vor allem jüngere Menschen in den neuen Bundesländern inzwischen auch schon stark individualistische Züge aufweisen. Von westdeutschen Studenten wurde allerdings unlängst noch berichtet, dass sich das Zusammenleben in einer Wohngemeinschaft mit ostdeutschen Studenten aufgrund deren soziablerer Prägung deutlich unkomplizierter gestaltet als mit anderen Westdeutschen.

Die folgenden Aussagen mögen demjenigen widersprüchlich erscheinen, der in Zusammenhang mit der DDR vorwiegend an die Stasi und den Überwachungsstaat denkt. Dies ist in keinem Fall zu verharmlosen, und auch empirische Untersuchungen zeigen, dass politische Unfreiheit ein Faktor ist, der sich klar negativ auf die Lebenszufriedenheit der Menschen auswirkt.[100] Es bedeutet jedoch nicht, dass es in der betreffenden Gesellschaft keine anderen Faktoren geben kann, die einen positiven Einfluss ausüben. So muss in einer soziologischen Betrachtung zugleich berücksichtigt werden, dass eine breite Mehrheit der Bürger in der DDR zwar eben zahlreiche Konformitäten und Regeln einhalten musste, aber ansonsten ihr Leben relativ unbehelligt führen konnte. Es bestanden dort zweifelsohne nicht die gleichen beruflichen und materiellen Möglichkeiten wie in Westdeutschland. Diese sind allerdings im weltweiten sowie im längerfristigen historischen Vergleich überdurchschnittlich gut und liegen meist erheblich über dem, was der Mensch quasi als Grundvoraussetzung braucht, um ein einigermaßen glückliches Leben führen zu können.[101] Insgesamt schwer eingeschränkt waren in der DDR vor allem diejenigen, deren Selbstverwirklichung eng mit einer vom Staat nicht tolerierten politischen Meinung verknüpft war.

Viele Ostdeutsche teilen nun mit, dass der alltägliche Sozialkontakt zu Zeiten der DDR wesentlich stärker war, dass sich Nachbarn selbst in den Großstädten untereinander häufig besuchten, dass Kinder in der Nachbarschaft frei spielen konnten, dass mehr gegenseitige Aufmerksamkeit und weniger Misstrauen da waren, dass einer dem anderen aushalf und zum Dank ein Stück frisch gebackenen Kuchen vorbeigebracht wurde, usw. Nahezu das Gleiche ist aus verschiedenen osteuropäischen Ländern bekannt (ohne den gesamten ehemaligen Ostblock damit über einen Kamm scheren zu wollen). Des Weiteren gab es in der DDR keine derart hohen Single-Quoten wie z. B. in der BRD und weniger dauerhafte Kinderlosigkeit, wobei nicht auszuschließen ist, dass die bevorzugte Wohnungsvergabe an Familien mit Kind hier eine Rolle gespielt hat. Wenn man ferner den Einfluss bestimmter, in BRD und DDR unterschiedlich ausgeprägter Faktoren wie Kirchenbindung und Heiratsalter statistisch kontrolliert, dann ergibt sich auch, dass die verbleibende Wahrscheinlichkeit von Ehescheidungen in der DDR deutlich niedriger lag als in der BRD.[102]

Es sind einige konkrete Aspekte aus der DDR und – in ähnlicher Form – aus osteuropäischen Ländern bekannt, die einen signifikanten Einfluss auf den stärkeren Sozialkontakt und die weniger individualistische Charakterprägung der dortigen Bevölkerungen ausgeübt haben dürften. So führte die Art und Weise, wie neu gebaute Wohnungen vermietet wurden, dazu, dass in ganze Wohnblocks Familien mit jungen Kindern einzogen. Die ähnliche Lebenslage der Bewohner war dann offenbar ein Bezugspunkt, durch den sich ein intensiver Kontakt in der Nachbarschaft einstellte, und auf dessen Basis ein bereicherndes Sozialleben mit gemeinsamen Aktivitäten entstand und gepflegt wurde. Im Übrigen hatte diese – aus ganz anderen Gründen so durchgeführte – Vermietungspraxis ein intaktes Sozialleben an einer Stelle zur Folge, wo seine bei uns herrschende Schwäche eine ihrer gravierendsten Konsequenzen hat: nämlich der Situation vieler Frauen direkt nach der Geburt eines Kindes, abgeschnitten vom Sozialkontakt in der Arbeit und oft ohne geeigneten Ersatz dafür, da familiär-verwandtschaftliche und freundschaftliche Bindungen teilweise zerrissen oder einfach örtlich getrennt sind, die Nachbarschaft nicht bekannt ist, etc. – sodass die Verantwortung für Kinder kaum mit anderen geteilt werden kann und darüber hinaus nicht ausreichend Gelegenheit besteht, den für das eigene Leben wichtigen Ausgleich sowie eine gewisse erfrischende Abwechslung zu erfahren. Außerdem sei noch darauf hingewiesen, dass für den Sozialkontakt in den angeführten Wohnanlagen der DDR die ähnliche Lebenslage der Bewohner höchstwahrscheinlich wesentlich bedeutender war als sämtliche Kollektivismus-Propaganda des damaligen Regimes. Dessen Parolen wurden von der Mehrheit der Bevölkerung sowieso als Ablenkungsmanöver von politischer Unfreiheit und Problemen des Wirtschaftssystems betrachtet.

Des Weiteren war es nach Berichten aus osteuropäischen Ländern üblich, in Betrieben oder Restaurants Gemeinschaftsräume, die ursprünglich für öffentliche Zwecke vorgesehen waren, unterzuvermieten und dort aus Anlässen verschiedenster Natur gemeinsam mit Freunden, Nachbarn und Kollegen Feste zu feiern, über alle Generationen hinweg. Selbst die von den kommunistischen Regimes zur politischen »Erziehung« und Überwachung gebildeten Zwangsgruppierungen aller Altersstufen an Ausbildungsstelle, Arbeitsplatz oder Wohnort wurden von den Menschen oftmals in gewisser Weise umfunktioniert und für ihre Geselligkeit genutzt (sogenannte Pioniergruppen und Ferienlager für Jugendliche, gemeinsame Kurfahrten und Erholungsaufenthalte für die Angestellten eines Betriebs, organisierte Gemeinschaften für diverse Zwecke). Dadurch dürften sie der Sozialisation nicht so sehr im politisch gewollten, sondern vor allem auch im echten Sinn einer Praxis sozialen Kontakts gedient haben. Ähnliches könnte zudem für sportliche Aktivitäten gelten, die von den Regimes bewusst als Gruppenerlebnis gestaltet wurden. Ferner ist es möglich, dass die Menschen damals stärker aufeinander angewiesen waren und in intensiveren persönlichen Kontakt quasi »getrieben« wurden, da es aufgrund der Versorgungsdefizite sowie der mangelhaften Koordination in der Wirtschaft von großer Bedeutung war, einander auszuhelfen. Schließlich war offenbar für die kindliche Sozialisation außerhalb des reinen Schulunterrichts stärker gesorgt: In der DDR bekamen in Kindergärten 94 Prozent der Kinder einen Platz und in Horten nach der Schule 82 Prozent. Auch gab es viel genutzte Angebote für gemeinsamen Urlaub der Kinder in den Schulferien.[103]

Es war also sicherlich eine ganze Reihe konkreter Sachverhalte, die zu einem intensiveren Sozialkontakt in der DDR und zu einer im Durchschnitt soziableren Charakterprägung bei ihren Bürgern geführt hat. Manche der Umstände, die dabei im Spiel waren, sollte es in Zukunft nicht mehr geben, da sie alles andere als wünschenswert sind, wie z. B. erzwungene Gruppen aller Art zur Überwachung der Bevölkerung. Es wird sich jedoch zeigen, dass es auch in Freiheit Faktoren gibt, die menschliche Gemeinschaft fördern, und dass sich auf diese Weise auch bei uns soziales Leben entwickeln kann, welches unser Dasein lebenswerter macht und in vielerlei Hinsicht bereichert.

Im Zusammenhang mit dem allgemeinen Systemzusammenbruch scheint sich in den neuen Bundesländern und in Teilen Osteuropas ein ziemlich rascher Verlust des früheren Sozialkontakts vollzogen zu haben oder noch zu vollziehen. Es ist möglich, dass eine gegenwärtig in den neuen Bundesländern – trotz aller materiellen Verbesserungen – weitverbreitete Unzufriedenheit mit der Wiedervereinigung und die damit bisweilen einhergehende »DDR-Nostalgie« stark durch diesen Verlust bedingt sind (mit der Einschränkung, dass bei Arbeitslosen wohl die Erstarrung des Arbeitsmarkts ein allüberragendes Problem darstellen dürfte). Die zur Sprache gebrachte Kritik zielt zwar meist auf wirtschaftliche und politische Fragen. Angesichts der massiven Dominanz derartiger Probleme in der öffentlichen Diskussion wäre es allerdings nicht erstaunlich, wenn sich anderweitig verursachte Unzufriedenheit gleichfalls in wirtschaftspolitischer Kritik äußerte, umso mehr, als generell gilt: »Es ist die Lebenszufriedenheit, die die politische Zufriedenheit entscheidend beeinflusst, und nicht andersherum.«[104] Im Übrigen ist es kein Wunder, dass die Erreichung eines westdeutschen Lebensstandards an sich nicht zur Verbreitung besonderer Zufriedenheit und Lebensfreude in den neuen Bundesländern führt, denn in den alten Ländern hat sie dies genauso wenig getan.

Den Autoren ist des Öfteren aufgefallen, dass im Allgemeinen Gesprächspartner aus den neuen Bundesländern, sofern sie nicht zu jung sind, diese ungewöhnliche Betrachtung unseres Soziallebens wesentlich schneller und tief greifender verstehen als viele andere. Zweifelsohne spielt dabei die Tatsache eine ausschlaggebende Rolle, dass sie einen lebendigeren, über längere Zeit bestehenden Sozialkontakt gekannt haben. Zahlreiche Ostdeutsche sind durch das Überhandnehmen individualistischer Zustände und durch den exzessiv individualistischen Charakter sowie die entsprechenden Verhaltensweisen vieler Westdeutscher enttäuscht.

An dieser Stelle soll ein kleines Beispiel eingefügt werden, welches nochmals verdeutlicht, dass nicht so sehr irgendwelche Propaganda oder ein abstraktes »System«, sondern vielmehr konkrete Faktoren für guten Sozialkontakt entscheidend sind, wie im folgenden Fall eine bestimmte Einrichtung. Nach den Berichten von Richard Hoggart gibt es im kapitalistischen Großbritannien zahlreiche Arbeiterclubs (»Working Men's Clubs«), welche vor über hundert Jahren ursprünglich zur Bildung der Arbeiter gegründet wurden. Inzwischen tragen sich diese Clubs selbst, und sie haben sich offensichtlich zu funktionierenden Stätten des Soziallebens ihrer Mitglieder gewandelt. So bieten sie von einfacher Geselligkeit unter der Woche bis zu Konzerten, Festen oder Theater am Wochenende den erforderlichen Rahmen für verschiedenste gemeinsame Aktivitäten. Die Besucher loben die Clubs dabei ausdrücklich für den herrschenden Sozialkontakt, im Gegensatz zur Anonymität an anderen Orten, und für die »schöne Zeit«, die sie dort regelmäßig verbringen.[105]
Wenn es heute die berühmte Arbeitersolidarität vielerorts nicht mehr wirklich gibt, dann könnte dies erheblich mitbedingt sein durch den Verlust oder das Fehlen von Institutionen wie diesen Clubs sowie durch den damit zusammenhängenden Mangel an sozialem Kontakt und an geteiltem Leben. Darauf weist auch der Soziologe und Experte auf diesem Gebiet, Rainer Zoll, hin: »Heute befindet sich die Arbeitersolidarität in einer Krise, weil ihr die soziale Basis geteilter Lebenspraxis im Betrieb und mehr noch *in der Lebenswelt* weitgehend fehlt.«[106]

Ein vergleichsweise starker Sozialkontakt ist bei uns nach wie vor häufig in Studentenwohnheimen anzutreffen. Auch hier kann der Bezugspunkt der Lebenslage mit ähnlichen Interessen dazu führen, dass sich ein bereicherndes Sozialleben mit gemeinsamen Festen und einer Vielzahl von Aktivitäten einstellt. Dadurch wird zahlreichen Studenten sogar ein gelungener Ausgleich verschafft für eine Kombination aus finanzieller Knappheit und hoher Belastung durch Studiengänge wie beispielsweise Medizin, sodass sie trotz dieser Umstände ein überdurchschnittliches Niveau an Lebensfreude aufweisen.

Besonders intensiv haben dies viele europäische Studenten in einem sogenannten Erasmus-Studienjahr erlebt, d. h. einem Auslands-Studienjahr im Rahmen des Austauschprogramms der Europäischen Union. Die Erasmus-Studenten treffen typischerweise in ihrem Auslandsjahr Mitstudenten aus etlichen europäischen Staaten, die sich mit ähnlichen Herausforderungen an der Universität des Gastlandes konfrontiert sehen, und zu denen ein gewisser Bezug aufgrund der Zugehörigkeit zum Erasmus-Programm besteht. Obwohl die meisten unter ihnen von den individualistischen Zuständen in Westeuropa geprägt sind und keine starke natürliche Neugierde auf andere Menschen aufweisen, besteht bei ihnen doch in dieser Situation eine ausgeprägte Bereitschaft, andere Menschen kennenzulernen. Wenn sie nun am Anfang des Jahres von der Universität oder einer Erasmus-Studenten-Organisation einmal zusammengeführt werden und anschließend geeignete Begegnungsmöglichkeiten bestehen, dann entwickelt sich schnell ein intensives, etliche Nationalitäten umfassendes Sozialleben. Dieses entfaltet nach vielen Berichten aufgrund der gestifteten Lebensfreude eine regelrechte Eigendynamik und hält das ganze Jahr mit zahlreichen gemeinsamen Aktivitäten an. Seine Anziehungskraft und Dynamik sind so stark, dass selbst exzessive Individualisten und Karrieristen mitgerissen werden. Die gesellschaftlich weitverbreitete Anonymität scheint dabei nahezu ausgelöscht zu sein. Nebenbei bemerkt kann natürlich fast niemand in das Auslands-Studienjahr seinen Fernseher mitnehmen und er wird dort meist auch nicht im Geringsten vermisst. Es gibt nicht wenige ehemalige Erasmus-Studenten, die überaus oft von ihrem Auslandsjahr sprechen und Vergleiche dazu anstellen, weil sie in dieser Zeit ein Sozialleben und wirkliche Lebensfreude in einem Ausmaß erfahren haben, wie sie in ihrem »normalen« Leben sonst kaum jemals längerfristig existierten.

Schließlich soll ein Beispiel angeführt werden, bei dem sich unter zeitlich begrenzten Umständen ein vorübergehender, aber dennoch intensiver Sozialkontakt ergibt – und zwar wiederum, wegen der Stärke der kontaktfördernden Bedingungen, auch unter exzessiven Individualisten. Die deutsche Studienstiftung veranstaltet regelmäßig sogenannte Sommerakademien. Einer der Autoren konnte selbst einmal an einem solchen zweiwöchigen Seminar teilnehmen, und von etlichen anderen dieser Akademien wurde ihm berichtet, dass sie gleichfalls ein »soziales Erlebnis« gewesen waren, wie im Folgenden beschrieben.

Bei der Sommerakademie, an welcher der Autor teilnahm, begaben sich etwa 100 junge Menschen für ein Seminar zu verschiedenen Themen zwei Wochen lang in ein Kloster in Bayern. Vormittags bearbeiteten sie dort mit Referenten die Themen in eingeteilten Arbeitsgruppen, hielten Referate, diskutierten, usw. Nachmittags bereiteten sie eine Theateraufführung bzw. einen musikalischen Auftritt vor oder widmeten sich sportlichen und anderen Aktivitäten. Abends fanden in Gemeinschaftsräumen Vorträge, selbst organisierte Tanzkurse etc. statt, die meist in einem gemütlichen Beisammensein endeten. Obwohl man sich zu Anfang kaum kannte und Menschen aus unterschiedlichsten Städten und Ausbildungsrichtungen zusammenkamen, stellte sich aufgrund der organisatorischen und örtlichen Zusammengehörigkeit sehr schnell ein intensiver Kontakt unter den Teilnehmern ein – zuerst in den Arbeitsgruppen und dann darüber hinaus im Rahmen der Nachmittags- und Abendaktivitäten. Die Kombination aus ernsthafter Tätigkeit und lebendiger Geselligkeit führte dazu, dass sich zwei höchst lebenswerte Wochen ergaben, mit einem tief gehenden und erfreuenden Ausmaß menschlichen Kontakts und einer richtigen persönlichen Entfaltung bei nicht wenigen Teilnehmern. Am Ende dieser Sommerakademie warnte der erfahrene Veranstaltungsleiter sogar wortwörtlich davor, dass man nach einer derartigen sozialen Erfahrung leicht in eine kleinere »Depressionsphase« fallen könne, wenn sich nachher wieder ein Alltag mit dem herrschenden Mangel an Sozialleben einstellt. Darüber hätte man vor dem Seminar wahrscheinlich gelacht – in dem Moment selbst wurde diese Aussage jedoch von fast allen Teilnehmern sofort verstanden, und mitunter kam es im Nachhinein tatsächlich zu solchen Phasen.

Aufgrund der Seltenheit, mit der bei uns »glückliche Umstände« zu lebendigem Sozialkontakt führen, sind manche Menschen schon zu der Meinung gelangt, es sei normal, nur in Sondersituationen oder als Student an bereicherndem sozialem Leben teilzunehmen. Es ist allerdings nicht normal, sondern ein Problem – und zwar eines mit diversen Konsequenzen, wie sie im nächsten Kapitel aufgezeigt werden sollen. Erst danach wollen wir uns der Frage annähern, welche Faktoren bei der Entwicklung intensiveren Soziallebens eine Rolle spielen und wie unsere problematische Normalität verbessert werden kann.

»Gepflegte Langeweile«
Zum Zustand des Soziallebens

> *»Zivilisation ist die Kunst, in Städten zu leben,*
> *die so groß sind, daß niemand den anderen kennt.«*
> Julian Jaynes

Viele Menschen leben heute in Schule und Ausbildung noch mit engerem Kontakt zu ihrer Umgebung und schließen währenddessen oder bei anderen Gelegenheiten, bei denen Menschen auch in unserer Gesellschaft näher zusammenkommen, einige gute Freundschaften. Wenn jedoch mit dem Fortschreiten des Lebens eine räumliche oder längere zeitliche Trennung von diesen Gemeinschaften erfolgt, ohne dass sich irgendwo neue bilden, dann stellt sich bei vielen von uns ein »Sozialleben« auf einem niedrigen Niveau ein – das vielleicht daraus besteht, dass man sich hin und wieder mit einem der alten Freunde trifft. Dies spiegelt sich sogar in Statistiken wider. So wurde festgestellt, dass über ein Drittel (!) der verheirateten Westdeutschen sich im Durchschnitt pro Monat nur ein Mal oder gar nicht mit Freunden oder Bekannten treffen und auch die Kontakte zu Verwandten mit zunehmender Ehedauer stark zurückgehen.[107] Dies wird dann so rationalisiert, dass man lieber wenige gute als viele Freunde besäße – was jedoch ein Trugschluss ist. Denn im Hinblick auf die Verwirklichung menschlicher Bedürfnisse geht es darum, sowohl einzelne gute Freunde zu haben, als auch an einem gemeinschaftlichen Sozialleben teilzunehmen und auf Basis von Lebenskultur mit einer gewissen Häufigkeit Dinge zu tun, die zur Freude am Leben essenziell beitragen.

Im Alter vor der Pubertät ist bei uns die Lebens- und Kontaktfreude vieler Kinder – sofern sie nicht schon unter schweren Unausgeglichenheiten ihrer Eltern gelitten haben – noch relativ intakt. Die Verhältnisse sind auf jeden Fall besser als während und nach der Pubertät. Zudem ist die ähnliche Lebenslage, die sich durch die Tatsache ergibt, kleine Kinder zu haben, ein Bezugspunkt für Sozialkontakt unter den Eltern, der heute noch vergleichsweise häufig genutzt wird. So lernen sich dann – manchmal wirklich über die Kinder – die Erwachsenen in näherer Umgebung ihres Wohnorts kennen und gehen zu Veranstaltungen oder unternehmen gemeinsam etwas, wo Kinder zusammen spielen können, usw. In zahlreichen anderen Fällen wird allerdings auch dieser Bezugspunkt nicht mehr genutzt. Und in jedem Fall ist es bezeichnend, dass sich ein eventuell entstandener Kontakt unter den Erwachsenen oftmals in keiner Weise verselbstständigt und die entsprechenden Strukturen kaum über die Kindheit des Nachwuchses hinaus lebendig bleiben. Dies zeigt sich wiederum in statistischen Untersuchungen. So geht die durchschnittliche Häufigkeit, mit der eine westdeutsche Mutter Freunde und Bekannte trifft, massiv zurück, wenn ihre Kinder über 6 Jahre alt sind. Dasselbe gilt für die Häufigkeit, mit der Familien ihre Verwandten treffen.[108]

Unsere Jugendlichen finden oft kein Sozialleben vor, in das sie hineinwachsen und in dem sie in der – mit wichtigen Entwicklungsvorgängen verbundenen – Zeit der Pubertät in verschiedener Hinsicht Orientierung finden könnten. Die Pubertät ist bei uns überhaupt stark von Reifungsschwierigkeiten und auch von schlichter Desorientierung gekennzeichnet, und zwar in weit höherem Ausmaß, als es eigentlich notwendig wäre. Psychologen und Anthropologen stellen dazu fest, dass in anderen Gesellschaften, welche mehr Vorbereitung auf diese Lebensphase gewähren, *nicht annähernd so viele Auffälligkeiten und Schwierigkeiten auftreten.*[109] Aus Stammeskulturen z. B. wird berichtet, dass sich Jugendliche ab einem bestimmten Alter Gruppen junger Erwachsener anschließen, welche entscheidend zur Sozialisation, zur Vermittlung von Lebenskultur und zur Orientierung der Jugendlichen beitragen.[110] Dies kann wie schon erwähnt nicht durch eine homogene Gruppe nur aus Gleichaltrigen geleistet werden. So ist es eine überaus problematische Konsequenz des geringen sozialen Zusammenhalts in unserer Gesellschaft, dass viele Jugendliche keinen Kontakt mehr zu jüngeren Erwachsenen haben, die ihnen ein Vorbild bieten könnten, das bereits herangereift ist und dennoch ihrem Entwicklungsniveau einigermaßen nahesteht. In wissenschaftlichen Untersuchungen hat sich herausgestellt, dass es für Jugendliche gerade beim

Erlernen von Sozialkompetenz von wesentlicher Bedeutung ist, dass sie die Möglichkeit haben, Erwachsene im Sozialleben zu beobachten. Wenn dazu kaum mehr Gelegenheit besteht, unter anderem wegen des in individualistischen Gesellschaften häufigen Rückzugs auf die Kleinfamilie, dann ist es wahrscheinlich, dass sich Schwächen von Sozialkontakt und -kompetenz der Eltern letztendlich auf die eigenen Nachkommen übertragen.[111]

Eine bessere Situation herrscht bei uns in dieser Hinsicht in Vereinen mit regem Vereinsleben oder in Großfamilien mit aktiven Verwandtschaftsbeziehungen. Abgesehen von solchen positiven Fällen wirkt sich jedoch die »Isolation der modernen Kleinfamilie«, von der heute nicht zu Unrecht gesprochen wird, gerade auf Jugendliche ab der Pubertät negativ aus. Denn dann ist die Kleinfamilie allein eben kein ausreichender Rahmen mehr für viele ihrer Entwicklungsbedürfnisse. Die Jugendlichen sowie die Familie selbst müssten sich in größeren sozialen Zusammenhängen befinden, wie dies in weniger individualistischen Kulturen mit Kleinfamilien durchaus üblich ist und wohl früher auch bei uns normal war. So schreibt der Sozialwissenschaftler Richard Fauser – unter Verweis auf den Historiker Philippe Ariès –, dass eine »häusliche Öffentlichkeit [...] der heutigen Familie völlig abhandengekommen« ist, während Häuser früher »Zentren gesellschaftlicher Beziehungen« gewesen waren.[112] Im Übrigen ist auch der dadurch bedingte Mangel an Sozialkontakt zahlreicher Hausfrauen nicht naturgegeben, sondern vielmehr eine Konsequenz dieser Zustände. Darauf weist der Soziologe Ulrich Beck hin: »Zum einen ist die *soziale Isolierung* von Hausarbeit keineswegs ein Strukturmerkmal, das ihr als solches innewohnt, sondern Ergebnis historischer Entwicklungen [...] Im Zuge von Individualisierungsprozessen verschärft die Kleinfamilie ihre Grenzziehung, und es bildet sich eine ›Insularexistenz‹ heraus [...] Erst so entsteht in der Hausfrauenexistenz die isolierte Arbeitsexistenz par excellence.«[113]

Besonders anschaulich ist die Verlorenheit unserer Jugend in einem Lebensraum wie den »Schlaf-Vorstädten« der großen Städte, scheinbar wie geschaffen für Menschen, deren Hauptbedürfnis neben der Arbeit in Ruhe bestehen soll; einem Lebensraum, wo sich jeder in seine mehr oder weniger große

»Burg« zurückzieht, in dem es kaum Orte der Begegnung und überhaupt wenig Sozialkontakt gibt. »Isolation und Passivität sind zum Lebensstil geworden.«[114] Dort ist es im Grunde kein Wunder, dass Jugendliche sich übermäßig mit Fernsehen, Computerspielen oder – gerade auch im Falle derjenigen, die sich damit nicht zufriedengeben – mit »größeren Dummheiten« beschäftigen. Generell zeigt sich in Statistiken ein sehr starker Zusammenhang zwischen diversen negativen Entwicklungen bei Heranwachsenden und einem schwachen Sozialleben der sie umgebenden Erwachsenen.[115]

Viele Jugendliche sind bei uns außerhalb des Bereichs von Schule und Ausbildung weitgehend sich selbst überlassen, ohne Vorbild und Lebenskultur, die in ihrem Alter zur Orientierung erforderlich wären. Dies ist in hohem Maß mitverantwortlich für ihre massive Beeinflussbarkeit durch alles, was sich – selbst auf jämmerlichste Weise – an ihre Bedürfnisse zu richten und ihnen eine Orientierung zu geben scheint, wie Werbung, »Konsumkultur« oder Fernsehen. Die hier herrschenden Defizite machen sich außerdem die Jugendmedien, wie z. B. Zeitschriften, auf ihre Weise zunutze, indem sie Themen, denen Heranwachsende mehr oder minder allein und ratlos gegenüberstehen, gezielt ansprechen, wenngleich oft nicht auf sinnvolle Weise.

Die jugendliche Gruppe von Gleichaltrigen findet ohne andere, hilfreichere Anregung von außen, insbesondere ohne verfügbare Orientierung an etwas Älteren und an Erwachsenen, auch kaum zu bereichernden Formen sozialen Lebens. Nicht selten unterliegt sie ganz im Gegenteil gleichmacherischen Nivellierungsprozessen, die z. B. darin bestehen können, in jeder Situation vor allem »Coolheit« zu bewahren. Oder, wie es Margaret Mead einmal in Bezug auf männliche Jugendliche formuliert hat: Sie streben »einer dumpfen, typisierten Vorstellung von *Männlichkeit*« nach, weil ihnen keine Gelegenheit mehr geboten ist, »einer Anzahl interessanter […] *Männer*«[116] zu begegnen, die ihnen eine Vorstellung davon gäben, wie verschiedene Aspekte des Lebens auf Erfolg versprechende Weise angegangen werden können.

Eine Ausnahme von diesen Zuständen bilden unter anderem noch Aufenthalte im Schullandheim oder Skilager, denn sie sind für Jugendliche weitaus mehr als nur eine Woche mit sportlicher Betätigung an der frischen Luft und ohne Schule. Sie stellen vor allem einen funktionierenden Rahmen für intensiveres Gemeinschaftsleben dar, in welches Jugendliche meist schnell hineinfinden, sofern ihnen ein derartiger Rahmen einmal zur Verfügung steht. Allerdings bleibt der potenziell große Nutzen eines solchen Erlebnisses natürlich begrenzt, wenn anschließend im Sozialleben des Alltags wieder eine gewisse Leere herrscht und kaum Möglichkeiten vorgelebt werden oder anderswie erkennbar sind, diesen Lebensbereich auf ansprechende und erfreuliche Weise zu gestalten.

Letztlich ist bei uns bereits in der Jugend die Basis für eine nachhaltige Sozialisation, als Hinführung zu lebendiger menschlicher Gemeinschaft, schwach – und die Tendenz zum exzessiven Individualismus stark. Genauere Untersuchungen haben ergeben, dass die Häufigkeit und das Ausmaß sozialer Isolierung bei Frauen und Männern ab dem 16. Lebensjahr mit zunehmendem Alter fast linear ansteigen.[117] Selbstverständlich geht dies nicht nur zu Lasten der Jugendlichen, auch wenn es da besonders auffällig ist, sondern zu Lasten der Menschen jeden Alters.

Weithin bekannt ist die Anonymität unserer Städte, wo viele Leute ihre Nachbarn nicht einmal *kennen* und es schon zu derartiger Vereinzelung kommt, dass Todesfälle erst nach Wochen bemerkt werden. Vor diesem Hintergrund wird oftmals angenommen, der Individualismus und die Schwäche des sozialen Kontakts hingen zwangsweise mit der Verstädterung zusammen oder würden gar durch sie verursacht. Solche Vermutungen erweisen sich jedoch in entsprechenden Untersuchungen als schlicht unzutreffend.[118] Auch aus ländlichen Gegenden gibt es ziemlich erschreckende Berichte wie den eines Erziehungsberaters, an dessen Ort die Männer offenbar kaum Freundschaftsbeziehungen haben und fast ausschließlich für die Arbeit leben, während die Frauen typischerweise nur noch eine Beziehung zu einer besten Freundin kennen.[119] Es liegen Statistiken vor, die besagen, dass das Niveau an Lebenszufriedenheit auf dem Land im Durchschnitt nicht höher ist als in den Städten.[120]

Es scheint sich bei der Schwäche des Sozialkontakts vielmehr um ein gesamtgesellschaftliches Phänomen zu handeln, das zwar in unterschiedlicher Intensität und manchmal besonders augenfällig, jedoch prinzipiell fast überall auftritt. So wurde in einer Untersuchung in Westdeutschland explizit festgestellt, dass unabhängig von der Größe des Ortes, in dem die befragten Personen wohnen, etwa 40 Prozent von ihnen zu gar niemandem in der eigenen Nachbarschaft Kontakt haben. Erst bei einer genaueren Differenzierung nach dem Typ des jeweiligen Wohnorts ergaben sich Unterschiede. Insbesondere schneiden »Landgemeinden« etwas besser ab als »Kleinstädte«. Im Übrigen fand sich in einem anderen Bereich, wo bisweilen noch überdurchschnittlicher Sozialkontakt vermutet wird, der klassischen Arbeiterschicht, nahezu keine Spur mehr davon. Die Nachbarschaftskontakte in Industriearbeitervierteln sind so niedrig wie in keinem anderen Typ von Wohnort.[121]

Selbst in Teilen unserer Gesellschaft, wo heute auf den ersten Blick besonders für Außenstehende der Eindruck entsteht, es gäbe insgesamt mehr sozialen Kontakt als früher, ist mitunter in der Realität das Gegenteil der Fall. So kommt es in bestimmten Kreisen der Großstädte unter *sehr vielen* Menschen zu Begegnungen – allerdings Begegnungen, die oft relativ distanziert und kurzfristig oder selten sind, sodass daraus resultierende menschliche Beziehungen zersplittert, oberflächlich, vereinzelt und ohne einen Rahmen wirklichen Soziallebens bleiben. Manchmal wird dann noch versucht, alle möglichen Kontakte zu »halten« – wobei diese jedoch meist nicht mehr mit Leben erfüllt sind. In empirischen Untersuchungen wurde auch schon festgestellt, dass Menschen in derartigen Situationen sich trotz eines großen »Bekanntenkreises« einsam fühlen, wenn den sozialen Beziehungen eine gewisse Intensität abgeht.[122]

Bei näherem Hinsehen geht bei uns in der Freizeit mit dem Defizit an Sozialleben häufig ein Ausmaß an fundamentaler Leere oder »gepflegter Langeweile« einher, das nur mühsam kaschiert wird, mit übermäßigem Fernsehen, extremsten Hobbys, etc. Mitunter wird damit sogar der Eindruck erzeugt, man sei sehr beschäftigt, indem mittels eines Terminkalenders jeder freie Moment mit irgendwelchen Aktivitäten verplant wird – womöglich um nur ja keinen Augenblick der Ruhe und des Nachdenkens aufkommen zu lassen, in dem Gefühle von Unzufriedenheit oder von Zweifel an dieser Lebensführung hochkommen könnten. In den USA, die hier auch deshalb so oft angeführt werden, weil dort erheblich mehr statistische Daten zur Verfügung stehen als z. B. in Deutschland, stimmen 79 Prozent der Menschen für sich selbst der folgenden Aussage zu: »They would rather be kept busy than have time on their hands.« Sie möchten also eher beschäftigt sein, als Zeit zur Verfügung haben – im Zweifelsfall auch nur »beschäftigt« durch den Fernseher, vor dem sie im Durchschnitt ca. drei Stunden pro Tag verbringen. Das Fernsehen dürfte dabei kaum mehr als ein »Lückenfüller« sein, denn die Mehrheit der Amerikaner gibt in Umfragen an, dass es das Erste wäre, was sie aufgeben würden, wenn sie mehr Zeit bräuchten, und dass sie es wie erwähnt weniger genießen als die meisten anderen Freizeitaktivitäten.[123] Das Fernsehverhalten wurde gleichfalls wissenschaftlich untersucht, wobei sich genau das herausstellte, was zu erwarten war – das Ausmaß des Fernsehkonsums hängt mit der Einsamkeit der Menschen zusammen.[124]

Diese Kombination aus sozialer Leere in der Freizeit und dem Überhandnehmen des Fernsehens ist einer der Faktoren, weswegen der exzessive Individualismus nicht zu besonderer Individualität, sondern im Gegenteil eher zu einer Art Uniformität führt. Denn es gibt kaum etwas, das stärker zur »Vereinheitlichung und Standardisierung« menschlichen Lebens beigetragen hat als der weitverbreitete übermäßige Fernsehkonsum.[125] Auch in westeuropäischen Ländern verbringen die Menschen im täglichen Durchschnitt inzwischen mehr als zwei Stunden mit Fernsehen.[126] Es soll hier nicht das Fernsehen verteufelt werden, aber wenn es ein derartiges, fast jeden Tag wiederkehrendes Ausmaß annimmt, dann drängt sich doch die Frage auf, ob dies nicht an den menschlichen Bedürfnissen vorbeigeht. »Was in moderatem Umfang eine angenehme Anregung wäre, entwickelt sich, wenn es weitergetrieben wird, zu einer bloßen Abwehr von Langeweile, und schließlich nur noch zu Langeweile.«[127]

Es scheint, dass wir von einem Zustand, bei dem aus einem intakten Sozialleben ein essenzieller Beitrag zur Lebensfreude kommen würde, meist weit entfernt sind. Obwohl der soziale Instinkt des Menschen kaum auszurotten ist, findet er häufig kein geeignetes Verwirklichungsfeld, und bisweilen geht er auch stark in die Irre. Ein Journalist hat sich dadurch einmal veranlasst gesehen, zu fragen, ob es in Deutschland vielleicht mehr Tierliebe als Menschenliebe gäbe – und dem italienischen Abgeordneten Giorgio Benvenuto ist Ähnliches aufgefallen: »Etwas Eigentümliches hat sich in den vergangenen Jahren in Italien abgespielt; die Anzahl der Haustiere, die Anzahl der Katzen und Hunde, die zu Hause gehalten werden, hat sich drastisch erhöht. Multinationale Unternehmen, die Haustierfutter herstellen, boomen in unserem Land. Selbst wenn Sie den Fernseher anschalten, werden Sie überrollt von all der Werbung für Katzen- und Hundefutter. Das bedeutet, dass den Leuten etwas fehlt [...]. Ich glaube, ihnen wird allmählich klar, dass es sich um ein Einsamkeitsproblem handelt, die Menschen fühlen sich einsam.«[128] In Los Angeles gibt es zur Verwöhnung von Haustieren inzwischen sogar »Hundeshampoonier- und Katzenpediküre-Salons, Hundetagesstätten und -erholungsheime, Haustier-Taxiagenturen und Hundekuchenkonditoreien«[129]. Dasselbe ist aus Paris bekannt, dem Schauplatz der Romane des Schriftstellers Michel Houellebecq, dem es gelungen ist, die individualistischen Verhältnisse überaus pointiert zu beschreiben: »Djerzinski wohnte seit gut zehn Jahren in der Rue Frémicourt; er hatte sich daran gewöhnt, das Viertel war ruhig. 1993 hatte er das Bedürfnis nach Gesellschaft empfunden; irgend etwas, das ihn abends beim Heimkommen empfing. Seine Wahl war auf einen weißen Kanarienvogel gefallen [...].«[130]

Ein Irrweg – der zudem dem Geist des Individualismus naheliegt – ist es im Übrigen auch, nur in sich selbst nach mehr Erfüllung und Lebensinhalt zu suchen. Im Falle von Depressionen verschlimmert solches Sich-mit-sich-selbst-Beschäftigen erwiesenermaßen die psychischen Probleme.[131] Und ein deutscher Modedesigner, der diese Suche offenbar gründlich ausprobiert hatte, bringt es mit bemerkenswerter Ehrlichkeit auf den Punkt: »Was heißt schon Selbstfindung? Was habe ich in

mir schon gefunden? Außer Einsamkeit und Verstörung und
wachen Nächten [...].«[132]

Es gibt bei uns tatsächlich viele Menschen, die in einem Zustand
beträchtlicher Isolierung leben; Menschen, die wenig Freunde haben, mit ihnen auch noch zerstritten sind, da sich ihre
sozialen Fähigkeiten bereits erheblich zurückgebildet haben,
und die eine ausgeprägte soziale Ängstlichkeit und Unsicherheit aufweisen. Der Autor Klaus Strzyz, der sich mit diesem
Thema beschäftigt hat, nennt treffend einige Aspekte: »Dabei
geht es [...] um das an fast ›unauffällig‹ oder ›leise‹ zu nennen-
den Symptomen leidende Individuum, Symptome wie beispielsweise soziale Interessenlosigkeit oder Passivität, Arbeits-
störungen und Konflikte, die den Bereich des Selbstwertgefühls
betreffen, verdinglichte Beziehungen zu Menschen und, damit
dann verbunden, die Unfähigkeit, Beziehungen in intensiver
Form aufzunehmen.«[133]

Bereits 1982 kamen Forscher zu dem Ergebnis, dass 9 Prozent
der Männer und 12 Prozent der Frauen in den westlichen Industrieländern als *massiv* isoliert »eingeschätzt werden müssen«, und etwa ein Viertel der Franzosen sowie der Deutschen
geben in Umfragen selbst an, dass sie einsam sind.[134] Ungeachtet dessen, dass konkrete Prozentwerte natürlich von dem jeweils betrachteten Ausmaß an Isolierung abhängen, dürften
diese Bevölkerungsanteile in Wirklichkeit noch deutlich höher
liegen. Denn soziale Isolierung wird von den Betroffenen oft
verdrängt und nicht mehr bewusst realisiert, sodass sie mit Fra-
gebögen oder ähnlichen statistischen Erhebungsmethoden
nicht vollständig erfasst werden kann.[135]

Außerdem kommt es bei Menschen, die nicht im engeren
Sinn isoliert sind, auch stark darauf an, wie real und wie intensiv ihr Sozialkontakt ist. So stellte sich bei einer auf Mütter konzentrierten Untersuchung heraus, dass hinter einem
Wunsch nach einer größeren Zahl von Bekannten sich häufig
ein Wunsch nach mehr wirklich »erreichbaren« Bekannten
verbirgt;[136] also solchen, die am gleichen Ort oder in der Nähe
leben, mit denen ein reelles Zusammensein möglich ist, und zu
denen nicht nur eine gewissermaßen ideelle Freundschaft mit

seltenem Gemeinschaftserleben besteht. Letztlich stoßen Sozialwissenschaftler in unserer Gesellschaft immer wieder – auch in Fällen, in denen dies nicht nach außen hin offensichtlich ist – auf eine *weite Verbreitung von mehr oder weniger großer Einsamkeit »in allen Bevölkerungsschichten«.*[137] Wenn der Sozialkontakt allgemein schwach ist und mitunter fast nur noch am Arbeitsplatz entsteht, sind überdies bestimmte – und zwar keineswegs kleine – Teile der Bevölkerung besonders gefährdet. Hausfrauen können davon betroffen sein, insbesondere dann, wenn nach dem Heranwachsen der Kinder Kontakte zu anderen Familien nicht mehr weiterbestehen – was bei uns wie erwähnt oftmals der Fall ist. Auf diese Problemsituation deutet auch die Tatsache hin, dass von verheirateten Müttern in Westdeutschland als Grund für eine *geplante* Berufstätigkeit am häufigsten »Kontakt zu anderen Leuten« angegeben wird; selbst bei Alleinerziehenden ist dies immer noch der zweithäufigste Grund nach der »Sicherung des Lebensunterhalts«.[138] Stark gefährdet sind des Weiteren Rentner. Deren soziale Kontakte gehen im Durchschnitt trotz erheblich umfangreicherer Freizeit nach Wegfall des Kontakts zu Kollegen deutlich zurück, und nach dem Tod des Lebenspartners kommt es manchmal zu einer völligen Vereinsamung.[139]

Auch arbeitslos Gewordene finden sich ohne den regelmäßigen Kontakt in der Arbeit oft weitgehend allein wieder. Sozialarbeiter berichten zudem, dass sich hier nicht selten regelrechte Teufelskreise entwickeln: Die Betroffenen leiden unter Selbstzweifeln, gesundheitliche und vor allem psychische Probleme kommen hinzu, ihr Erscheinungsbild »verändert« sich, und sie halten Termine nicht mehr ein, wenn es zu einem Vorstellungsgespräch kommt, sodass sich ihre Chancen zunehmend verschlechtern, wieder Arbeit zu finden. Die Leiterin des Instituts für Arbeitsmarkt- und Berufsforschung, Jutta Allmendinger, weist ebenfalls darauf hin, dass der Anteil von Arbeitslosen mit »gesundheitlichen Einschränkungen«, am häufigsten unter anderem »psychische Störungen«, mit der Dauer der Arbeitslosigkeit steigt.[140]

Schließlich können bei uns auch persönliche Probleme, wie mangelnde Sozialkompetenz, extreme Schüchternheit und Defizite des Selbstwertgefühls, welche unter besseren Umständen in einem sozialen Lernprozess zumindest gelindert würden, zur Isolierung führen. Es gibt immer und überall mehr und weniger soziable Menschen – wenn jedoch der Sozialkontakt insgesamt schwach ist, dann rutschen die in dieser Hinsicht Schwächeren leicht in Formen von Einsamkeit ab. Dementsprechend soll noch erwähnt werden, was eigentlich längst offensichtlich ist: Es wurde festgestellt, dass die Verbreitung von Einsamkeit in einer Gesellschaft mit dem dort herrschenden Ausmaß an exzessivem Individualismus zusammenhängt.[141]

Es ist im Übrigen zu vermuten, dass individualistische Zustände in einer Gesellschaft von zwei Seiten her zu hohen Kriminalitätsraten beitragen. Erstens erhöht sich die Anzahl potenzieller Täter, wenn es bei sozialer Bindungslosigkeit, beispielsweise in Kombination mit wirtschaftlichen Problemen, zu einem Abgleiten in Kriminalität oder überhaupt zu einem häufigeren Auftreten von asozialem Verhalten kommt. Zweitens erleichtert ein Klima der Anonymität und der Abgrenzung, in dem jeder sich ausschließlich um seine eigenen Interessen oder Angelegenheiten und nur ja nicht um andere Dinge kümmert, die Umstände für kriminelle Handlungen signifikant. Auch die Arbeit der Polizei wird durch eine geringe Aufmerksamkeit der Menschen auf ihre Umgebung bekanntermaßen deutlich erschwert. In wissenschaftlichen Untersuchungen stellte sich heraus, dass ein niedrigeres Niveau an Sozialkontakt in einer Gesellschaft mit einer größeren Zahl an Verbrechen, bis hin zu Morden, einhergeht und dass hierbei der mangelnde Kontakt unter den Menschen sogar eine bedeutendere Rolle spielen kann als Faktoren wie Armut etc.[142] In Westdeutschland stieg die Gewaltverbrechensrate allein zwischen 1972 und 1987 um 75 Prozent. In den USA erhöhte sich die Zahl der Gewaltdelik-

> »Viele aus der Umgebung des Täters haben gesagt: Wir kannten ihn eigentlich nicht sehr gut. In diesem Satz zeigt sich eine Entwicklung unserer Gesellschaft. Wir leben miteinander und kennen uns häufig nicht.«
> Johannes Rau

te von 1960 bis 1990 auf mehr als das Vierfache, und die gesamte Kriminalitätsrate verfünffachte sich. 1990 befanden sich dort »über sechs Prozent der arbeitsfähigen Bevölkerung [...] unter der Aufsicht der Strafjustiz«.[143]

Die Schwäche des Sozialkontakts und die daraus resultierende vielfache Einsamkeit können zahlreiche weitere Probleme verschärfen, ganz abgesehen davon, dass sie an sich schon bedrückend sind. In Deutschland z. B. stellen laut Bundesgesundheitsministerium soziale Isolierung und »Kontaktschwierigkeiten« einen der Haupteinflussfaktoren von Gesundheitsproblemen dar.[144] Für die psychische Gesundheit der Menschen sind nach Aussagen vom Zentralinstitut für Seelische Gesundheit in Mannheim die sozialen Bindungen und familiären Verhältnisse »entscheidend«. Die Wahrscheinlichkeit und Häufigkeit von psychischen Erkrankungen wie Depressionen und von psychosomatischen Krankheiten steigt mit dem Ausmaß sozialer Isolierung signifikant an.[145] Einsamkeit trägt jedoch nicht nur zu psychischen Problemen bei, sondern auch zu Krankheiten, die vorwiegend als körperlich wahrgenommen werden, selbst zu Herz-Kreislauf-Leiden. Forschungen haben insbesondere ergeben, dass mit sozialer Isolierung eine Schwächung des menschlichen Immunsystems und der körpereigenen Abwehrkräfte einhergeht, welche das Risiko von Krebserkrankungen erhöht.[146] Es ist zu vermuten, dass dieser Zusammenhang für die enorme Anzahl von Krebsfällen – in den USA bekommen inzwischen etwa 40 Prozent (!) der Menschen irgendwann im Leben Krebs – mitverantwortlich ist, neben den eigentlich krebsauslösenden Faktoren wie Umweltbelastungen oder Rauchen. Untersuchungen kommen sogar zu dem Ergebnis, dass die gesundheitsschädlichen Auswirkungen mangelnden Sozialkontakts insgesamt ähnlich groß sind wie die des Rauchens.[147]

In Studien wurde ferner festgestellt, dass Probleme wie z. B. eine Scheidung bei einsamen Menschen mitunter richtiggehende Abwärtsspiralen zur Folge haben: wenn fehlende soziale Fähigkeiten dazu führen, dass es nicht gelingt, der Einsamkeit zu entrinnen, und sich dann Selbstzweifel und Depressionen einstellen, welche die soziale Isolierung noch verschärfen, usw.[148]

Überhaupt sind heutzutage Menschen mit vielen Problemen auch deswegen überfordert, weil sie meinen, sie ganz allein bewältigen zu müssen, ohne auch nur ideelle Unterstützung anderer. »Die soziale Einbindung des Einzelnen ist schlechter geworden. *Auch deshalb machen sich die Leute mehr Sorgen als früher.*«[149] Es würde eine grobe Unterschätzung der Probleme der Menschen vergangener Zeiten darstellen, zu behaupten, die Probleme an sich wären heute größer als früher. Allerdings kann eine geteilte Belastung eine wesentlich kleinere Belastung (gewesen) sein, »geteiltes Leid ist halbes Leid«. Genau hierauf weist der amerikanische Wissenschaftler Robert E. Lane hin, um dann in logischer Konsequenz das Folgende anzumerken, mit Bezug auf die heutige weite Verbreitung von persönlichen Krisen aller Art in der Bevölkerung: »Die Suche nach Zunahmen objektiver Belastungen ist zum Scheitern verurteilt, denn die Ursachen liegen nicht im Anstieg objektiver Erschütterungen, sondern in der erhöhten Anfälligkeit der Menschen für Krisen.«[150]

Der französische Soziologe Emile Durkheim hat in seinem klassischen Werk ›Der Suizid‹ den Zusammenhang zwischen schwachem Sozialkontakt und dem Auftreten von Selbstmord erforscht. Eine kurze Zusammenfassung der Ergebnisse durch Erich Fromm lautet: »Was sich in der modernen Industriegesellschaft ereignet hat, ist, dass die Traditionen, die gemeinsamen Wertbegriffe und echten sozialen Bindungen weitgehend geschwunden sind. Der moderne Massenmensch ist isoliert und einsam, selbst dann, wenn er Teil einer Masse ist [...]. Emile Durkheim (1897) bezeichnete dieses Phänomen als *Anomie*, und er hat gefunden, dass es die Hauptursache für den Selbstmord war.«[151] Was auch immer der konkrete Auslöser eines Selbstmordes ist, viele der hinter hohen Suizidraten stehenden Probleme würden sich nicht so stark auswirken, wenn sie die Menschen nicht in – krisenanfälligen – Umständen von exzessivem Individualismus und sozialer Isolierung treffen würden. (Tatsächlich scheint die Suizidrate in Südamerika »sehr niedrig« zu sein.)[152] Ein Experte hat einmal berichtet, dass etwa 55 Prozent der von ihm untersuchten Selbstmordkandidaten an einer »drückenden Einsamkeit« litten, die ihnen »das Leben zur Hölle machte«.[153]

Es ist gerade bei psychischen Problemen nicht richtig, nur individuelle Ursachen – etwa in der frühen Kindheit – zu sehen, ohne den Einfluss des sozialen Umfelds zu beachten, das vorhandene Probleme einerseits erheblich lindern oder andererseits verschärfen kann. Wenngleich dies in manchen therapeutischen Ansätzen berücksichtigt wird, schreibt Ulrich Beck dennoch zu Recht: »Es entstehen im Kurzschluss von Individuum und gesellschaftlichen Verhältnissen offensichtlich heute psychische Probleme und Verhaltensstörungen in einem Ausmaß, das der Subjektivierung einer gesellschaftlichen Katastrophe gleichkommt. Allerdings verfestigt sich zugleich Ideologie auf diese Weise aufs Neue, weil so der Schein der Privatheit der psychischen Katastrophen nicht durchbrochen werden kann. Dies wird nicht zuletzt auch daran deutlich, dass in vielen psychotherapeutischen und psychoanalytischen Ansätzen Gesellschaft bereits mit großer Selbstverständlichkeit auf das Paradigma [Muster] der individualisierten Kleinfamilie reduziert wird und alle Problemursachen in die frühkindliche Phase der familialen Sozialisation projiziert werden, so als wäre dies der einzige Glühpunkt, aus dem Mensch und Gesellschaft entstehen. Auf diese Weise kann der gesellschaftliche Konstitutionszusammenhang [Entstehungszusammenhang] psychischer Konflikte nicht mehr aufgedeckt und durchbrochen werden.«[154]

Umgekehrt ist seit den Arbeiten des Psychologen Carl Rogers bewiesen, dass zwischenmenschliche Beziehungen allein, d. h. auch ohne professionellen Einfluss, neurotische und psychotische Probleme lindern und eine eigendynamische Entwicklung der betroffenen Person ermöglichen können, die zur Gesundung führt. Dies gilt insbesondere dann, wenn einer der beteiligten Menschen eine gewisse psychische Reife aufweist und sich auf dieser Basis eine natürliche Beziehung zum Betroffenen einstellt.[155] In Untersuchungen stellte sich zudem heraus, *dass bei Vorhandensein eines Netzwerks enger sozialer Be-*

»I get by with a little help from my friends, I get high with a little help from my friends, Going to try with a little help from my friends.«
The Beatles

ziehungen und entsprechender Unterstützung Depressionen schnel-
ler überwunden, chronische Krankheiten besser ertragen und Krisen
wie Arbeitslosigkeit, der Tod wichtiger Bezugspersonen, Eheschei-
dung und Berufsstress, sowie Übergangssituationen wie Ruhestand
und berufliche Veränderungen, besser bewältigt werden.[156] Aus der
Münchner Studentenstadt ist sogar bekannt, dass die Anzahl
an Selbstmorden durch die Einführung von Gemeinschaftsräumen und kontaktfördernden Freizeitaktivitäten stark verringert werden konnte.

In diesem Zusammenhang ist es interessant, nochmals einen
Vergleich zu den neuen Bundesländern zu ziehen, wobei wir
bereits festgestellt haben, dass zu DDR-Zeiten im Allgemeinen
der Sozialkontakt erheblich intensiver war als in den alten
Bundesländern. In Übereinstimmung damit und trotz der
wirtschaftlichen Probleme der DDR ergab sich in Untersuchungen, dass Gefühle der Anomie (mit sozialer Bindungslosigkeit und Vereinsamung verbundene Gefühle) unter ostdeutschen Jugendlichen seltener waren als unter westdeutschen.
Eine Ausnahme davon bildete die vorübergehende Erregung
im Jahr der Wiedervereinigung, aber selbst in diesem Jahr »war
es um die physische und gesundheitliche Befindlichkeit der
ostdeutschen Jugendlichen noch deutlich besser gestellt als
um die der westdeutschen«. Insbesondere traten psychosoma-
tische Beschwerden weniger häufig auf. Auch aggressives Verhalten war unter ostdeutschen Jugendlichen bis zur Wiedervereinigung seltener als unter westdeutschen.[157]

Wenn aber der soziale Kontakt insgesamt schwach ist und
eine exzessiv individualistische Lebensweise vorherrscht, dann
können zwischenmenschliche Beziehungen ihre positiven Wirkungen von vornherein nur wenig entfalten und zahlreiche
Menschen stehen weitgehend allein vor diversen Problemen.
Infolgedessen steigern sich einige davon zu persönlichen Krisen, von denen mancher für den Rest seines Lebens gezeichnet
ist, und es kommt zu den – in diesem Kapitel skizzenhaft geschilderten – Zuständen, wie sie heute in vielen westlichen Industrieländern erschreckend weitverbreitet sind. Ein richtig-
gehender Teufelskreis kann sich dabei gerade auch im Alter

ergeben, wenn mitunter Verhältnisse geringen Sozialkontakts, einhergehend mit einem zunehmenden Abbau der sozialen Fähigkeiten, dazu führen, dass selbst familiäre Beziehungen, von anderen ganz zu schweigen, kaum mehr existieren – und mehr oder minder erdrückende Einsamkeit überhandnimmt. Diese Gefahr ist besonders stark ausgeprägt, wenn die betroffene Person ganz allein lebt, was z.B. in den USA 1990 bei 31 Prozent der über 65-Jährigen der Fall war, im Vergleich zu 14 Prozent im Jahr 1950.[158]

Wie zuvor beschrieben, verschärft eine solche Vereinsamung tendenziell gesundheitliche und andere Schwierigkeiten erheblich, oder lässt sie überhaupt erst entstehen. Dies wird dann mit einem explodierenden Aufwand an medizinischer und sonstiger Versorgung zu bekämpfen versucht, was jedoch letztlich wenig hilft, da es mehr ein »Herumdoktern« an den Symptomen denn eine Lösung der ursächlichen Probleme darstellt. Experten schreiben hierzu:»Eine der wichtigsten Ursachen der mangelnden Effizienz unseres Gesundheitssystems liegt darin, daß die psychische und, noch stärker, die soziale Komponente von Krankheit fast ganz außer acht gelassen wird.« Obwohl nach ärztlichen Erfahrungswerten etwa die Hälfte aller ernsten Erkrankungen »seelische Ursachen« hat und laut Gesundheitsbericht der Bundesregierung dieser Anteil sogar noch höher liegen soll, »behandeln wir kranke Menschen in der Regel noch so, als handele es sich ausschließlich um einen Defekt am Körper eines Individuums. Immer aufwendigere technische Apparaturen und eine immer größere Menge chemischer Präparate werden mit immer geringerem Erfolg eingesetzt«.[159] Im Kontrast zur Vorstellung zahlreicher Menschen, gesundheitliche Probleme seien durch Ärzte und Medikamente zu lösen, wurde in wissenschaftlichen Untersuchungen ermittelt, dass das gesamte Gesundheitssystem den menschlichen Gesundheitszustand eben nur zu rund 25 Prozent beeinflusst.[160] Zu deutlich über 50 Prozent hingegen wird er durch folgende zwei Faktoren bestimmt (die gerade im Bereich sozialer Beziehungen oft nicht voneinander zu trennen sind): unsere Umwelt im weiteren Sinn und unsere eigene Lebensführung.

Zusammenfassend lässt sich sagen, dass sich die Schwäche des Soziallebens in unserer Gesellschaft auf viele Arten zeigt: von der »Isolation der modernen Kleinfamilie« über die Beschränkung menschlicher Geselligkeit auf das gelegentliche Treffen einiger alter Freunde, wenn überhaupt, bis zur Tatsache, dass nachbarschaftlicher Kontakt häufig kaum mehr existiert (obwohl 88 Prozent der Deutschen wie erwähnt angeben, er sei ihnen sehr wichtig). In diesem Umfeld wird schon in der Jugend nur selten zu nachhaltig bereichernden Formen von Gemeinschaft gefunden, und die soziale Kompetenz wird wenig entwickelt. Der Zustand unseres Sozialkontakts offenbart sich in verschiedensten Statistiken, und er geht mit einem vielfachen Auftreten von mehr oder weniger großer Einsamkeit in allen Bevölkerungsschichten einher. Dies hat gravierende Konsequenzen: Kontaktprobleme und soziale Isolierung gehören zu den Haupteinflussfaktoren von sowohl psychischen als auch körperlichen Erkrankungen, und Krisen wie Arbeitslosigkeit oder eine Scheidung können bei einsamen Menschen regelrechte Abwärtsspiralen auslösen. Und es verhindert, dass positive Wirkungen sozialer Beziehungen in der Breite zur Geltung kommen; dass Menschen persönliche Probleme in zwischenmenschlichen Lern- und Entwicklungsprozessen überwinden; dass sie in schwierigen Situationen menschliche Unterstützung erfahren.

»Es befremdet mich am meisten, dass die westliche christliche Gesellschaft, begründet auf der Liebe zu Gott und der Gemeinschaft der Menschen, inzwischen durch Einsamkeit gekennzeichnet ist. Wir sind die einzigen Menschen, denen von Kindheit an das Gebot gelehrt wird, unsere Nächsten wie uns selbst zu lieben, und doch schlagen sich so viele von uns als lieblose und ungeliebte Einzelteilchen durch – freie Individuen in einer offenen Gesellschaft, dazu verdammt, Teil der großen, grauen Subkultur der Einsamen zu sein.«
Robert Brain

Das kommt Ihnen spanisch vor?
Individualismus im internationalen Vergleich

Die Verbreitung von exzessivem Individualismus in bestimmten Gesellschaften ist gut in der statistischen Erhebung eines kulturwissenschaftlichen Standardwerks von Geert Hofstede erfasst, das ursprünglich für andere Zwecke – auf die sein Titel ›Interkulturelle Zusammenarbeit‹ hindeutet – geschrieben wurde. Hofstede stellte auf der Grundlage einer von ihm geleiteten internationalen Untersuchung fest, dass sich das Ausmaß an Individualismus in verschiedenen Ländern und Kulturen weltweit jeweils massiv unterscheidet – während er innerhalb eines Landes zwischen verschiedenen untersuchten Berufsgruppen kaum Unterschiede ausmachen konnte, die auf eine im Durchschnitt mehr oder weniger individualistische Prägung der jeweiligen Berufstätigen hindeuten würden. Hofstede fasste seine Ergebnisse, die im Übrigen von anderen Datenerhebungen bestätigt werden, in Individualismus-Indexwerten für die jeweiligen Länder zusammen.[161]

Diese Indexwerte lassen zunächst klar erkennen, dass der Individualismus in den westlichen Industrieländern am extremsten ist. Die Nationen Lateinamerikas hingegen weisen zwar untereinander deutliche Unterschiede auf, sind jedoch alle weitaus weniger individualistisch geprägt. Die Länder des ehemaligen Ostblocks, aus welchen hier auch gelegentlich vergleichende Betrachtungen herangezogen werden, sind in der Untersuchung von Hofstede nicht enthalten. In einer ähnlichen Statistik wurden für sie allerdings 1996 noch Individualismus-Werte ermittelt, die erheblich unter dem Durchschnitt der westlichen Industrieländer liegen.[162] (Diese Werte beziehen sich auf die Gesamtbevölkerung, separate Daten für die dortigen jüngeren Generationen sind nicht verfügbar.) Innerhalb der westlichen Industrienationen stellt man des Weiteren fest, dass drei Gruppen von Ländern Indexwerte für Individualismus aufweisen, die auf ähnlicher Höhe wie die der deutschsprachigen Staaten (Deutschland, Österreich, Schweiz) oder noch darüber liegen: die angelsächsischen Länder (USA, Australien, Großbritannien, Kanada, Neuseeland), Skandinavien sowie der Benelux-Raum und Frankreich. Spanien und Portugal hingegen sind *im westeuropäischen Vergleich* die mit Abstand am wenigsten individualistisch geprägten Nationen.

Um Missverständnisse zu vermeiden, sei an dieser Stelle gleich darauf hingewiesen, dass es selbstverständlich noch etliche weitere, vom Individualismus unabhängige Dimensionen gibt, nach denen sich Gesellschaften unterscheiden – und zwar nicht nur in Bezug auf wertfreie kulturelle Gesichtspunkte, sondern auch auf Aspekte, die gesellschaftliche Probleme darstellen können. So gibt es wohl etwas wie eine »übermäßige Maskulinität«, die wahrscheinlich mit Unterdrückung von Emotionen sowie mit einer Starrheit des Rollenverhaltens besonders bei Männern zusammenhängt und bis zu verbissenen Charakteren mit ausgeprägtem Ressentiment führt (wie man sie in auffälliger Weise bei diversen Hinterbänklern in fast allen deutschen Parteien findet).[163] Diese Dimension gesellschaftlicher Unterschiede dürfte sich in den ebenfalls von Hofstede ermittelten Maskulinitäts-Indexwerten widerspiegeln. Während die deutschsprachigen und angelsächsischen Länder hier relativ schlecht abschneiden, erzielen Frankreich und vor allem Skandinavien sowie die Niederlande gute Indexwerte, was auf einen besseren Umgang mit menschlichen Emotionen hindeutet. Diese Grundhaltung übt zwar im Durchschnitt einen positiven Einfluss auf die Lebensqualität aus.[164] Im Gegensatz zu dem, was man hätte erwarten können, wirkt sie jedoch gemäß den vorliegenden empirischen Untersuchungen *nicht* dem exzessiven Individualismus entgegen und bietet somit auch keinen Schutz davor. Ferner gibt es eine Dimension der »Unsicherheitsvermeidung« oder »Angst vor unbekannten Situationen«, eine von Gesellschaft zu Gesellschaft unterschiedlich stark ausgeprägte Eigenschaft, die Hofstede in den von ihm erhobenen Unsicherheitsvermeidungs-Indexwerten erfasst hat.[165] In dieser Hinsicht schneiden die angelsächsischen Nationen überdurchschnittlich gut ab, was entscheidend zu ihrer wirtschaftlichen Stärke und Innovationskultur beigetragen hat, die eben Flexibilität erfordert und bei übertriebener Risikoscheu nicht erreicht werden kann. Der an diesen Dimensionen gesellschaftlicher Unterschiede interessierte Leser sei auf das Werk von Hofstede verwiesen.

Die am exzessivsten individualistische Gesellschaft sind gemäß den Hofstede-Indexwerten die USA. Ihnen ist anschließend ein eigenes Kapitel gewidmet, da hierzu eine Fülle von Datenmaterial existiert. Auf Skandinavien hingegen wird nicht näher eingegangen, da die dortigen Gesellschaften den Autoren zu wenig bekannt sind. Es sei allerdings erwähnt, dass z. B. aus Schweden Untersuchungen vorliegen, aus denen hervorgeht, dass auch dort die Probleme übermäßigen Individualismus und schwachen Soziallebens ein massives Ausmaß aufweisen.[166]

In diesem Kapitel soll zunächst auf einige Aspekte der Situation in Frankreich hingewiesen werden. Die Tatsache, dass Frankreich zu den extrem individualistischen Ländern zählt, überrascht in gewisser Weise und regt zu genauerem Nachdenken an – nicht so sehr über die französische Gesellschaft im Besonderen, sondern über wirkliche Ursachen schwachen Sozialkontakts im Allgemeinen. Denn gerade weil Frankreich ein ausgeprägter »Sozialstaat« ist, zudem mit einem sehr großen öffentlichen (nicht-privatwirtschaftlichen) Sektor, kann man nicht vorschnell oberflächliche wirtschaftlich-politische Erklärungen für den Individualismus heranziehen, wie dies bei den USA oftmals gemacht wird. Unabhängig davon ist allerdings bei den folgenden Ausführungen nicht zu vergessen, dass im Ausmaß des Individualismus zwischen Frankreich und vielen Ländern Westeuropas wohl nur ein kleiner, gradueller Unterschied existiert.

Vorab soll mit ein paar Zitaten der französische Bestseller-Autor Michel Houellebecq zu Wort kommen, der in seinen Romanen die exzessiv individualistischen Zustände und ihre letzten Konsequenzen überaus treffend beschreibt, mit einer Ausdruckskraft, wie sie eine soziologische Betrachtung nicht erreichen kann. Seine Darstellungen sind natürlich überspitzt, die Anregungen dazu dürfte Houellebecq jedoch mit Sicherheit der Lebenswirklichkeit entnommen haben – er selbst hat seine

Romanfiguren einmal als »völlig durchschnittliche Leute« bezeichnet[167] –, und die Realität ist von seinen Schilderungen
manchmal nicht mehr weit entfernt:

»Dieses Buch ist in erster Linie die Geschichte eines Mannes, der während der zweiten Hälfte des zwanzigsten Jahrhunderts gelebt und den größten Teil seines Lebens in Westeuropa
verbracht hat – im Allgemeinen allein [...] Gefühle wie Liebe,
Zärtlichkeit und Brüderlichkeit waren weitgehend verschwunden.«[168]

»Zwischenmenschliche Beziehungen wurden zunehmend
unmöglich, was die Zahl der Geschichten, aus denen sich ein
Leben zusammensetzt, entsprechend verringert. [...] Das fort-
schreitende Verlöschen menschlicher Beziehungen bringt für
den Roman allerdings einige Schwierigkeiten mit sich. Wie soll
man es anstellen, diese heftigen Leidenschaften zu erzählen,
die sich über mehrere Jahre erstrecken und deren Wirkungen
manchmal über Generationen hinweg spürbar sind? Von den
Sturmhöhen haben wir uns weit entfernt, das ist das Mindeste,
was man sagen kann. Die Romanform ist nicht geschaffen,
um die Indifferenz oder das Nichts zu beschreiben; man müsste eine plattere Ausdrucksweise erfinden, eine knappere, ödere
Form.«[169]

»Es war Ende November, eine Jahreszeit, deren Tristesse allgemein anerkannt wird. Ich fand es normal, dass die klimati-
schen Veränderungen mangels greifbarer Ereignisse in meinem
Leben einen nicht unwesentlichen Platz einnehmen; alte Leute
sollen ja kaum in der Lage sein, von etwas anderem zu sprechen. Ich habe so wenig gelebt, dass ich zu der Vorstellung
neige, ich würde niemals sterben; kaum zu glauben, dass sich
ein Menschenleben auf so wenig beschränken kann; trotzdem
stellt man sich vor, dass früher oder später doch noch etwas geschehen wird. Ein schwerer Irrtum. Das Leben kann durchaus
leer und kurz zugleich sein.«[170]

Der französische Soziologe Emile Durkheim hatte wie erwähnt
bereits vor über hundert Jahren und womöglich als einer der
Ersten festgestellt, dass das Sozialleben der Menschen in seiner
Gesellschaft in einem massiven Verfall begriffen war. Ohne die

spätere Erläuterung der Zusammenhänge vorwegnehmen oder gar ein Gesamtbild der sozialen Verhältnisse entwerfen zu wollen – es treten doch im Falle Frankreichs einige Aspekte dieser Entwicklung besonders deutlich zutage. So hat es historisch sicherlich eine Rolle gespielt, dass dort nach der Französischen Revolution die Zerstörung von traditionellen sozialen Bindungen und Institutionen ideologisch und praktisch überaus stark betrieben wurde, z. B. in Bezug auf Kirchengemeinden, durch das Verbot von Ständeorganisationen oder durch die Abschaffung von vielen Feiertagen und damit verbundenen Festlichkeiten.[171] Selbst die Bildung von Vereinen ist in Frankreich erst seit dem sogenannten »Gesetz von 1901« den Bürgern wieder freigestellt, ohne eine Genehmigung des Innenministeriums zu erfordern. In diesen Umwälzungsprozessen sind Bezugs- und Kristallisationspunkte für das Sozialleben verschwunden, *für die in der Breite kein tragfähiger Ersatz geschaffen wurde.* Auch die Verwandlung des Hauses oder der Wohnung weg von einem gelegentlichen Ort der Geselligkeit hin zu einer rein privaten Intimsphäre hat offenkundig in Frankreich teilweise besondere Ausmaße erreicht. Es wird berichtet, dass in dortigen bürgerlichen Schichten Einladungen nach Hause, »selbst unter Freunden, die sich Jahrzehnte kennen«, ungewöhnlich waren oder sind und Treffen sich stattdessen auf Restaurants beschränken.[172]

Des Weiteren wurden im Hinblick auf eines der drei Prinzipien der Französischen Revolution, der Gleichheit, – und zum massiven Nachteil eines anderen, nämlich der Brüderlichkeit – Mechanismen institutionalisiert, die die Gemeinschaftsbildung behindern und den Individualismus verschärfen. Dies gilt z. B. für zentralistische Verfahrensweisen im Staatsdienst, die vorgeblich der Gleichbehandlung dienen und dabei mitunter Menschen entwurzeln, sowie für den permanenten Selektionsdruck im Schul- und Ausbildungssystem. Letzteres unterlag zwar lange Zeit einer oberflächlichen Politik des »Abiturs für alle«, es ist jedoch systematisch auf das Auseinanderdividieren der Lernenden ausgelegt, nicht so sehr über Noten, welche letztlich die Bildung von Gemeinschaften nur wenig stören, sondern immer wieder über abgetrennte Ausbildungsgänge. Ein Beispiel dafür sind die »classes préparatoires« (»Vorbereitungsklassen«), in die die besten Abiturienten abgesondert werden, um dann zu bestimmen, wer auf welche »grande école« (überdurchschnittlich gute Universität) darf. Ein anderes Beispiel stellen die verschiedenen »concours« dar, d. h. Aufnahmeprüfungen für den Eintritt vor allem in den Staatsdienst. Die Vorbereitung hierauf erfolgt überhaupt meist nur zu einem geringen Teil in einer Klassen- oder Studiengemeinschaft, sondern durch jede Person allein, oft über lange Zeiträume hinweg – wohl eine der einsamsten Tätigkeiten, die es in der Gesellschaft gibt. Den Gipfel bildet vielleicht die Eliteuniversität ENA, welche laut ihrer Direktorin eine »école de classement« ist, also ein Institut, dessen ausdrückliches Ziel es ist, unter seinen Studenten am Ende eine Rangfolge zu ermitteln und eine entsprechende Liste aufzustellen (!). Wenn unter solchen Umständen noch Erfahrungen menschlicher Solidarität zustande kommen, dann kann dies im Grunde genommen als ein kleines Wunder angesehen werden. Letztendlich ist es bezeichnend, dass in Frankreich die Studienzeit den Menschen häufig nicht in derart positiver Erinnerung ist wie in vielen anderen Ländern.

Frankreich hat die allgemeine Emanzipation des Menschen mit der großen Revolution 1789 vielleicht am radikalsten durchgeführt. Die französische Gesellschaft hat indessen auch den Verfall des Sozialkontakts, den man erst spät bemerkt und um den man sich kaum ernsthaft und zielgerecht gekümmert hat, sehr stark erlitten. Im Zuge dieses Verfalls kam es in Übereinstimmung mit den von Emile Durkheim aufgedeckten Zusammenhängen in vielen westeuropäischen Staaten zu erheblichen Zunahmen der Selbstmordraten. Während nun in Preußen diese Rate zwischen 1836 und 1890 bereits um horrende 140 Prozent zulegte, ergab sich in Frankreich sogar ein Anstieg um 355 Prozent.[173]

Exzessiver Individualismus kann sich im Übrigen auch im Wirtschaftsleben durch menschliche Kontakt- und Kooperationsschwierigkeiten negativ auswirken. Genau dies wurde in Frankreich stellenweise schon deutlich bemerkt. So stellt die oft massive Betonung von Teamarbeit in den dortigen privaten »écoles de commerce« (Wirtschaftshochschulen), welche mitunter Priorität selbst über eine einzelfallgerechte Benotung genießt, eine Gegenmaßnahme zum herrschenden Individualismus dar. Und die Absolventen dieser Institute sind denn auch begehrt in der Wirtschaft, obwohl sie im Gegensatz zu den Abgängern der »grandes écoles« nicht unbedingt zur intellektuellen Elite gehören.

Schließlich sei noch erwähnt, dass in Frankreich bereits eine interessante Bewegung für stärkeren Sozialkontakt am Wohnort entstanden ist – die »repas de quartier«. Dabei handelt es sich um »Nachbarschaftsessen«, bei denen die Bewohner eines Viertels oder eines größeren Gebäudes ein gemeinsames Essen und Fest veranstalten, manchmal unterstützt von Kommunen und Vereinen, um sich kennenzulernen, auszutauschen, Vorurteile abzubauen sowie einfach zu feiern. Und zumindest von dort, wo diese »repas de quartier« so angelegt werden, dass sie nicht in die sonst vorherrschende Anonymität ausarten, wird berichtet, dass sie auf Begeisterung bei den Teilnehmern stoßen und als wirkliche Bereicherung empfunden werden.[174]

In Spanien hingegen ist zumindest derzeit exzessiver Individualismus noch weniger weit verbreitet als in Westeuropa im Allgemeinen. Hierzu sollen ebenfalls kurz einige relevante Auffälligkeiten herausgestellt werden. Es wäre allerdings irrig zu erwarten, man könnte diese als Tourist in den entsprechenden Urlaubszielen antreffen, denn dort herrschen in Spanien wie überall sonst auch besondere Umstände. Davon abgesehen sind viele Spanier sozialer geprägt und unternehmen im Alltag häufiger Dinge gemeinsam mit Freunden oder Kollegen – und es ist bezeichnend, wie man so erstens relativ schnell andere Menschen näher kennenlernt, wenn man einmal dort mit jemandem befreundet ist, der eben diese Prägung aufweist, und wie zweitens zahlreiche Freizeitbeschäftigungen in Gemeinschaft einfach erfreulicher sind als in mehr oder minder großer Vereinzelung. In einer mittleren spanischen Großstadt ist es normal – was z. B. in Frankreich schon oft nicht mehr der Fall ist –, dass sich selbst in einem größeren Wohnblock alle Leute grüßen. Menschen fast jeden Alters treffen sich dort zunächst in den zahlreichen Cafés und Bars der Nachbarschaft, anstatt gleich einen »Party-Tourismus« in das neueste »In-Lokal« zu veranstalten, wo man dann kaum jemanden kennt. »Spanien hat, gemessen an der Bevölkerung, zumindest in Europa [...] die höchste Dichte an Bars (was auf weiche Formen der Soziabilität deutet), jedoch nicht an Alkoholismus (der letztlich auf eine Form von Isolation hinweist).«[175] Auch familiäre Beziehungen sind in Spanien stärker lebendig – und zwar über die Kleinfamilie hinaus, denn große kinderreiche Familien sind dort so selten wie überall in Westeuropa. »Die Spanier bleiben mit anderen Mitgliedern der erweiterten Familie in engem Kontakt. 1993 erklärten 64 Prozent der Erwachsenenbevölkerung, mit ihren Verwandten jeden Tag oder mindestens einmal pro Woche Kontakt zu haben, aber auch mit ihren Nachbarn (74 Prozent) und mit Freunden, die nicht Arbeitskollegen waren (75 Prozent).«[176]

Unter jungen Menschen scheint dieses intaktere Sozialleben insbesondere zu einer geringeren Desorientierung und stärkeren Lebensfreude als der in anderen Industrieländern herrschenden beigetragen zu haben (trotz der für junge Spanier sehr schwierigen Arbeitsmarktsituation, die noch problematischer als in Deutschland ist). So gibt es in Spanien weniger Lebensstil-Moden, die an Selbstverstümmelung grenzen, wie Punks, Gruftis, usw., und es sind dort weder auf sinnlos übertriebene Weise gestylte noch sich stark vernachlässigende junge Menschen in größerer Anzahl anzutreffen. Auch Magersucht tritt deutlich weniger auf als in Frankreich, und Übergewichtigkeit ist bei Weitem nicht so verbreitet wie in Großbritannien oder Deutschland. Die Häufigkeit psychischer Erkrankungen bei jungen Menschen im Alter von 18 bis 24 Jahren, die in Frankreich und Deutschland erheblich über der entsprechenden Häufigkeit in der Gesamtbevölkerung liegt, befindet sich in Spanien darunter. Überhaupt kommen psychische Erkrankungen und Selbstmorde in der spanischen Bevölkerung wesentlich seltener als in Frankreich oder Deutschland vor. Spanien weist laut einer Untersuchung der Europäischen Union in zehn westeuropäischen Mitgliedsstaaten den höchsten Wert für positive seelische Gesundheit auf, im Sinne von Wohlbefinden und psychischer Stabilität beim Auftreten von Problemen.[177]

Im Übrigen ist es allein schon auffallend, und dies dürfte auch einem Touristen nicht entgehen, dass die aktuelle Musik in Spanien bereits auf den ersten Blick erkennbar mehr Lebensfreude ausdrückt als diejenige in Großbritannien, Frankreich oder Deutschland. (Ein großer Teil der im Radio gespielten Musik ist überall in Westeuropa identisch, der Rest unterscheidet sich aber nach wie vor deutlich von Land zu Land.)

Der Unterschied zwischen dem Niveau an Sozialleben in Spanien und dem westeuropäischen Durchschnitt ist wohl nur ein gradueller – dennoch können Auswirkungen dieses Unterschieds interessant und aufschlussreich sein. In Spanien hat der Sozialkontakt der Bevölkerung nicht im selben Ausmaß gelitten wie in Frankreich in den letzten Jahrhunderten: Es scheint dort so zu sein, dass einige historische Faktoren, die in den meisten westlichen Industrieländern am Verfall des sozialen Lebens erheblichen Anteil hatten, weniger stark wirkten, und dass etwas mehr Lebenskultur erhalten und lebendig blieb. (Auf diese Faktoren und auf Lebenskultur wird in Teil II des Buches näher eingegangen.)

Therapien fürs Privatleben
Die USA

»Folgende Wahrheiten erachten wir als selbstverständlich: dass alle Menschen gleich geschaffen sind; dass sie von ihrem Schöpfer mit gewissen unveräußerlichen Rechten ausgestattet sind; dass dazu Leben, Freiheit und das Streben nach Glück *gehören.«*
Unabhängigkeitserklärung der USA

Der extremste Individualismus innerhalb der westlichen Industrienationen herrscht gemäß verschiedenen Untersuchungen und Maßstäben in den USA.[178] Davon soll hier *kein Gesamtbild* entworfen werden, einmal abgesehen davon, dass die USA riesig und nicht homogen sind. Es liegen jedoch umfangreiche, von amerikanischen Wissenschaftlern sowie Autoren gesammelte und aufbereitete Daten und Beobachtungen zum Sozialleben sowie zur Lebensweise der Menschen in den Vereinigten Staaten vor. In diesem Kapitel werden einige, nicht allgemein bekannte Facetten amerikanischen Alltags dargestellt, die für die hier betrachteten Zusammenhänge relevant sind.

»I went into a bar, looking for sympathy, a little company – I tried to find a friend; it's more easily said, it's always been the same. This type of modern life – is not for me? This type of modern life – is not for free?«
Madonna

Damit keine Missverständnisse aufkommen: Es ist weithin bekannt, dass viele Amerikaner auf ihre extravertierte Weise auch zu Menschen, die nicht ihrem Freundeskreis angehören und die sie noch nicht kennen, gegebenenfalls einen schnellen und unkomplizierten Kontakt herstellen, also z. B. mit Fremden ein Gespräch aufnehmen. Dies ist gewiss nicht negativ zu werten, wenn man davon absieht, dass Kontakte hierbei mitunter umso distanzierter und oberflächlicher bleiben.[179] Es besagt allerdings noch gar nichts über die alltägliche Lebensweise. Aus dieser Art von Offenheit kann nicht auf einen guten Sozialkontakt geschlossen werden, genauso wenig, wie extravertierte Menschen generell als soziabel einzustufen sind oder Extraversion an sich in irgendeiner Weise vor übermäßigem Individualismus schützen würde.

Außerdem müssen wir uns bei fast jedem Satz, mit dem wir gewisse Zustände in den USA kritisch betrachten, fragen, ob nicht ähnliche Entwicklungen auch bei uns begonnen haben – und ob nicht einige der bestehenden Unterschiede (wenngleich sicher nicht alle), welche gerne hervorgehoben werden, eher oberflächlicher Natur sind.

In den USA wurden Untersuchungen durchgeführt, in denen mit enormem Aufwand ganze Tage (einschließlich des Wochenendes) einer statistisch repräsentativen Vielzahl von Amerikanern im Alter von 18 bis 64 Jahren genau protokolliert wurden, um zu ermitteln, worauf die Bürger ihre Zeit im Durchschnitt verwenden.[180] Die Ergebnisse vermitteln ein erstes deutliches Bild. Die »Aktivität«, mit der – in der Rangfolge der zeitlichen Dauer – nach der Arbeit am meisten Zeit verbracht wird, ist das Fernsehen. Dabei ist die Zeit, in der der Fernseher zwar lief, jedoch neben dem Fernsehen etwas anderes getan wurde, *nicht* mitgezählt. Mit weitem Abstand folgen an zweiter Stelle Essen, an dritter Waschen und Körperpflege, an vierter Kochen und erst an fünfter Stelle die einzige etwas umfangreichere Aktivität, die Sozialleben darstellt, nämlich Besuche von Familie, Nachbarn oder Freunden, und zwar mit einer zeitlichen Dauer, die kaum größer ist als diejenige, die allein schon auf das Putzen des Hauses bzw. der Wohnung verwendet wird. Seit Mitte der 70er-Jahre wurden in den USA Rückgänge des Soziallebens um durchschnittlich 40 Prozent bis 60 Prozent festgestellt, über nahezu alle Teile der Gesellschaft hinweg. Nebenbei bemerkt unterlag parallel dazu selbst die Anzahl der Bars und Kneipen pro Kopf einer massiven Schrumpfung.

Diesem Lebenswandel liegt unter der Woche ein typischer Alltag zugrunde, der aus dem Weg zur Arbeit, der Arbeit selbst und nach der Heimfahrt am Abend vorwiegend aus Fernsehen besteht. Die häufigste Art und Weise, einen Abend unter der Woche außer Haus zu verbringen, ist in den USA das Shopping, und Shopping ist dort inzwischen selbst für junge Menschen eine übliche Aktivität, um den Freitag- oder Samstagabend auszufüllen, wenn nicht gleich das ganze Wochenende – mit dem Ergebnis, dass Amerikaner im Durchschnitt drei- oder viermal so viel Zeit mit Shopping verbringen wie Westeuropäer. Als in New York in den 80er-Jahren einmal eine Kombination aus Museum und Einkaufszentrum eröffnet wurde, erklärte der dortige Direktor allen Ernstes, die »kulturelle« Hauptaktivität der Amerikaner sei das Shopping.[181]

US-Amerikaner schätzen in Umfragen, dass ihnen nach Arbeit, Haushalt und diversen Erledigungen noch durchschnittlich 16,5 Stunden pro Woche an freier Zeit bleiben.[182] Dies stellt eine massive Unterschätzung dar, denn die vorher angeführten genaueren Untersuchungen ergeben, dass die freie Zeit in Wirklichkeit mehr als den doppelten Umfang aufweist. Die Amerikaner selbst geben an, in Widerspruch zu ihren Aussagen zur freien Zeit, dass sie pro Woche 21 Stunden vor dem Fernseher verbringen – was die untersuchenden Wissenschaftler zu folgender Feststellung veranlasst hat: »Irgendwie scheint die mit Fernsehen verbrachte Zeit keine Aktivität darzustellen, die Umfrageteilnehmer einbeziehen, wenn sie schätzen, wie viel freie Zeit sie haben.«[183] Angesichts des Ausmaßes dieses Fernsehkonsums muss es jedoch nicht verwundern, wenn die Amerikaner die entsprechende Zeit unbewusst eher als »herumgebrachte« denn als freie Zeit betrachten würden. Wie erwähnt sagen sie ja selbst, dass sie das Fernsehen weniger genießen als die meisten anderen Freizeitaktivitäten und dass es das Erste wäre, was sie aufgeben würden, wenn sie mehr Zeit bräuchten. Auch die Tatsache, dass sich selbst Zuschauer von Nachrichtensendungen nach dem Fernsehen in 70 Prozent der Fälle an »nichts oder fast nichts« erinnern können, passt auf gewisse Weise zu dieser Art von Fernsehkonsum.[184] Dennoch verbringen die Amerikaner im Durchschnitt mehr als die Hälfte ihrer tatsächlichen Freizeit vor dem Fernseher, und es wird sogar von gutbürgerlichen Familien berichtet, die sich am Freitag fünf oder sechs Videos ausleihen und damit das Wochenende zubringen.

In den USA herrscht wohl eine sehr weitgehende Beschränkung des Lebens auf Arbeit, individualistischen Konsum und – als Lückenfüller für die verbleibende Zeit – das Fernsehen. Es stellt sich die Frage, wie viel Zeit dort momentan noch der Geselligkeit und Aktivitäten der Lebensfreude gewidmet wird, und es scheint einen ausgeprägten Mangel an einer Lebenskultur zu geben, die menschlichen Anlagen und Bedürfnissen umfassend entsprechen würde. Eine US-Wissenschaftlerin merkt selbst an, *dass ein wirklich bereicherndes Erleben von Freizeit auch Fähigkeiten erfordert, die kultiviert werden müssen, und dass genau diese Fähigkeiten bei vielen Amerikanern aufgrund ihrer einseitigen Lebensführung verkümmert sind – wenn sie sich überhaupt jemals entwickelt haben.*[185]

Ein US-Schriftsteller meint sogar, seine Landsleute hätten ein Problem mit Freizeit, und ein Wissenschaftler schreibt allen Ernstes, Therapien zu machen wäre ein zunehmend wichtiger Weg der Amerikaner, ihrem Privatleben Sinn zu geben.[186] In etlichen Büchern entsteht der Eindruck, dass selbst gesellschaftskritische US-Autoren mitunter gar keine Ahnung mehr haben, wo wirkliches Sozialleben und menschlicher Kontakt, geschweige denn Lebensfreude, eigentlich herkommen könnten. Außerdem wird über Geburtstagsfeiern berichtet, die den Eindruck erwecken, der Geburtstag würde »erledigt«, anstatt als Anlass für eine Feier genommen zu werden. Statistiken zu diesem Thema ergeben, dass in den Vereinigten Staaten in der Breite überhaupt nur noch wenig gefeiert wird. Bisweilen wundern sich die Amerikaner, wenn sie erfahren, dass inzwischen deutlich über 50 Prozent ihrer Teenager zumindest Teilzeit arbeiten oder, wie in New Hampshire festgestellt wurde, dass 85 Prozent der Zehnt-, Elft- und Zwölftklässler arbeiten, und 45 Prozent sogar mehr als 20 Stunden pro Woche, vor allem um sich allerhand Konsum zu leisten. Die meisten US-Bürger meinen bereits, dass ihre Kinder zu materialistisch sind.[187] Die amerikanische Jugend übernimmt dabei jedoch genau das einseitige Lebensmodell, das ihr von den Erwachsenen vorgelebt wird und eben vorwiegend aus Arbeit, Konsum und dem Lückenfüller Fernsehen besteht. *Sie ist nichts anderes als das Spiegelbild ihrer Eltern.* Und der eigentliche Grund, dass Amerikaner im

Durchschnitt drei- oder viermal so viel Freizeit mit Shopping verbringen wie Westeuropäer, liegt nicht darin, dass es bei diesem zeitlichen Umfang noch so viel Spaß macht – er ist vielmehr in den USA selbst schon erahnt worden: »Sowohl Kinder als auch Erwachsene betrachten ein Einkaufszentrum mittlerweile als eine gottgegebene Waffe im Kampf gegen die Langeweile.«[188]

Besonders stark geht die einseitige Lebensweise auch zu Lasten der Frauen. Nicht untypisch ist offenbar der folgende berichtete Fall: Eine Frau war nach der Geburt des ersten Kindes einige Zeit zu Hause, wo sie sich mit dem Wegfall des Sozialkontakts an ihrer ehemaligen Arbeitsstelle ausgesprochen einsam mit ihrem Kind wiederfand. Angesichts des Mangels an Sozialleben außerhalb der Arbeit in den USA sah sie keine Möglichkeiten, dieser Einsamkeit zu entfliehen. Infolgedessen entwickelte sie Depressionen, welche sich noch dadurch verschärften, dass sie als gebildete Frau wusste, wie wichtig intensive emotionale Zuwendung für ihr Kind wäre, die sie jedoch aus ihrer eigenen problematischen Situation heraus nicht erbringen konnte. Zudem zog sich schließlich ihr Mann immer mehr in die Arbeit zurück, da er ihren Depressionen letztlich hilflos gegenüber stand.[189]

Angesichts solcher Zustände ist es kein Wunder, wenn die Amerikanerinnen teilweise bereits im zweiten Monat und großteils im dritten Monat nach der Geburt eines Kindes wieder eine Arbeit aufnehmen. Allerdings geraten sie dann oft allein schon zeitlich gesehen in eine Lage der Überbelastung, bei der von ihrer eigenen Lebensentfaltung gar nicht mehr zu reden ist. Und eine *derartig* frühe Rückkehr ins Berufsleben führt nicht selten ebenfalls zu Symptomen von Depression.[190] Es ist im Übrigen zu vermuten, dass diese von Grund auf problematischen Verhältnisse in Zusammenhang stehen mit der für die USA – und auch zahlreiche andere Industrienationen – charakteristischen Tatsache, dass Frauen deutlich stärker von Depressionen betroffen sind als Männer. Denn außerhalb der Industrieländer treten Depressionen im Durchschnitt bei Frauen nicht häufiger auf als bei Männern, sie weisen also ganz offensichtlich keine naturgemäß höhere Anfälligkeit hierfür auf.[191]

Die Konsequenzen einer solchen Gesamtsituation bleiben nicht aus. Letztlich werden in den USA viele Kinder vernachlässigt und auch allein gelassen. Neuerdings dient offenkundig die Erfindung der sogenannten »Qualitätszeit« – die Idee, kurze Zeit auf intensive Weise den Kindern zu widmen – als Ausrede dafür, wie Amitai Etzioni anmerkt, dass insgesamt nur noch eine geringe Zeitdauer mit den Kindern verbracht wird.[192] Diese Zeitdauer hat seit 1965 um mehr als 40 Prozent abgenommen – was umso eklatanter ist, als in den USA oftmals schon gemeinsames Fernsehen als »Zeit mit den Kindern verbringen« gilt. Bei der Betrachtung von Indikatoren für das Wohlergehen von amerikanischen Kindern in den letzten 30 Jahren stellt man fest, dass diese gegenwärtig auf dem niedrigsten jemals erreichten Stand sind.[193]

> »Der gegenwärtige Zustand von Kindern und Familien in den Vereinigten Staaten stellt das größte inländische Problem dar, dem unsere Nation seit der Gründung der Republik gegenübergestanden ist. Er unterminiert unsere grundlegendsten Wurzeln.«
> Hillary Clinton

Selbst innerhalb der Kleinfamilie stellt sich in den USA die Frage, wie individualistisch die Zustände schon geworden sind, wenn nicht einmal die Abendmahlzeit mehr zusammen eingenommen, sondern z. B. »mit einem Laptop als bevorzugte Gesellschaft« gegessen wird;[194] wenn jedes Familienmitglied unbedingt einen eigenen Fernseher, ein eigenes Telefon, einen eigenen Computer und sofern möglich ein eigenes Auto braucht; wenn Paare im Durchschnitt nur noch 12 Minuten pro Tag miteinander reden.[195] Es ist nicht an sich schlecht, dass jeder gewisse Dinge für sich selbst besitzt. Wenn es jedoch in dieser Situation keine Kultur gemeinschaftlichen Lebens gibt, dann kann sich sehr schnell ein sozial mangelhafter Zustand einstellen. Der US-Autor und Soziologe Philip E. Slater hat nicht umsonst darauf hingewiesen, dass hier mehr und mehr individualistische Privatsphäre geschaffen wird und die Menschen sich dann zunehmend einsam und einander entfremdet wiederfinden.[196] In amerikanischen »sitcoms« wird genau deswegen ständig das Gelächter eines fiktiven Publikums in die Tonübertragung eingeblendet, damit die Zuschauer nicht das Gefühl haben, ganz allein vor dem Fernseher zu sitzen – wie es in der Realität wohl doch meist der Fall ist.

Jugendliche finden nun angesichts der einseitigen und individualistischen Lebensweise der Erwachsenen weder Vorbilder noch einen vernünftigen Rahmen für ihr Sozialleben und für viele ihrer zwischenmenschlichen Bedürfnisse. Manche besonders auffällige Konsequenzen dieser Orientierungslosigkeit sind bekannt, wie z. B. Berichte von Jugendlichen, die Alkohol einkaufen und dann mit Autos irgendwohin fahren, um sich – auf die denkbar unkultivierteste und unerfreulichste Weise – zu betrinken. Gemäß einer Untersuchung unter Jugendlichen in den USA geben indessen tatsächlich 51 Prozent zu, dass Langeweile für sie ein gravierendes Problem ist, 54 Prozent sagen aus, dass sie sich häufig einsam fühlen, und 25 Prozent geben sogar an, dass sie nahezu überhaupt keine Zeit mit Freunden verbringen.[197] Hierin liegt auch letztlich der Grund dafür, dass viele von ihnen dann früh beginnen, einseitig für Arbeit und Konsum zu leben – sie sehen eben außerhalb dieser Bereiche in ihrer Gesellschaft kaum Lebensinhalt, und aus dem »Nichts« können sie solchen nicht erlernen.

Unterbrochen wird diese defizitäre Lebensweise wahrscheinlich des Öfteren in den »High-School«-Jahren ab dem 12. bzw. 14. Lebensjahr, wenn zahlreiche gemeinsame Freizeitaktivitäten an der Schule stattfinden. Eine weitere, noch deutlich tiefer gehende Unterbrechung stellen außerdem Jahre dar, die an College und Universität verbracht werden, wo gemeinsames Wohnen auf dem Campus einen starken Bezugspunkt für die Entstehung von Sozialleben abgibt. Es ist bezeichnend, dass diese wenigen Jahre in etlichen Fällen zu einem intensiven Wachstum der Persönlichkeit führen, von dem ein Leben lang gezehrt wird – und dass sie vielen Amerikanern trotz finanzieller Knappheit in besonders guter Erinnerung sind. Allerdings kommt es in den USA mittlerweile auch schon vor, dass Kinder anstatt in der Schule allein am Computer über das Internet lernen. Diese Kinder laufen Gefahr, später massive Schwierigkeiten dabei zu haben, sich in Gemeinschaften und soziales Leben einzugliedern. Mit ihnen wird die bereits jetzt hohe Anzahl an sozial extrem problematischen Kindern und Jugendlichen weiter zunehmen.

Aus vielen Filmen bekannt ist die »legendäre Langweiligkeit«[198] der typischen Kleinstadt des amerikanischen Mittleren Westens. Nicht nur von dort, sondern gerade auch aus den zahlreichen endlos sich erstreckenden Vorstädten, den »suburbs« – dem inzwischen wichtigsten Wohnort-Typ der USA –, wird indessen berichtet: »In unseren Städten gibt es kein nettes Café um die Ecke. Auch keine Bowlingbahn oder Kneipe, wo sie sich mit Nachbarn treffen könnten«[199] – und von Parks, öffentlichen Plätzen oder Ähnlichem ist gar nicht mehr die Rede. In diesen Vorstädten wurde nun festgestellt, dass dort besonders viele Kinder kaum noch mit anderen Kindern spielen, sondern ihre Zeit vor dem Fernseher verbringen, oftmals 40 Stunden pro Woche. »Spielende Kinder auf den Straßen sind heute so selten geworden wie ein zum Aussterben verurteilter Singvogel.«[200] Des Weiteren wurde sogar herausgefunden, *dass sich unter diesen Kindern außergewöhnlich wenige zu Talenten entwickeln, die in ihrem späteren Leben Überdurchschnittliches leisten* (im Vergleich zu Kindern, die in anderen Typen von Wohnorten aufwuchsen). Im Grunde ist ein solches Ergebnis jedoch nicht verwunderlich, angesichts des Mangels an Stimulation und zwischenmenschlicher Anregung während einer derartigen Kindheit: Die Kinder »sind einer kulturellen Armut ausgesetzt, die der eines beliebigen Slum-Kindes mit einem Fernsehgerät gleichkommt«.[201] In ihrem derzeitigen Zustand dürften diese sich endlos erstreckenden Vorstädte, in denen es weder ländliche Gemeinschaft noch städtische Lebensvielfalt gibt, zu den kulturlosesten menschlichen Agglomerationsformen überhaupt gehören.

Die Amerikaner mit ihrer oft optimistischen – was nicht heißt fröhlichen – Grundstimmung haben es im Allgemeinen und zu Recht nie aufgegeben, eine bessere Zukunft anzustreben. Die von ihnen gewählten Wege waren jedoch häufig genauso individualistisch wie die Ausgangslage, die sie verbessern wollten: »Die Popularisierung psychiatrischer Denkweisen, die Verbreitung der ›Neuen Bewusstwerdungsbewegung‹, der Traum vom Ruhm [...] haben eins gemeinsam: eine ungewöhnlich starke Beschäftigung mit dem Ich.«[202]

Allerdings sind in den USA auch erste klare Bewegungen gegen die exzessiv individualistischen Zustände entstanden, z. B. der Kommunitarismus. Dessen Vertreter, insbesondere der hier mehrmals zitierte Amitai Etzioni, haben einen guten Teil der Zusammenhänge zwischen diesen Zuständen und den bisher geschilderten Problemen erkannt (wenngleich sie sich oft lieber mit philosophischen, politischen oder moralischen Fragen als dem realen Leben der Menschen beschäftigen). Obschon der soziale Instinkt der Menschen in den USA relativ wenig Gelegenheit besitzt, sich zu äußern sowie zu entfalten, und mitunter richtiggehend unterdrückt zu sein scheint – in weiten Teilen ist er in der Form von Hilfsbereitschaft im direkten Kontakt zu den Mitmenschen und von Solidarität in Notsituationen noch deutlich ausgeprägt (bei Stromausfällen, Naturkatastrophen, usw.). Manchmal werden Notlagen im Nachhinein sogar als bereichernd empfunden, weil sie zu einem Ausmaß an Mitmenschlichkeit geführt haben, wie es sonst kaum mehr existiert.

In den USA dürfte gegenwärtig der am weitesten gehende Verfallszustand des Soziallebens innerhalb der westlichen Industrienationen herrschen. Es ist wahrscheinlich, dass der Mangel an »Institutionen« von lebensfroher Geselligkeit und Gemeinschaft dort besonders ausgeprägt ist, und dass gewisse, für den Verfall verantwortliche Faktoren überaus stark gewirkt haben bzw. noch wirken.[203] Philip E. Slater hat darauf hingewiesen, dass im amerikanischen Alltag das Bedürfnis nach menschlicher Gemeinschaft über weite Strecken tief frustriert wird.[204] Der in den USA berechnete »Index für soziale Gesundheit« verschlechterte sich seit 1977 um 43 Prozent. In einer statistisch repräsentativen Umfrage schließlich bezeichneten sich 26 Prozent der Amerikaner selbst als »sehr einsam«.[205]

»Was einst ein philosophisches Problem war, von dem
hauptsächlich Dichter und Propheten sprachen, ist
nun ein fast permanenter Zustand für Millionen von
Amerikanern geworden. Keine Grenzen von Klasse,
Rasse oder Alter kennend, ist Einsamkeit heute
eine neue amerikanische Tradition.«
Suzanne Gordon

Viele gute Ideen sind mangels Schreibpapier für immer der Vergessenheit anheimgefallen. Damit Ihre Inspiration zum Thema »Hausgeräte« nicht das gleiche Schicksal ereilt, finden Sie hier ein »unbeschriebenes Blatt«.

_____

_____

_____

_____

_____

_____

_____

_____

_____

_____

_____

_____

Heute kein Problem mehr?
Sexualität und Partnerschaft

>*Unsere Kultur ist die am wenigsten taugliche,*
>*um einen Menschen auf die sexuelle Reife vorzu-*
>*bereiten, was nichts anderes heißt, als dass wir*
>*das Sex-besessenste Volk auf der Erde sind.«*
>Harry S. Sullivan

Trotz – oder gerade wegen – der im obigen Zitat angesprochenen Sex-Besessenheit stellt sich bei näherer Betrachtung die Frage, ob auch bei uns nicht zumindest in einigen Altersgruppen die Verwirklichung der Bedürfnisse nach Liebe und gelebter Sexualität weit unter ein Niveau gefallen ist, wie es der Entwicklung von Lebensfreude förderlich wäre. Weil die diesbezüglichen Sachverhalte in einigen Punkten Zusammenhänge zum exzessiven Individualismus sowie zu den Defiziten an Sozialkontakt und Lebenskultur aufweisen, wird ihnen hier ein eigenes Kapitel gewidmet. Damit soll allerdings nicht in Frage gestellt werden, dass Sexualität und Partnerschaft einen eigenständigen Komplex im menschlichen Leben bilden, der von vielen unterschiedlichen Faktoren beeinflusst wird, wie persönlichen Erfahrungen, der Erziehung, gesellschaftlichen Normen und Erwartungen, usw.

Aus den USA liegen Erhebungen vor, in denen detailliert die sexuelle Aktivität der Amerikaner untersucht wurde. Dies erfolgte unter Berücksichtigung der Tatsache, dass auf dem Gebiet der Sexualität die Menschen häufig keine oder falsche, d.h. über- bzw. untertriebene, Auskünfte geben, und unter Einbeziehung verschiedener Überprüfungsverfahren. So müssen z.B. logischerweise die Angaben der männlichen Bevölkerung zu heterosexueller Betätigung mit denen der weiblichen im Wesentlichen übereinstimmen. Dabei ergab sich, dass die sexuelle Aktivität der Erwachsenen im Alter von 18 bis 60 Jahren derart niedrig ist, dass es selbst die untersuchenden US-Wissenschaftler überraschte. Im Durchschnitt haben Amerikaner ein Mal pro Woche Geschlechtsverkehr und auf die gesamte sexuelle Aktivität, einschließlich anderer Formen als der des Verkehrs, wird eine halbe Stunde pro Woche verwendet. Diese Durchschnittswerte würden zudem noch geringer ausfallen, wenn nicht knapp 10 Prozent der Amerikaner in der betrachteten Altersgruppe noch vier Mal oder öfter pro Woche Geschlechtsverkehr hätten.[206]

Diese Ergebnisse könnten zwar mit der verbreiteten Prüderie in den USA zusammenhängen, und im Allgemeinen ist die Sexualität heute wohl nicht mehr *das* Problem, das sie im viktorianischen Zeitalter darstellte. Dennoch scheint sie aber auch bei uns und besonders in den Anfängen häufig noch sehr schwierig, drückend und problembehaftet zu sein. Der Psychologe Harry S. Sullivan weist darauf hin, wie zu Anfang dieses Kapitels zitiert, dass unsere Jugendlichen mit ihrer sexuellen Entwicklung in der Pubertät nahezu gänzlich sich selbst überlassen sind – eine Situation, an der die biologisch-wissenschaftliche Aufklärung in der Schule nichts ändert. Hingegen ist es auffallend beim Studium der Anthropologie, dass in vielen der gut untersuchten »primitiven« Kulturen in dieser Hinsicht für eine bessere Entwicklung gesorgt ist (jedoch bei Weitem nicht in allen).[207] Dabei spielt es allein schon eine Rolle, dass der Sozialkontakt von Jugendlichen sich nicht auf Gleichaltrige beschränkt, sondern sie auch guten Kontakt zu einigen altersmäßig nahestehenden Erwachsenen aufweisen, die als geeignete Gesprächspartner zur Verfügung stehen und relevante Kenntnisse übermitteln können. Des Weiteren gibt es mitunter soziale Gebräuche, die beim – bekanntermaßen nicht einfachen – Beginn von Beziehungen zwischen Frau und Mann Hilfestellung leisten und so übermäßige Missgeschicke vermeiden helfen.[208] Ferner kommt auf diese Weise der eventuell besonders schwierigen Situation beiderseitiger Unerfahrenheit offenbar kaum Bedeutung zu. In »primitiven« Kulturen scheint es normal zu sein, dass eine Phase von Liebesbeziehungen, die anfangs zu einer spielerischen Annäherung an Sexualität und zur Erfahrungsbildung für die Partnerwahl Gelegenheit gibt, dann auf natürliche Weise in einer festen Partnerwahl endet. Dies führt offenkundig in vielen Kulturen ganz überwiegend zu passenden Verbindungen sowie dazu, dass Scheidungen selten vorkommen, obwohl sie in einigen untersuchten Kulturen ohne Weiteres möglich sind.[209]

Resümierend und in einer starken Vereinfachung, die aber dennoch einen Kern an Wahrheit enthält, schreibt die Anthropologin Margaret Mead:»Vertrautheit mit der Sexualität, das Bewusstsein, dass eine Liebestechnik erforderlich ist, mit der man wie mit einer Kunst umgeht, haben eine Grundlage persönlicher Beziehungen geschaffen, auf der es keine neurotischen Symptome, keine Frigidität, keine Impotenz gibt«.[210] Vielfach ist Sexualität ein integraler Teil der Freude am Leben, und in zahlreichen Kulturen sind Vergewaltigungen sowie sexuelle Perversionen wie z. B. die Pädophilie völlig unbekannt.[211] Es gab allerdings nicht nur in »primitiven« Kulturen, sondern gerade auch in hoch entwickelten Gesellschaften oftmals eine Art Liebeskultur[212] – die aus der körperlichen Liebe ein intensives Erlebnis machen kann, so, wie aus dem Essen durch die Kochkultur ein Hochgenuss wird.

Wenngleich wir auf dem Gebiet der Sexualität vieler Verbote entledigt sind, ist es doch überaus fraglich, ob wir hier schon eine gewisse *Kultur* erworben haben. Die Therapeutin Claudia Haarmann und eine ihrer Klientinnen haben dies auf einfache und prägnante Weise ausgedrückt:»Ohne Tabu ist man nicht gleich freier. […] ›Du willst was anderes, aber du hast nicht gelernt, wie und was‹.«[213] Neben den angeführten Faktoren wie soziokultureller Hilfestellung, Übermittlung von Erfahrung und Verfügbarkeit von geeigneten Gesprächspartnern liegt in unserer Gesellschaft das Problem auch darin, dass in der Jugend bzw. den Anfängen mitunter zu wenig Liebesbeziehungen zustande kommen, in denen eine Annäherung an Sexualität, ein geduldiger Beginn und ein Lernprozess stattfinden. Nicht selten fehlt so die Gelegenheit, ein Grundvertrauen in die menschliche Natur und in die eigene geschlechtliche Identität sowie Attraktivität zu erwerben. Etliche Jugendliche werden aus Orientierungsmangel und »Not« in »One-Night-Stands« oder ungeeignete Beziehungen mit chaotischen und lieblosen Umständen getrieben – die leicht von Missgeschicken bis hin zu Frustrationen oder traumatischen Erfahrungen führen können und die weitere Persönlichkeitsbildung sowie das gesamte Geschlechterverhältnis belasten. Verschärft wird dies noch dadurch, dass die sexuelle Entwicklung mit anderen Persönlichkeitsfaktoren wie Selbstvertrauen, Identität, Selbstwertgefühl, Liebesfähigkeit, etc. eng verwoben ist; Faktoren, die sich manchmal schon in der Kindheit nicht gut entwickelt haben und nun weiter beeinträchtigt werden.

Ein insgesamt schwieriges oder kontraproduktives Geschlechterverhältnis und seine Folgen können diejenigen, die zudem noch keine Erfahrung haben, also besonders Jugendliche, regelrecht zur Verzweiflung treiben. Die meisten Menschen haben dies gründlich vergessen, da derartige Zustände so unangenehm sind, dass sie sofort verdrängt werden, wenn man ihnen einmal entronnen ist. Nach Aussagen von Psychologen – und zwar besonders auch solchen wie Harry S. Sullivan, die *nicht* der freudschen Schule angehören – bewirken diese Schwierigkeiten in unserer Gesellschaft jedoch in vielen Fällen eine gravierende Beeinträchtigung der persönlichen Entwicklung: »Eine Person beginnt die ›späte Adoleszenz‹, wenn sie entdeckt, welche sexuelle Aktivität ihr gefällt und wie sie sie in ihr Leben integrieren kann. Dies ist eine enorme Leistung für zahlreiche Menschen unseres Kulturkreises. Das Unvermögen, die ›späte Adoleszenz‹ zu bewältigen, ist in der Tat der letzte Schlag für sehr viele verkorkste, unzureichend entwickelte Persönlichkeiten.«[214]

Darüber hinaus ist es problematisch, dass die Phase, in der die gröbsten anfänglichen Schwierigkeiten im Verhältnis zwischen Frau und Mann überwunden sind und wirkliche Lernprozesse erfolgen in Richtung auf eine erfüllende Art und Weise, eine Partnerschaft zu leben, häufig erst sehr spät begonnen wird. Nicht selten geschieht dies so spät, dass den Betreffenden eine gewisse Unbeschwertheit und quasi spielerische Entwicklungsbereitschaft inzwischen fehlt, und das Zustandekommen sowie die Entwicklung von Beziehungen nicht nur durch exzessiven Individualismus behindert werden, sondern außerdem durch verdrängte Selbstzweifel, Ängste vor Enttäuschungen und vor der eigenen Unsicherheit, verfehlte Routinen, usw. Und die Entwicklungsdefizite im Hinblick darauf, auch die sexuell-erotische Seite einer Partnerschaft auf eine bereichernde Weise zu leben, dürften einen erheblichen Anteil daran haben, wenn es zu Zuständen wie in den USA kommt, wo in der Breite die Sexualität nur noch in geringem Ausmaß verwirklicht wird.

Ein stark ausgeprägter Mangel in der Befriedigung des sexuellen Bedürfnisses ist es schließlich, der oft zu der anfangs zitierten Sexbesessenheit führt. Wie von Abraham Maslow allgemein für die menschlichen Bedürfnisse festgestellt, gilt auch für die Sexualität das Folgende: Derjenige, dessen Bedürfnis in der Vergangenheit weitgehend befriedigt wurde, hält Frustrationen relativ problemlos aus. Derjenige hingegen, dessen Bedürfnis in hohem Maße unverwirklicht blieb, erträgt Zustände mangelnder Befriedigung nur schwer und entwickelt bisweilen neurotische Verhaltensweisen wie z. B. eine Besessenheit.[215]

In Zusammenhang mit der verbreiteten Sex-Obsession ist im Übrigen ein weiteres menschliches Bedürfnis unter die Räder geraten, nämlich das nach Körperkontakt. Denn bei uns wird häufig jeglicher Körperkontakt gemieden, um nur ja nicht sexuelle Regungen zu wecken. Körperkontakt ist jedoch ein eigenständiges Bedürfnis des Menschen. Dies ist bei Kleinkindern unumstritten, vielen Erwachsenen unter uns scheint es aber völlig fremd zu sein. Manchmal könnte man fast von einer Entfremdung vom eigenen Körper sprechen, wie es der Autor Philip E. Slater tut.[216] Unter natürlicheren Umständen kann Körperkontakt allerdings deutlich zu menschlichem Wohlbefinden beitragen, und in Kulturen, in denen kein derart zwiespältiges Verhältnis zur Sexualität wie in der unseren besteht, tut er dies offenbar auch regelmäßig.[217]

In unserer Gesellschaft haben sich die individualistischen Verhältnisse offensichtlich schon so ausgeweitet, dass sich Frau und Mann vielfach schwertun, überhaupt noch zusammenzufinden. Rekord-Single-Quoten besonders in den Großstädten sprechen Bände, und die Unzahl an Verkupplungsdiensten und -veranstaltungen kann an diesem Zustand nur wenig ändern. Eine der neueren Methoden, die hier versucht wird, ist wohl das Speed-Dating. Dabei wird eine größere Zahl von alleinstehenden Menschen von einer Agentur in einem Lokal zusammengeführt, und jede Frau darf mit jedem Mann etwa fünf Minuten sprechen. Am Ende muss jede Person entscheiden, welche der Gesprächspartner sie gerne treffen würde, bevor dann die Agentur bei gegenseitiger Übereinstimmung für einen Austausch der Telefonnummern sorgt. Die Vertreter des Speed-Dating argumentieren zwar nicht zu Unrecht, dass es stark auf den ersten Eindruck ankäme und deshalb fünf Minuten des Kennenlernens ausreichend wären. Sie lassen jedoch gänzlich unter den Tisch fallen, dass es eben vor allem darauf ankommt, *wie* dieser erste Eindruck ausfällt. Viele Menschen sind auf ihre Weise attraktiv, wenn sie sich wohlfühlen und vielleicht ein Lächeln auf dem Gesicht haben. So wurde auch schon wissenschaftlich festgestellt, dass gilt: *Fröhliche Menschen wirken anziehender,* und »wie sehr eine Person gemocht und respektiert wurde, hatte großen Einfluss darauf, ob man sie auch attraktiv fand«[218]. Dieselben Menschen erscheinen hingegen oft unattraktiv oder sogar abstoßend, wenn sie sich in einer befremdlichen Situation befinden, in der sie unnatürlich-angespannt sind und sich unwohlfühlen, was beim Speed-Dating in den meisten Fällen kaum zu vermeiden sein dürfte. Auf diese Weise kann der erste Eindruck durchaus das Gegenteil dessen bewirken, was eigentlich angestrebt war.

Hierin dürfte einer der Gründe dafür liegen, dass es an Orten in und vor allem außerhalb unserer Gesellschaft, wo Gelegenheit besteht, einen Lebenspartner im Rahmen eines intakten Soziallebens kennenzulernen, solche Single-Quoten kaum gibt. Denn dort kann man sich auf eine natürliche und nicht-anonyme Weise einander annähern, bei der die persönliche Attraktivität unbeeinträchtigt bleibt und ausgestrahlt wird – ganz im Gegensatz zu den kontraproduktiven Umständen diverser »Kennenlern-Veranstaltungen«, unter denen man sich fast nur noch auf übertriebene und einseitige Weise am Äußeren von Personen orientieren und kaum jemals auch nur ansatzweise verlieben kann.

Speed-Dating wird an seinem Entstehungsort New York mittlerweile auch einfach dazu benutzt, um sich mit möglichst vielen Personen zu einem Abendessen oder sonstigen Treffen zu verabreden.[219] Auch dann stellt sich jedoch die Frage, ob dies eine geeignete Art und Weise ist, um nicht nur Informationen übereinander auszutauschen, sondern sich eventuell näherzukommen und miteinander warm zu werden. Speed-Dating oder Ähnliches löst selbstverständlich nicht das Problem, dass es zwar oft durchaus Euphorie zu Beginn des Kennenlernens von Frau und Mann gibt, dass es aber mangels eines geeigneten Rahmens und entsprechender Lebenskultur nicht gelingt, den Prozess des Sich-näher-Kommens auf eine anregende Weise fortzusetzen. Nicht selten kommt es heute sogar zu einer vorschnellen, das Ergebnis vorwegnehmenden und andere Möglichkeiten ausschließenden Erwartung von Enttäuschung sowie zu einem Zurückweichen. Andere Beziehungen scheitern schließlich deswegen gleich wieder, weil die Betreffenden mit einem Partner überhaupt nur noch wenig anzufangen wissen und ihnen jegliche Erfahrung in einer bereichernden Form des Verhältnisses fehlt. Michel Houellebecq schreibt dazu auf seine trockene Weise:»So oder so sieht man sich heutzutage selbst dann kaum, wenn die Beziehung voll Enthusiasmus beginnt. Manchmal kommt es zu atemberaubenden Gesprächen über allgemeine Aspekte des Lebens […]. Natürlich tauscht man Telefonnummern aus, doch in der Regel ruft man sich selten an. Und selbst wenn man sich anruft und sich wiedersieht, nehmen Ernüchterung und Enttäuschung bald den Platz der ursprünglichen Begeisterung ein. Glauben Sie mir, ich weiß Bescheid; es gibt hier keine gangbaren Wege.«[220]

An dieser Stelle ist im Übrigen ein besonders offensichtlicher Grund dafür erkennbar, wieso in individualistischen Gesellschaften (allerdings nicht nur hier) die zu Anfang des Kapitels beschriebenen Probleme mit Sexualität gehäuft auftreten: Wenn nicht – auf wirklicher gegenseitiger Zuneigung beruhende – Beziehungen zustande kommen, und zwar zu einer Zeit, in der eine gewisse Lernbereitschaft besteht, dann fehlt schon die Grundlage für die Entwicklung einer bereichernden Art und Weise, Sexualität zu leben.

Dem Alleinleben ohne Partner liegt nur in einer kleineren Zahl von Fällen wirklich eine freie und bewusste Entscheidung zugrunde.[221] Bei Befragungen klagen Alleinlebende zwischen 30 und 60 Jahren mit einer fast vier Mal so hohen Wahrscheinlichkeit über mangelnde Geborgenheit wie Verheiratete, und teilweise wird der Feierabend mit Einsamkeit assoziiert. Entgegen vielen Gerüchten, die vorwiegend dem Wunschdenken und der Fantasie entspringen, führt ein Single-Dasein auch nur selten zu befriedigendem Sexualleben – dieses ist eben nicht durch »One-Night-Stands« erreichbar. »Der Kult, der mit den sexuellen Beziehungen getrieben wird, verschleiert nur die wachsende Verzweiflung darüber, wie man ihrer überhaupt noch habhaft werden kann.«[222]

In Untersuchungen hat sich herausgestellt, dass einer von verschiedenen Faktoren, die bei dem Phänomen der Singles eine Rolle spielen, der Mangel an sozial-zwischenmenschlichen Fähigkeiten ist, wie er eben in unserer Gesellschaft häufig vorkommt.[223] Des Weiteren ist nicht selten die von Unreife zeugende Einstellung anzutreffen, Liebe müsste ausschließlich durch die andere Person ausgelöst werden, ohne Beitrag der eigenen Liebesfähigkeit. Liebe ist jedoch »eine aktive Kraft im Menschen«[224]. Die Liebe, die dem Kind durch Eltern, Großeltern etc. mit auf den Weg gegeben wurde, muss sich im weiteren Leben zur Liebesfähigkeit gegenüber anderen Menschen entfalten und äußern können, um sich voll zu entwickeln – und zu regenerieren, durch positive Liebeserfahrungen, die selbst wiederum eine Quelle der Liebeskraft sind. Wenn hingegen die Umstände dem nicht förderlich sind und es an Möglichkeiten dazu mangelt, dann leidet diese Kraft des Menschen und somit auch die Grundlage für Partnerschaften zwischen Frau und Mann. Wo immer hier Ursache und Wirkung liegen mögen, es wurde festgestellt, dass die Liebesfähigkeit relativ einsamer Personen oftmals schwach ausgeprägt ist.[225] Überdies scheinen sich bei manchen Menschen, die schon lange alleinstehend sind, starke Vorstellungen eines »perfekten Partners«, der genau »so und so« sein soll, herauszubilden – und mitunter auch zynische, spöttisch-herabwürdigende Einstellungen gegenüber normalen Menschen. »Viele Menschen suchen nach einem Traumpartner, ein Anspruch, der nicht gerade tolerant macht und sich selten erfüllt.«[226] Obschon nicht völlig klar ist, wie es dazu kommt, so ist es doch offensichtlich, dass damit die Flexibilität abnimmt, sich auf einen realen anderen Menschen einzustellen. In den westlichen Industrieländern soll Schätzungen zufolge ein Drittel der Menschen dauerhaft ledig bleiben. (Weltweit ist dies nach wie vor bei weniger als 10 Prozent der Menschen der Fall.)[227]

Abgesehen von der Tatsache an sich, dass viele Menschen lange Zeit ihres Lebens ohne einen Partner verbringen, haben derartige Single-Quoten noch andere problematische Konsequenzen. Wegen der Erfahrung längeren Alleinlebens besteht nicht selten die Angst, einen einmal gefundenen Partner zu verlieren und dann niemanden mehr zu finden. (Es existieren Kulturen, in denen eine solche Idee als völlig absurd gelten würde, da es die bei uns waltenden Kontaktschwierigkeiten dort nicht gibt.)[228] Aufgrund dieser Angst werden dann auch ungeeignete Beziehungen, ja selbst traumatische oder solche, in denen Zustände »kalten Krieges« herrschen, aufrechterhalten. Teilweise verhindert die fehlende Erfahrung schon die Erkenntnis, dass eine Beziehung untauglich ist. In anderen Fällen wiederum werden vage, an Selbstbetrug grenzende Hoffnungen gehegt, dass sich eines Tages alle Probleme von selbst lösen würden, und manchmal wird gar eine falsche Persönlichkeit vorgespielt, bis mit der Heirat eine »Absicherung gegen Verlust« besteht. Der Soziologe Ulrich Beck drückt es auf überspitzte Weise aus: »Weniger das materielle Fundament und die Liebe, sondern die Angst vor dem Alleinsein hält Ehe und Familie zusammen. Was *jenseits* von ihr droht oder befürchtet wird, ist bei allen Krisen und Konflikten vielleicht das stabilste Fundament der Ehe: Einsamkeit.«[229] Und dies scheint keinesfalls am stärksten Ehen zu betreffen. Bei einer statistischen Untersuchung nichtehelicher Lebensgemeinschaften stellte sich heraus, dass nur bei jedem dritten Paar beide Partner übereinstimmend die Beziehung als gut empfinden (!).[230] In den USA wird ferner geschätzt, dass weniger als die Hälfte der Ehen, die nicht geschieden worden sind, zu einer gelungenen Partnerschaft geführt haben. Bei einer Scheidungsrate von fast 50 Prozent träfe dies somit nur noch auf ein Viertel aller geschlossenen Ehen zu.[231]

Um heutzutage nicht missverstanden zu werden, sei schließlich noch darauf hingewiesen, dass es eine beträchtliche Verarmung des Lebens darstellen würde, Sozialkontakt nur noch als Mittel der Partnersuche in einer bestimmten Lebensphase zu sehen. Ulrich Beck geht sogar so weit zu sagen, dass erst mit der Schwäche des Soziallebens die Menschen stark »in die Zweisamkeit, in die Suche nach dem Partnerglück *hineingetrieben* [werden]. Das Bedürfnis nach geteilter Innerlichkeit, wie es im Ideal der Ehe und Zweisamkeit ausgesprochen wird, ist kein Urbedürfnis. Es *wächst* mit den Verlusten, die die Individualisierung [...] beschert.« (Hierfür gibt es in der Tat empirische Belege.)[232] Oder noch deutlicher an anderer Stelle: »Mit der Ausdünnung der Traditionen wachsen die Verheißungen der Partnerschaft. Alles, was verlorengeht, wird unverhofft in dem anderen gesucht.«[233] Dem wäre nur noch hinzuzufügen, dass dieses Unterfangen zum Scheitern verurteilt ist. Auch eine wirklich gelungene Beziehung zwischen Frau und Mann erfordert Lebenskultur, und der Mangel daran kann somit nicht durch den Partner an sich ersetzt werden.

»Nebeneinander herfeiern«
Ein Kommentar zu Festen

Die weite Verbreitung exzessiven Individualismus sowie die mit ihm einhergehenden Schwierigkeiten beim zwischenmenschlichen Kontakt tragen wohl entscheidend dazu bei, dass bei uns viele »Feiern« in größerem, öffentlichem Rahmen, z. B. Partys in Diskotheken oder Bars, ausgesprochen anonym sind. Wenn sich in einer solchen – oft gänzlich bezugslosen – Ansammlung von Menschen kein Kontakt einstellt, wenn die Leute nur so »nebeneinander herfeiern«, dann ergibt sich schnell ein Zustand, wie er sogar Wissenschaftler bereits feststellen ließ, dass reine Massenansammlungen von Menschen sich negativ auf den Kontakt unter diesen Menschen auswirken können.[234] Unter derartigen Umständen legen dann einige ein gekünsteltes »Gute-Stimmung-Gehabe« an den Tag, während andere sich vor allem durch »Coolness« von der Masse abheben wollen. Die meisten möchten attraktiv wirken, mitunter durch perfektes Styling, und nur wenige tun es, da viele angespannt, verkrampft oder schlicht gelangweilt sind. Kaum noch redet man zur Einstimmung kurz in Ruhe miteinander, und wenn überhaupt getanzt wird, dann meist jeder allein vor sich hin – ein befremdender Zustand also, der bestenfalls für Narzissten ein Vergnügen ist. Häufig herrscht eine erhebliche unterschwellige Aggressivität, und viele Menschen gehen »aufgedreht«, aber unbefriedigt, wenn nicht überhaupt ermüdet oder stark betrunken, nach Hause. Solche Erfahrungen gehören womöglich zu den Gründen dafür, dass nicht wenige Menschen unter uns schon ein zwiespältiges, nahezu ablehnendes Verhältnis zum Thema des Feierns entwickelt haben.

Das Zentrum einer Feier ist eigentlich ein offener, sowohl von der natürlichen Neugierde auf andere Menschen als auch der Freude auf bekannte Gesichter geprägter sozialer Kontakt; ein Kontakt, in dem man sich kennenlernt, den Ernst des Lebens vorübergehend beiseitelässt, über Dinge auch mal lacht, miteinander warm wird und auf Basis von Lebenskultur eine schöne Zeit verbringt.²³⁵ Dieser Kontakt stellt sich unter soziablen Menschen, bei einigermaßen passenden Umständen, ziemlich schnell ein – wie es in weniger individualistischen Gesellschaften immer wieder beobachtet werden kann. Wenn sich hingegen der Kontakt unter den Menschen nicht ergibt, dann herrscht anstelle von Fröhlichkeit und Geselligkeit eben eine flaue oder angespannte Stimmung. Um dann die Zeit nicht völlig zu vergeuden, entwickeln etliche Leute eine utilitaristische Tendenz, d. h., es werden geschäftliche und berufliche Dinge beredet, zum x-ten Mal irgendwelche politischen Fragen diskutiert, oder es wird versucht, Sexualpartner für »One-Night-Stands« aufzureißen. Dass ein solches Klima zu einer Feier-Stimmung nichts beiträgt, liegt im Grunde auf der Hand. Außerdem besteht der Sinn eines Festes auch nicht darin, sich »zuzusaufen« oder immerzu allein vor sich hin »abzudancen«. Letzteres mag zwar eine Form von Sport oder Frustabbau sein, es stellt jedoch keine Feier dar. Es ist fast schon ein kleines Wunder, dass noch so viele Menschen an derartigen »Feiern« teilnehmen – ein Wunder, das allerdings auf den Mangel an Alternativen und die entsprechenden Lebensdefizite in unserer Gesellschaft hindeutet.

Eine bekannte Ausnahme von diesen mangelhaften Zuständen ist das Oktoberfest in München, wobei es natürlich bezeichnend ist, dass sein Erfolg durch den Alkoholeinfluss entscheidend mitbedingt ist. Das Bier taugt jedoch bei Weitem nicht als alleinige Erklärung, denn noch längst nicht jede Feier mit hohem Alkoholkonsum ist wirklich gut, ganz im Gegenteil (Alkohol kann eine Stimmung verstärken, jedoch nicht aus sich heraus eine bestimmte Stimmung erzeugen). Auf dem Oktoberfest kommt allerdings in den Bierzelten mit Hilfe der fröhlichen Musik gute Stimmung auf, und die Gruppierung der Menschen um Tische verhindert, dass sich eine unstrukturierte anonyme Menschenmasse ergibt. So kann sich ein Kontakt unter den Leuten einstellen, zuerst am Tisch und dann in der näheren Umgebung, und die Tatsache, dass dennoch – auf den Bänken – getanzt wird, erlaubt ein Ausleben der Fröhlichkeit und verhindert ein Erstarren. Die »Wies'n« ist und bleibt natürlich eine Ausnahme, da die Menschen meist stark angetrunken nach Hause gehen – aber doch immerhin nicht unzufrieden wie sonst oft, sondern mit dem Gefühl, wirklich gefeiert zu haben. Der andauernde große Erfolg des Oktoberfests beruht schließlich auf der fröhlichen Geselligkeit, die sich dort ergibt, und wegen der viele Menschen jedes Jahr wiederkommen. Unter exzessiven Individualisten scheint eine solche Kombination stark Kontakt fördernder Umstände wie auf der »Wies'n« notwendig zu sein, damit sich nicht nur zufällig ein gutes Fest ergibt. Unter soziablen Menschen ist Derartiges jedoch bei Weitem nicht die einzige Art und Weise, einmal eine echte Feier zu erleben.

> »*Ein Leben ohne Feste ist wie eine*
> *weite Reise ohne Gasthaus.*«
> Demokrit

Die zwischenmenschliche Wüste
Schlussbemerkungen

Insgesamt lässt sich feststellen, dass wir im Allgemeinen in nahezu jedem Bereich des Lebens – ob es um Wirtschaft und Konsum, Bildung und Information oder medizinische Versorgung geht – besser bedient sind als auf sozial-zwischenmenschlichem Gebiet. Dieses Problem gehört wohl zu den verkanntesten überhaupt. Wann immer in Frankreich oder Deutschland z. B. eine Umfrage nach den größten gesellschaftlichen Problemen gemacht wird, dann werden mit Ausnahme der Umweltverschmutzung fast nur wirtschaftliche und politische Themen angeführt. Auch vor über hundert Jahren im viktorianischen Zeitalter blieb es lange weitgehend unverstanden, dass die damalige Unterdrückung der Sexualität in der Mittelschicht zu pathologischen Zuständen führte und die Lebensfreude beeinträchtigte, trotz einer wirtschaftlich guten Situation in dieser Schicht. Heute scheint es so zu sein, dass die herrschenden Defizite im Sozialleben – wie in den vorhergehenden Kapiteln beschrieben – etliche problematische Konsequenzen nach sich ziehen und eine umfassende Verwirklichung menschlicher Anlagen und Bedürfnisse verhindern.

Mitunter gewinnt man den Eindruck, dass Menschen unter solchen Umständen ein Verhalten entwickeln, das dem von Aktienanlegern nach einem größeren Kursrückgang gleicht: Sie sind so damit beschäftigt, ihre Verluste zu begrenzen, dass sie sich gar nicht mehr darauf konzentrieren können, sinnvoll neu zu investieren und wieder Gewinne zu machen.[236] Besonders ab einem gewissen Alter nehmen viele Menschen, die an einem Mangel bei der Verwirklichung wichtiger Bedürfnisse leiden, eine ausgesprochene Defensiv-Haltung ein, in der sie unbewusst darauf fixiert sind, nur ja nicht irgendwo etwas zu verlieren, sei es auch noch so zweitrangig. Und sie entwickeln ein übertriebenes, beinahe krankhaftes Sicherheitsstreben sowie eine Angst vor jeglichen Veränderungen, anstatt durch eine bedürfnisgemäße Lebensführung mehr Freude am Leben und Souveränität zu gewinnen. Generell weisen eben gerade Menschen, bei denen essenzielle Bedürfnisse kaum befriedigt sind, eine hohe Empfindlichkeit gegen Frustrationen auf und reagieren manchmal selbst auf »Kleinigkeiten« mit übermäßigen Stimmungseintrübungen bis hin zu neurotischen Verhaltensweisen. Bereits Abraham Maslow hatte in diesem Zusammenhang festgestellt, dass in der westlichen Gesellschaft die fehlende Befriedigung von Bedürfnissen wie »Kontakt, Intimität, Zugehörigkeit« der »häufigste Kern der Fälle schlechter Anpassung und auch schwerer Pathologie« ist.[237]

Der sozial-zwischenmenschliche Mangelzustand stellt also zusammen mit unserer einseitigen Lebensweise – auf die erst in Teil II des Buchs näher eingegangen wird, da sie ebenso sehr Konsequenz wie Ursache von Problemen ist – eine der Hauptursachen für die weitverbreitete psychische Fragilität dar. Es gibt bei uns über alle Schichten hinweg viele Menschen, die ganz offensichtlich psychische Probleme haben, und noch mehr, die seelisch instabil sind und nur mit Mühe ein prekäres, permanent gefährdetes »Gleichgewicht« aufrechterhalten. Nach Daten der EU-Kommission sind 27 Prozent der EU-Bürger von einer psychischen Erkrankung betroffen. Vom deutschen Zentralinstitut für Seelische Gesundheit in Mannheim werden ähnlich hohe Schätzungen abgegeben über den Anteil »psychisch angeschlagen[er]« Menschen an der Bevölkerung.[238] In Großbritannien ergab sich in einer allgemeinen Erhebung der Regierung unter einer statistisch repräsentativen Anzahl von Haushalten, einem sogenannten »General Household Survey«, dass ein Drittel der Menschen psychisch bedenkliche Symptome aufweist. In einer anderen Untersuchung wurde ermittelt, dass allein schon der Anteil britischer Frauen, die klare Anzeichen von Depression zeigen, bei 20 Prozent liegt.[239]

Die Zahl der unter Depressionen leidenden deutschen Frauen und Männer beträgt mindestens vier Millionen. Depressionen gehen unter anderem mit Ess- oder Schlafstörungen sowie massiver Teilnahms- und Antriebslosigkeit einher und sind eine häufige Ursache von Selbstmord. Zwischen 10 Prozent und 15 Prozent aller Depressions*patienten* – die wahrscheinlich eine überdurchschnittlich schwer betroffene Gruppe von Depressiven darstellen – begehen Selbstmord, und dieser verursacht in Deutschland so viele Todesfälle wie Drogen und Verkehrsunfälle zusammengenommen.[240] In der Statistik sind zudem nur die »erfolgreichen« Suizide erfasst, die Zahl der Versuche liegt nach Schätzungen noch um ein Mehrfaches höher.

Eine weitere exzessiv individualistische Gesellschaft, die französische, weist heute den welthöchsten Pro-Kopf-Verbrauch an Psychopharmaka und Antidepressiva auf. Jeder dritte Franzose kennt in der eigenen Familie oder in seinem unmittelbaren Umfeld einen Fall von Depression,[241] und Selbstmord ist in Frankreich im Alter von 15 bis 35 Jahren die häufigste Todesursache. In den USA schließlich hat sich seit dem Zweiten Weltkrieg der Bevölkerungsanteil von Menschen mit einer klinischen Depression verzehnfacht. Offenbar werden dort schon seit Langem »mehr als die Hälfte aller Krankenhausbetten [...] von Patienten mit psychischen Störungen belegt«. Im selben Zeitraum ist unter Jugendlichen – die sich, wie in den vorhergehenden Kapiteln angesprochen, oftmals in einer besonders schwierigen Situation befinden – die Selbstmordrate auf das Zwölffache angestiegen.[242] Ferner wurde in Untersuchungen festgestellt, dass 33 Prozent der Amerikaner unter »anxiety disorders«, also Störungen in Form von Angstzuständen, leiden. Dies dürfte ebenfalls das Resultat einer seit Jahrzehnten anhaltenden Entwicklung sein; das Beruhigungsmittel Valium war bereits in den Jahren von 1969 bis 1982 das meistverkaufte Medikament in den USA. Auch hiervon sind jedoch nicht nur die USA betroffen. In Deutschland gelten über eine Million Menschen als richtiggehend abhängig von valium-artigen Psychopharmaka.[243]

Seit der verstärkten neurobiologischen Erforschung des menschlichen Gehirns wird manchmal das reduktionistische Argument angeführt, dass für psychische Erkrankungen wie Depressionen und Angstneurosen vorwiegend organische (oder genetische) Ursachen vorlägen. Solche Argumentationen sind jedoch nicht stichhaltig, da sie unterstellen, dass nur der organische Bereich sich auf den psychischen auswirken könne, und nicht berücksichtigen, dass es auch umgekehrte Wirkungen sowie Wechselwirkungen gibt – wenn nicht die Trennung zwischen »organisch« und »psychisch« überhaupt eine künstliche ist. Allgemein gilt:»Die Physiologie [die biochemisch-physikalischen Vorgänge in Lebewesen] wird durch die Lebenspraxis beeinflusst«, und der amerikanische Forscher Russel Fernald hat sogar darauf hingewiesen,»dass die Struktur des menschlichen Gehirns auch durch das Verhalten einer Person beeinflusst werden kann«.[244] Diese Beziehungen sind schwierig zu erforschen. Allerdings liegen mittlerweile einige wissenschaftliche Erkenntnisse vor. In der Infarktforschung wurde herausgefunden, dass »bei psychischen Belastungen offenbar minimale Entzündungsprozesse im Körper« ablaufen.[245] Eng mit der Psyche zusammen hängt auch das Funktionieren des Immunsystems, was zur Gründung eines ganzen Wissenschaftszweigs geführt hat, der Psychoneuroimmunologie. Ein weiterer relevanter Befund ist der, dass Menschen mit wenig Sozialkontakt geringere Mengen des natürlichen Antidepressivums Serotonin im Blut aufweisen. Ohnehin scheint die im Blut vorhandene Menge an Serotonin stark von der Lebensführung des Einzelnen beeinflusst zu werden. So merkt der Leiter der diesbezüglichen Untersuchungen an:»Die [Auswirkung der] Lebenspraxis ist genauso stark oder stärker als alles, was genetisch geerbt wird.«[246]

Bekannt sind negative Wechselwirkungen zwischen Psyche und Körper in Form bestimmter psychosomatischer Krankheiten, wie beispielsweise Schmerzstörungen ohne primär körperliche Ursachen, an welchen nach Schätzungen zweieinhalb Millionen Deutsche leiden.[247] Darüber hinaus soll jedoch nach ärztlichen Erfahrungswerten überhaupt jede zweite ernste Erkrankung psychisch verursacht sein, wie bereits erwähnt. In jedem Fall ergab sich bei breit angelegten Reihenuntersuchungen ein massiver Zusammenhang zwischen »psychosozialen Belastungsfaktoren« und zahlreichen, auch rein körperlich erscheinenden, Gesundheitsproblemen.[248]

Bei der Betrachtung derartiger statistischer Ergebnisse ist im Grunde nicht so sehr die meist starke Zunahme der festgestellten Erkrankungsfälle in den letzten Jahrzehnten entscheidend, die tatsächlich teilweise auf eine bessere Diagnose zurückzuführen sein könnte. Schwerwiegend ist allerdings das *überaus häufige Auftreten* von Depressionen, psychosomatischen

Krankheiten, neurotischen Ängsten und anderen Symptomen in unserer Gesellschaft. Zu Recht weist der Arzt und Psychiater Horst-Eberhard Richter darauf hin, *dass sich diese »in allen Statistiken registrierte« Häufung von psychischen Problemen »gewiss nicht durch eine nur zufällige Ballung individueller Schicksalsbelastungen« erklärt.*[249] Sie ist vielmehr ein Zeichen gravierenden Leidens an einer weitverbreiteten Lebensweise, die essenzielle menschliche Bedürfnisse ignoriert. Bereits der holländische Denker Baruch Spinoza erkannte hier den grundsätzlichen Zusammenhang. Für ihn ist psychische Gesundheit »eine Manifestation richtigen Lebens, psychische Krankheit hingegen ein Symptom der Unfähigkeit, in Einklang mit den Erfordernissen der menschlichen Natur zu leben«.[250]

In diesem Kontext ist auch interessant, was der stellvertretende Leiter der Drogenabteilung der europäischen Polizei Europol einmal gesagt hat: »Die meisten Leute, die am Wochenende Pillen [Ecstasy etc.] schlucken, sind ebenfalls ganz normal an ihrer Karriere arbeitende Menschen, die sich nach dem fünften Arbeitstag einmal ausleben wollen.«[251] Ähnlich wie die Abhängigkeit von Psychopharmaka oder anderen Medikamenten, gibt es die Drogensucht nicht nur bei Sozialfällen oder Angehörigen von Randgruppen, sondern auch bei Menschen, die ihren vielleicht »normalen«, aber letztlich unbefriedigenden Lebensstil eigentlich nicht mehr aushalten. Und mitunter ertragen sie ihn gerade deswegen kaum noch, weil es bei ihnen nicht zu einer Anpassung in Form einer charakterlichen Deformation, wie z. B. dem Narzissmus, gekommen ist. Auf etliche könnte das zutreffen, was Erich Fromm einmal geschrieben hat, nämlich dass sie Menschen mit einer starken Sehnsucht nach einem umfassenderen, weniger einseitigen Leben sind.[252]

Woher kommen nun aber diese »zwischenmenschliche Wüste«, das Defizit im Sozialleben und der damit Hand in Hand gehende exzessive Individualismus, die eine ausgewogene, intensive Verwirklichung unserer Bedürfnisse verhindern und letztlich überhaupt zu einem Mangel an Lebenskultur und -freude führen? Und wie kann dem begegnet werden?

Bei der Untersuchung dieser Entwicklungen und der Ermittlung ihrer Ursachen wollen wir uns im Folgenden nicht mit Oberflächlichkeiten wie »geschichtlichen Notwendigkeiten«, »gesellschaftlichen Trends« oder »zwangsläufigen Konsequenzen des Systems« aufhalten. Denn hierdurch werden die Phänomene und Zustände nur beschrieben und nicht wirklich erklärt. Wie sagte schon der Soziologe Werner Sombart: »So verschwommene Begriffe wie ›die Anforderung der Zeit‹ oder ›das volkswirtschaftliche Bedürfnis‹ sagen uns nichts, wenn wir nach den treibenden Kräften im sozialen Geschehen Ausschau halten. [...] Aber auch dort, wo von bestimmten objektiven Gegebenheiten offenbar Wirkungen ausgehen, müssen wir uns hüten, in ihnen ›treibende Kräfte‹ des Geschehens zu erblicken. So liebt man es, vornehmlich die Rechtsordnung, die Technik, die Bevölkerungsvermehrung [...] verantwortlich zu machen. Gewiß mit Recht [...], wenn man diese Umstände als notwendige Bedingungen des Geschehens ansieht. Sehr zu Unrecht, wenn man in ihnen irgend eine treibende, veranlassende, bestimmende Kraft glaubt feststellen zu können.« Denn »die eigentlich treibende Kraft [...] ist der lebendige Mensch mit seinen Strebungen, seinen Zielsetzungen, seinen Willensregungen; der lebendige Mensch mit seinen Gedanken und Leidenschaften«.[253]

Deshalb soll hier eine Konzentration auf die soziokulturellen Umstände und Faktoren erfolgen, die den Menschen, sein Verhalten und seinen Charakter prägen und Sachverhalte sowie Veränderungen in diesem Bereich konkret und in direkter Konsequenz erklären können. Damit werden sich zugleich Schritt für Schritt reelle Anhaltspunkte und Wege ergeben, wie den geschilderten Problemen begegnet und abgeholfen werden kann.

Teil II

**Warum ist es dazu gekommen –
und wie geht es anders, wie finden
wir zu wirklicher Freude am Leben?**

Die Widerspiegelung in den Augen des Nächsten
Bedeutungen des Soziallebens

> *»Menschliche Wesen sind nicht nur von Natur aus sozial, sondern ihr humanes und moralisches Potenzial wird auch durch ihre Geselligkeit noch gesteigert. Das soziale Gefüge beeinträchtigt nicht die Ausbildung von Individualität, vielmehr stützt, nährt und ermöglicht es diese.«*
> Amitai Etzioni

In diesem Kapitel werden einige verhaltens- und charakterformende Aspekte des Soziallebens aufgezeigt – wie soziale Kompetenz, die Ausprägung des Selbstwertgefühls und die Bildung von Werten –, deren Platz im Gesamtzusammenhang sich vielleicht erst in den folgenden Kapiteln verdeutlicht. Auf den Hauptaspekt, die Entfaltung von Lebensfreude auf der Grundlage von Lebenskultur, wird im nächsten Kapitel eingegangen.

Soziales Leben hat für den Menschen die Funktion der Entwicklung von Sozialkompetenz; diese erwächst vor allem aus einer alltäglichen Praxis vielfältiger Kontakte. So wird von Kindern berichtet, dass schon der Besuch von Kindergärten folgende positive Auswirkungen hat – im Unterschied zu Kindern, die keine Kindergärten oder ähnliche Institutionen besuchen: verstärkte Teilnahme sowie mehr Ausgeglichenheit und Spontaneität bei Gruppenaktivitäten, verbesserte soziale Anpassung, verringerte Schüchternheit und erhöhtes Selbstvertrauen. Bei Erwachsenen wurde festgestellt, dass intensive, natürliche zwischenmenschliche Beziehungen sowohl ein realistisches Selbstverständnis als auch das Selbstbewusstsein fördern und die Offenheit sowie Anpassungs-, Kooperations- und Belastungsfähigkeit der Menschen steigern.[254] Soziale Kompetenz kommt beispielsweise in folgenden Verhaltensweisen zum Ausdruck:

- respektvolle und dennoch nicht distanzierende Umgangsformen
- in Ruhe aufeinander zugehen und darauf eingehen, was andere sagen
- um Gefallen bitten, aber auch »Nein« sagen können; sich entschuldigen und Schwächen eingestehen, aber auch Einwände äußern und Gefühle offen zeigen
- soziale Flexibilität: sich Situationen anpassen und Erwartungen verstehen, angemessene Verhaltensweisen und Reaktionen finden
- keine zwanghaften »Selbstdarstellungsstrategien«, z. B. sich eingliedern können in eine Gruppe, ohne sich produzieren oder eine fixe Rolle spielen zu müssen, und ohne sich gleich wieder zurückzuziehen, wenn einem nicht sofort volle Aufmerksamkeit gewidmet wird
- Einfühlungsvermögen in andere Menschen – auch wenn sie nicht direkt sagen, was sie denken oder fühlen – und in Gruppenstimmungen
- mit immer wieder auftretenden Spannungen, Reibereien, eigenen und fremden Emotionen umgehen lernen
- unterscheiden lernen, wann man kritisiert worden ist und sich womöglich verteidigen sollte, und wann man nur provoziert worden ist, um vielleicht Ironie oder Humor in ein Gespräch zu bringen, und kein Abwehrverhalten angebracht ist
- Toleranz; aber auch gemeinsamer Widerstand gegen asoziales Verhalten, keine Gleichgültigkeit

Das einfachste Mittel aus dem Bereich der Sozialkompetenz, um Vertrauen zwischen Menschen zu schaffen, ist im Übrigen die Methode, in Vorleistung zu gehen, also z. B. durch eine Geste der Hilfsbereitschaft guten Willen zu signalisieren. Dieses simple Mittel wird von vielen Menschen nicht mehr beherrscht. Denn hierfür ist Selbstvertrauen erforderlich sowie ein gewisses Grundvertrauen in andere Menschen, das auf nachhaltiger Erfahrung sozialen Kontakts beruht und nicht mit Naivität zu verwechseln ist. Genau dieses Selbst- und Grundvertrauen fehlt jedoch häufig – sozial unsichere und weniger kompetente Personen neigen im Durchschnitt zu einer »unfreundlich-bedroh-lichen Wahrnehmung ihrer Mitmenschen«.[255] Wer allerdings heute das In-Vorleistung-Gehen noch wirklich beherrscht, d. h. auf eine natürliche und ehrliche Weise, wird einen großen Gewinn daraus haben. Er kann auch mit fremden Menschen, selbst solchen aus anderen Kulturräumen, oft schnell ein Klima der Kooperation etablieren.

Viele der genannten sozialen Umgangsfähigkeiten erscheinen im Grunde fast selbstverständlich. Mängel an Sozialkompetenz sind jedoch in unserer Gesellschaft weitverbreitet, und zwar auf sämtlichen Altersstufen. An dieser Stelle soll nochmals der Fall des jungen Mannes in Erinnerung gerufen werden, welcher nach der Rückkehr von einem Jahr Zivildienst in Afrika und einem gewissen Kulturschock beschloss, zur »Selbstfindung« zunächst allein zu wohnen.[256] Die Person, welche eigentlich sehr soziabel gewesen war, führte zudem ein relativ einsames Studentenleben, und bei insgesamt geringem Sozialkontakt fingen ihre zwischenmenschlichen Fähigkeiten an, sich abzubauen. Ihre Bereitschaft, mit anderen Dinge abzusprechen und sich darauf einzustellen, ging zurück, und ihre Reaktionsfähigkeit sowie Spontaneität im Umgang mit den Mitmenschen ließ deutlich nach. Es kam zu einem unflexiblen Bestehen auf bestimmten Gewohnheiten, bis hin zu einer Art Eigensinnig-Werden. Schließlich wurden diese Entwicklungen zu regelrechten sozialen Hürden für die Person. Sie begann, Risiken des Kontakts zu anderen Menschen zu überschätzen, und sah kaum noch die Vorteile und mögliche Bereicherung durch intensiveres Sozialleben. Dieser Fall veranschaulicht in aller Deutlichkeit die Tatsache, dass der Mensch für die *Aufrechterhaltung* der sozial-zwischenmenschlichen Fähigkeiten – ähnlich wie Kinder und Jugendliche für ihre Entwicklung – soziale Anregung im Kontakt, gegenseitigen Austausch und das damit verbundene Feedback sowie eine lebendige Praxis zwischenmenschlicher Beziehungen benötigt.

Es gibt Untersuchungen zu zwischenmenschlichen Beziehungen von Kleinkindern, die den Eindruck hinterlassen, dass hier teilweise gleichartige Mechanismen wirken. So wurde festgestellt, dass sich bei Kleinkindern, die zuvor gute Beziehungen zu ihren Müttern hatten, der folgende Veränderungsprozess einstellt, wenn es während längerer Krankenhausaufenthalte keinen intensiven Kontakt zu festen Bezugspersonen gibt: »Das Kind wird zunehmend egozentrisch werden und wird, statt seine Gefühle und Wünsche auf Menschen zu richten, von materiellen Dingen wie Süßigkeiten, Spielzeug und Nahrung präokkupiert werden. [...] Es wird aufhören, Gefühle zu zeigen, wenn seine Eltern an Besuchstagen kommen und gehen.« Interessant – auch wegen der frappierenden Ähnlichkeit zu etlichen Individualisten – ist dabei zudem, dass diese Kinder außer einer gewissen Aggressivität nicht unbedingt weitere Auffälligkeiten zeigen, ja sich sogar mitunter »vergnügt« und an die »ungewöhnliche Situation angepasst« geben, wobei ihnen jedoch »niemand mehr am Herzen« liegt.[257]

Wenn die soziale Kompetenz nicht in intensivem Sozialkontakt aufrechterhalten und erneuert wird, dann kommt es zu ihrem Abbau.[258] Aus diesem Grund führt das niedrige Kontaktniveau bei uns letztlich zu einer Vielzahl von Abstimmungsproblemen, Missverständnissen, Reibereien und zu einer geringen Fähigkeit, mit anderen Menschen gut auszukommen, in Arbeit, Nachbarschaft, Freizeit, etc. Ein Abbau der Sozialkompetenz ist oftmals auch mit mehr oder minder großer sozialer Isolierung der betreffenden Person verbunden – was eine signifikante Rolle spielen dürfte bei der im Durchschnitt deutlich steigenden Häufigkeit von Isolierung mit zunehmendem Alter in unserer Gesellschaft. Genauere Forschungen ergeben sogar explizit, dass hierbei nicht das Alter an sich, sondern Persönlichkeitseigenschaften einen starken Einfluss ausüben, und zwar vor allem eine aufrechterhaltene oder eben eingebüßte soziale Kompetenz.[259]

Wer schlecht mit anderen Menschen zurechtkommt, der wird mitunter nach totaler Unabhängigkeit streben. Dies ist jedoch eine Illusion, denn wir sind immer wieder von anderen abhängig und aufeinander angewiesen. So gilt z. B. meist: »Andere Menschen sind notwendig, um Spaß zu haben.«[260] Der einzig sinnvolle Weg ist es, mit sozialen Beziehungen als Teil unseres Lebens umzugehen zu lernen, und nicht, sie zu verdrängen und alles allein zu machen. Menschen, die nach Unabhängigkeit streben, sind im Durchschnitt unglücklicher als Menschen, die dies nicht tun.[261] Oder, wie es der amerikanische Soziologe Philip E. Slater ausgedrückt hat: »Das Problem des Individualismus besteht nicht darin, dass er unmoralisch ist, sondern dass er inkorrekt ist. [...] Vorzugeben, dass unsere Schicksale unabhängig voneinander seien, mag ethisch vollkommen in Ordnung sein, es ist jedoch auch vollkommen stupide.«[262]

Im Arbeitsleben wird die Sozialkompetenz nur begrenzt trainiert, da man sich hier im Umgang mit anderen Menschen auch auf berufliche oder hierarchische Funktionen anstatt auf Persönlichkeit und soziale Fähigkeiten stützen kann – gerade dann, wenn Letztere mangelhaft sind. Allerdings würde sich in der Wirtschaft bei einem allgemein höheren Niveau an wirklicher Sozialkompetenz die Vielzahl an Koordinationsproblemen, »Reibungsverlusten« und grotesken Streitereien erheblich verringern. Gute zwischenmenschliche Zusammenarbeit ist hier durchaus von großer Bedeutung, und im Kontakt mit einem Kunden macht es ebenfalls einen wesentlichen Unterschied, ob man ihn als bloßen Geschäftspartner mit einer gezwungenen Höflichkeit behandelt, oder ob man ihm als Mensch Respekt entgegenbringt. »Manieren müssen von Herzen kommen. Sonst ist es Manierismus.«[263]
In den USA haben die Probleme in der Erziehung und der Sozialisation sowie die einseitige, zu Unausgeglichenheit führende Lebensweise bereits derartige Spuren hinterlassen, dass viele Klagen der Wirtschaft über die mangelnde Eignung von Stellenbewerbern sich auf »Charaktermängel und die Unfähigkeit zur Triebkontrolle, zum Belohnungsaufschub und zur Identifikation mit der Arbeit« beziehen.[264] Aber auch in Deutschland weisen Bewerber die größten Defizite nicht bei der Ausbildung oder Berufserfahrung, sondern in sozialen Fragen wie »Teamfähigkeit und Kooperation« auf, und bei BMW in München scheitert jede zweite Bewerbung, »weil es dort hapert«. Dies geht offenbar bis hin zu Extremfällen wie Arbeitssuchenden, die »grundsätzlich nicht grüßen« oder »während des Vorstellungsgesprächs Handy-Anrufe entgegennehmen«.[265] Laut einer Stu-

die des Deutschen Industrie- und Handelskammertages ist es selbst bei Hochschulabsolventen »erschreckend«, in welchem Ausmaß Defizite bei »persönlichen und sozialen Kompetenzen« vorliegen. Fast jedes zweite deutsche Unternehmen musste sich schon von Berufseinsteigern wieder trennen, *und einige der Hauptgründe hierfür lagen in »Selbstüberschätzung des Mitarbeiters, in mangelndem Sozialverhalten und in mangelnder Integrationsfähigkeit«.*[266] Es sollte klar sein, dass diese Probleme bei ihren eigentlichen, in unserer Lebensweise verankerten Ursachen angegangen werden müssen, und nicht in erster Linie durch das Schul- und Bildungssystem, auf das die Verantwortung dafür gerne abgeladen wird. In Untersuchungen in Nordamerika hat sich herausgestellt, dass es so gut wie unmöglich ist, durch Maßnahmen wie eine Verkleinerung von Schulklassen bei der heranwachsenden Generation Mängel wettzumachen, die bereits im Sozialkontakt und -leben der Elterngeneration begründet sind.[267]

Die von der Wirtschaft beklagte Selbstüberschätzung bestimmter Mitarbeiter dürfte überdies in Zusammenhang mit einem Phänomen stehen, das in unserer Gesellschaft nicht selten zu beobachten ist: Ein nach außen hin demonstrativ präsentiertes, manchmal arrogantes Selbstbewusstsein, welches jedoch von den tatsächlichen eigenen Fähigkeiten losgelöst ist, steht quasi kompensatorisch an der Stelle eines gesunden Selbstvertrauens. Dieses wiederum fehlt, aus diversen Gründen, nicht zuletzt aber auch deshalb, weil hierfür *zwischenmenschliches Feedback* sowie eine entsprechende persönliche Sensibilität wichtig sind, was die Betreffenden unter individualistischen Verhältnissen nicht ausreichend bekommen bzw. entwickelt haben.

Die »Widerspiegelung« in anderen Menschen, d. h. die Resonanz, die wir im Kontakt zu anderen bekommen, ist überhaupt einer der bedeutsamsten Wege der Erfahrung des eigenen Selbstwerts und der Ausbildung eines reellen positiven Selbstwertgefühls. Schon die menschlichen Instinkte »sind Ausdruck eines fundamentalen und spezifisch menschlichen Bedürfnisses, mit den Menschen und der Natur in Beziehung zu treten und in diesem Bezogensein Bestätigung zu finden«[268] – eine Einsicht, gegen die einige Individualisten sich mit Händen und Füßen sträuben, da sie nur ja nicht auf die Anerkennung

> »Um uns selbst lieben zu können, sind wir auf die Zuneigung anderer angewiesen.«
> Alain de Botton

und Wertschätzung durch jemand anderen angewiesen sein wollen.

Insbesondere auch der Umgang zwischen Frau und Mann, jenseits der reinen Sozialkompetenz, ist anfänglich im sozialen Leben zu lernen, und die »Widerspiegelung« im anderen stellt natürlich gerade im gegenseitigen Verhältnis der Geschlechter einen essenziellen Weg dar, den eigenen Selbstwert zu erfahren. Zur Ausprägung eines positiven Identitätsgefühls muss eine Frau auch als Frau und ein Mann auch als Mann anerkannt werden, und nicht nur in einer Berufs- oder Kindererziehungsrolle. Wenn, und dies gilt für Jugendliche wie für Erwachsene, einer Frau nicht hin und wieder von einem Mann – und einem Mann nicht hin und wieder von einer Frau – Anerkennung zuteil wird, wenn Frau und Mann nur noch wenig miteinander anzufangen wissen, wenn die dafür erforderliche Muße schon gar nicht mehr aufgebracht wird, wenn ein völliger »Entzug von Sinnlichkeit« herrscht,[269] dann verkümmert ein Teil der Persönlichkeit oder entfaltet sich erst gar nicht. In jüngerem Alter geht dies oft mit erheblichen Selbstzweifeln einher, nicht selten mit gänzlich unbegründeten, wie z. B. persönlichen Komplexen wegen irgendwelcher Kleinigkeiten; und später bleibt häufig der bloße Berufsmensch übrig, der sich in anderer Hinsicht ziemlich vernachlässigt.

Letztlich erblühen Frau und Mann im gegenseitigen Verhältnis, und wenn sie sich auf die Konfrontation mit dem Gegenüber – und sich selbst – einlassen und es lernen, sich aneinander zu erfreuen, können sie in sich ein hohes Maß an Lebensfreude wecken; *ein Maß, das bei uns gegenwärtig wohl bei Weitem nicht ausgeschöpft wird.* Auch dies wirkt sich auf unsere Lebensfreude aus, denn sie wird wesentlich stärker vom Gelingen der Beziehung zum Lebenspartner beeinflusst als von der Zufriedenheit mit dem Job oder mit der finanziellen Lage, wie es sich in empirischen Untersuchungen gezeigt hat.[270]

Das Verhältnis zwischen Frau und Mann wiederum ist von großer Bedeutung für das Klima, in dem Kinder aufwachsen, und die menschliche Wärme, die ihnen die Eltern geben können. Es ist viel darüber geschrieben worden, wie wichtig die Eltern und besonders die Mütter für die Kinder sind. Allerdings gibt es auch Dinge, die für die Eltern selbst eine erhebliche Bedeutung besitzen, gerade in der Situation mit Kindern. Eine gute soziale Einbettung ist sicherlich ein erster wichtiger Faktor. Bereits Margaret Mead hatte darauf hingewiesen, dass die Lage der jungen amerikanischen Familie, welche häufig über keinerlei Hilfe durch ältere Angehörige oder Bekannte mit entsprechender Erfahrung verfügt, im Grunde anormal ist und mit ausgeprägten Schwierigkeiten verbunden sein kann.[271] Umgekehrt ist in Untersuchungen sogar festgestellt worden, dass es weniger Geburtskomplikationen und »längere und positiver erlebte Phasen des Stillens« der Kleinkinder gibt, wenn die Mütter soziale Unterstützung haben.[272] Weitere allgemeine – aber dennoch auch für die Situation der Eltern nur umso wichtigere – Faktoren sind eine gute, eben auf gegenseitiger Bereicherung beruhende Beziehung untereinander und eine erlernte Lebenskultur, in deren Rahmen sich Freude am Leben entwickeln und ein Ausgleich zum Familien- sowie Berufsleben erfolgen kann.[273]

Sozialkontakt und zwischenmenschliche Beziehungen zwingen zur Auseinandersetzung mit anderen Menschen und sich selbst, und auch zu einer Fortentwicklung der eigenen Persönlichkeit. Wer jedoch »nichts gemeistert, ertragen und überwunden hat, zweifelt auch weiterhin, dass er es könnte«.[274] Er kann seine Selbstzweifel und die entsprechenden Probleme zwar verdrängen, er wird sie jedoch nie los und entwickelt sich nicht weiter. Der Mensch wächst mit den Anforderungen, die an ihn gestellt werden, und den Erfahrungen, die er sammelt. Wie es bereits an einigen der »Gegenbeispiele« in Teil I des Buchs zu erkennen war,[275] gehen unter geeigneten Umständen letztlich die Bereicherung durch soziales Leben und die Persönlichkeitsentfaltung als Sieger über die Probleme fehlender Sozialkompetenz oder mangelhaften Selbstwertgefühls hervor – sodass lebendige Beziehungen zwischen Menschen allgemein sowie zwischen Frau und Mann und Gemeinschaft ohne ein Überhandnehmen von zwischenmenschlichen Schwierigkeiten ermöglicht werden.

Vielfach wird heute bei uns der Verfall sozialer Werte beklagt, wie Hilfsbereitschaft, Freundlichkeit, Rücksicht, Höflichkeit, Verantwortungsbewusstsein in der Öffentlichkeit, usw. Es fehlt allerdings gegenwärtig wohl schon eine der Grundlagen für diese Werte, denn in der Breite kommen sie erst in nachhaltiger menschlicher Gemeinschaft wirklich zur Geltung und sind ohne eine solche Basis oft bloße Lippenbekenntnisse.

»Alle Moral ist sozial.«
John Dewey

Der individuelle Beginn des Prozesses der Gewissens- und Wertebildung wurde bereits von Charles Darwin beschrieben: Der psychisch gesunde Mensch vergleicht immer wieder in seinem Bewusstsein das, was er getan hat, mit dem, was seine Mitmenschen darüber denken, und wenn er sich unsozial verhalten hat, dann fühlt er sich unwohl, mitunter quälend unwohl. »Er wird Gewissensbisse, Reue, Bedauern oder Scham empfinden; das letztere Gefühl bezieht sich fast ausschließlich auf das Urteil anderer. Er wird den mehr oder weniger festen Entschluss fassen, in Zukunft anders zu handeln.« Wenn sich soziales Verhalten einmal auf diese Weise verfestigt und zu einem Wert »internalisiert« hat, dann wird es quasi selbstverständlich, und der Betreffende empfindet ein positives Gefühl, wenn er in Übereinstimmung mit dem Wert handelt.[276] Manche Individualisten mögen hierauf zwar entgegnen, es sei ihnen egal, was andere über sie denken; aber fast immer hat diese Aussage den Charakter einer Defensivreaktion, zu der es gerade deswegen kommt, weil es ihnen doch etwas bedeutet. Denn kaum einer gesunden Person ist es wirklich egal, was ihre unmittelbaren Mitmenschen über sie denken. Ganz im Gegenteil ist es tatsächlich »einer der stärksten Impulse« des Menschen, »zu tun, was man *seiner Wahrnehmung nach* von ihm erwartet«.[277]

Dieser Bildungsprozess funktioniert jedoch nicht richtig, wenn in einer Gesellschaft kaum noch gegenseitige Aufmerksamkeit existiert: wenn von exzessiven Individualisten viele Mitmenschen nahezu gar nicht oder auf negativ verzerrte Weise wahrgenommen werden,[278] und wenn sie mangels sozialen Kontakts und Feedbacks noch nicht einmal eine korrekte Vorstellung davon bekommen, was von ihnen und ihrem Verhalten gedacht wird. So wie ein übermäßiger Egoist, der fest davon überzeugt ist, alle anderen wären auch Egoisten, tendenziell denkt, seine Verhaltensweisen würden den allgemeinen Erwartungen entsprechen – selbst wenn dies überhaupt nicht der Fall ist. Umgekehrt kann bei Gruppen in Sondersituationen, in denen noch stärkerer zwischenmenschlicher Kontakt und eine klare gegenseitige Wahrnehmung herrscht, auch bei uns eine ausgeprägte Wertebildung beobachtet werden, z. B. ein Kameradschafts-Ethos beim Militär. In diesem Zusammenhang ist allerdings darauf hinzuweisen, dass solche Sonder-Wertsysteme unter widrigen Umständen extrem missglücken können. Ein Beispiel hierfür ist das gewaltlegitimierende Macho-Ideal unter männlichen türkischen Jugendlichen in Deutschland, die nach einer Untersuchung des kriminologischen Forschungsinstituts Niedersachsen innerhalb von einem Jahr zu 34 Prozent Gewalttaten begehen und letztlich wohl häufig von ihren Vätern, von denen etwa 30 Prozent ihre Frauen schlagen, auf diese Abwege gebracht werden.[279]

Soziales Handeln braucht geeignete Rahmenbedingungen, um sich entfalten zu können, und Werte müssen auch real gelebt und nicht nur verbal hochgehalten werden. Diese Bedingungen finden sich nicht in Zuständen von Kontaktlosigkeit und Anonymität, sondern in einem lebendigen Sozialkontakt. »Neben Familie und charakterlicher Erziehung sind Feiertage [im Sinne von Tagen, an denen tatsächlich gemeinsam etwas gefeiert wird] und Rituale vielleicht die wichtigsten Mittel, um unsere Werte und Tugenden zu formen und zu stärken.«[280] Hier haben soziale Werte einen Hintergrund der Glaubwürdigkeit, da sie in diesem Rahmen wirklich und nicht nur auf heuchlerische Weise positiv honoriert werden. Während es im Arbeitsleben naturgemäß bedeutender ist, was man leistet, hat es im Sozialleben ein höheres Gewicht, wie man als Mensch und Persönlichkeit ist – und letztendlich kommt es darauf an, dass diesbezüglich eine gewisse Ausgewogenheit und keine Einseitigkeit besteht.

Insgesamt setzt die Bildung und breite Entfaltung von sozialen Werten also voraus, dass eine Mehrheit der Menschen in nachhaltigem, aktivem Sozialkontakt lebt – was in unserer Gesellschaft eben nicht der Fall ist. Die von dem Wissenschaftler Wichard Puls aufgeworfene Frage, ob unser Wertesystem durch die Schwäche des sozialen Kontakts beeinflusst wird, dürfte somit zu bejahen sein,[281] zumindest insofern, als der oftmals beklagte Werteverfall und der weitverbreitete Relativismus hiermit zusammenhängen.

Auch bei Jugendlichen haben wir es heute nicht mit einem besonderen Hang zur Wertelosigkeit zu tun, sondern es fehlen aufgrund des geschilderten »Vakuums« im Sozialleben schon die Voraussetzungen, um soziale Werte überhaupt erst glaubwürdig zu vermitteln. Jugendliche spüren zumindest unbewusst, dass viele dieser Werte bei uns vorwiegend Lippenbekenntnisse sind. Andere Werte hingegen, die von Erwachsenen in der Realität vorgelebt werden und nicht nur im Ethik- oder Religionsunterricht eine Würdigung erfahren, haben nach wie vor starken charakterformenden Einfluss bei Jugendlichen. So werden in Deutschland Fleiß und Disziplin, die im Arbeitsleben ihren wichtigsten Rahmen haben, immer noch vergleichsweise erfolgreich vermittelt (ungeachtet dessen, dass Anspruchsdenken und Inflexibilität inzwischen vielleicht genauso weit verbreitet sind). In der Pubertät verläuft zwar des Öfteren auch die Vermittlung von Werten aus dem Bereich der Arbeit zunächst schwierig. Zum Teil könnte dies allerdings daran liegen, dass einige Jugendliche noch nach einer umfassenden Lebenseinstellung unter Berücksichtigung all ihrer menschlichen Anlagen und Bedürfnisse suchen, und sich instinktiv gegen alles wehren, was ihnen in Richtung eines einseitigen Lebensmodells zu gehen scheint.[282] Hierbei schütten sie ganz offensichtlich das Kind mit dem Bade aus – was aber zugleich ein indirekter Hinweis darauf ist, dass ein Wertesystem in seiner Gesamtheit lebensfördernd sein sollte.

Schließlich stellt sich die Frage, ob auch ein Nationalgefühl im positiven Sinn – d. h. nicht durch die Abgrenzung von anderen definiert, sondern aus einer realen Solidargemeinschaft bestehend, mehr in menschlicher als in anonym-finanzieller Form – auf einem Gemeinschaftserleben in der Heimat und einem daraus entstehenden Bindungsgefühl beruhen muss. Bei dem weitverbreiteten Verlust dieser Form der Solidarität dürften die individualistischen Zustände in der Tat eine wesentliche Rolle spielen. So stellt der Gewerkschaftssoziologe Rainer Zoll im Hinblick auf die früher berühmte Solidarität in der Arbeiterklasse Ähnliches fest: »*Je mehr der Arbeitersolidarität jedoch dieses lebensweltliche, alltägliche Element fehlt,* umso mehr verkommt sie zu einem bloßen Zusammenhalten während der jährlichen Tarifrunden, umso stärker treten ihre negativen Seiten – Gruppenzwang und *Gruppenegoismus* – hervor und führen zu ihrem *Zerfall.*«[283]

Wahrscheinlich gilt dies für jede Form der Solidarität, selbst in kleinerem Rahmen: Um auf Dauer zu bestehen, erfordert Solidarität wirklich geteiltes Leben, vor allem auch Sozialleben, unter den betreffenden Menschen. »Was über das rationale Kalkül hinausgeht, die gefühlsmäßige Bindung, das menschliche Verstehen und Mitfühlen, das kann nur in einer geteilten Lebenspraxis entstehen.«[284] Genau dies wird von Moralphilosophen und -aposteln leicht übersehen: So, wie vor der Liebe die Entwicklung der Liebesfähigkeit kommen muss, setzen Solidarität und soziales Verhalten die Sozialisation und den Sozialkontakt voraus.

Als Zusammenfassung des Kapitels lässt sich sagen, dass gemeinschaftliches Leben einen entscheidenden Einfluss auf die Ausbildung und Aufrechterhaltung von Sozialkompetenz ausübt. Darüber hinaus sind das Feedback und die Anerkennung, die wir aus intensiven Beziehungen zu unseren Mitmenschen bekommen, essenziell für die Entwicklung eines gesunden Selbstvertrauens und -wertgefühls – gerade auch im gegenseitigen Verhältnis von Frau und Mann. Wenn hingegen der soziale Kontakt schwach ist, dann kommt es zu einem Abbau der zwischenmenschlichen Umgangsfähigkeiten, und in der Folge treten erhebliche Schwierigkeiten auf, mit anderen Menschen gut zurechtzukommen, was sich bei uns mittlerweile auch in der Wirtschaft deutlich bemerkbar macht. Des Weiteren fehlt mit dem Mangel an Gemeinschaft schon eine der Grundlagen dafür, dass soziale Werte zur Geltung gelangen und dass sich Solidarität in verschiedenen Formen bildet. Diese charakter- und verhaltensprägenden Aspekte sozialen Kontakts sollen zum Abschluss durch die folgenden ausdrucksvollen Sätze des Amerikaners Lewis Mumford illustriert werden:

»Familie, Haushalt, Nachbarschaft, Teamarbeit mögen in der Zukunft neue Formen annehmen aufgrund unseres wachsenden Verständnisses für ihre tiefere Bedeutung und ihren schöpferischen Wert, doch die Intimität, die sie erzeugen, und die Solidarität, die sie fördern, sind wesentlich für die Erhaltung echter Menschlichkeit. Die Schaffung von Organen [...] der Gemeinschaftsinitiative, das Treffen von Angesicht zu Angesicht zu klärenden und befruchtenden Diskussionen, die Teilnahme an Gemeinschaftsfeiern, nicht in anonymen Massen, sondern in einem Kreis vertrauter und identifizierbarer Gesichter, alle diese Überbleibsel des ursprünglichen Dorflebens sind auch heute noch lebensnotwendig. Sie erhalten jenes Fluidum mitfühlenden Verständnisses, in dem der Mensch zum ersten Mal seine Menschlichkeit erkannte und sich als Glied der Menschheit fühlte. Die Augen des Nächsten sind der unentbehrliche Spiegel, in dem das Selbst sein eigenes Bild erblickt und seine Identität erlebt.

Je mehr wir unseren Planeten als eine Einheit begreifen und je freier wir uns auf ihm, forschend oder arbeitend, bewegen, umso notwendiger wird es sein, eine heimatliche Basis zu besitzen, ein seelisches Zuhause mit sichtbaren Kennzeichen und vertrauten Nachbarn. Die Welt wird keine echte Einheit werden, mag sie auch noch so sehr zusammenschrumpfen durch Perfektionierung von Radio, Fernsehen und Verkehr, wenn wir erlauben, dass die Nachbarschaft als Idee und soziale Form verschwindet.

Diese Urtypen menschlicher Gemeinschaft erhielten sich als Elemente der archaischen Tradition bis in unsere Zeit; sie schienen eher natürlich gewachsene Gebilde als bewusste, den menschlichen Bedürfnissen angepasste Organisationsformen zu sein, doch es war ihr Schicksal, von dem Moloch der Massenzivilisation verschlungen zu werden, bevor ihr Fehlen sich bemerkbar machte oder ihre positiven, vor allem ihre erzieherischen und menschbildenden, Funktionen vermisst wurden. Wenn wir jetzt diese intimen Gemeinschaftsformen von Neuem beleben wollen, so deshalb, weil wir ihre Unentbehrlichkeit erkannt haben und begreifen, eine wie wichtige Rolle sie in der Erhaltung echter Menschlichkeit gespielt haben und in ihrer weiteren Entwicklung noch spielen können. […] Nur in der engen und gemischten Gemeinschaft der Familie und der Nachbarschaft, der Spielkameraden und der Arbeitskollegen gedeihen die für das Wachstum des Menschen unerlässlichen Tugenden des Vertrauens, der Solidarität, des gegenseitigen Verständnisses und der Harmonie. […]

Die Tatsache, dass ein wachsender Teil der Erdbevölkerung in größerem Maße als vielleicht je zuvor ein Nomadenleben führt, ändert nichts an unserer Perspektive; dies hat seinen Grund darin, dass die Entfernungen größer und die sekundären, auf bestimmte Funktionen und Zwecke ausgerichteten Verbindungen wichtiger geworden sind. Weil wir ständig mit Menschen zu tun haben, die wir nie sehen werden, und weil wir so viel von unserem täglichen Leben aus zweiter, ja aus noch entfernterer Hand leben müssen, brauchen wir eine Belebung und Vertiefung der unmittelbaren Ich-und-Du-Beziehungen. Ohne engeren menschlichen Kontakt werden die Menschen einander zu Dingen, zu leblosen Figuren. Vor allem bedürfen wir, besonders als Kinder, der beruhigenden Gegenwart einer sichtbaren Gemeinschaft, einer vertrauten Gruppe, die uns mit Verständnis und Liebe umgibt und Gegenstand unserer spontanen Zuneigung […] wird.

Über die Unbeständigkeit der modernen Stadtmilieus, die einer solchen Solidarität und Kontinuität entgegenzuwirken scheint, mögen zwei Dinge gesagt werden. Zum Teil haben diese Diskontinuität und Oberflächlichkeit, die sich in ständigem Wechsel von Beruf und Wohnung, in zerbrochenen Ehen und zerrissenen Familienbanden äußern, ihren Grund im Versagen unserer herrschenden Institutionen, dauerhafte Befriedigung zu gewähren oder echte menschliche Bedürfnisse zu berücksichtigen. Doch selbst wenn wir zugestehen, dass diese äußere Unruhe zum Teil nicht nur unvermeidbar, sondern wünschenswert, und nicht nur wünschenswert, sondern oft geboten ist, *so schließt sie nicht die Möglichkeit warmer menschlicher Beziehungen und echter Treueverhältnisse aus.* Es gibt keine moderne Stadt, deren Bevölkerung so stark fluktuiert wie die Gemeinschaft eines College, von der, grob gerechnet, jedes Jahr ein Viertel ausscheidet und durch neue Schüler ersetzt wird. Doch aufgrund der engen inneren Einheit des College, seiner ehrwürdigen Gebäude und Anlagen bringt keine andere Institution unserer Zivilisation zahlreichere, das ganze Leben während Treueverhältnisse hervor oder weckt in ihren Gliedern einen tieferen Sinn des ›Dazugehörens‹. [...]

Die engen Beziehungen innerhalb der lokalen Gemeinschaft sind somit der natürliche Nährboden für den Geist jeder höheren und weiteren Zusammengehörigkeit [...]. Nur wenn diese elementaren Bindungen erneuert und gestärkt werden, wird die Entfaltung der Menschheit in der Freiheit [...] möglich sein.«285

»Einfach«, aber intensiv!
Lebenskultur **versus Einseitigkeit**

> *»Kein Mensch kann existieren ohne Freude.«*
> Thomas von Aquin

Die bisher geschilderten sozialen Defizite mit ihren problematischen Folgen und die herrschende »lauwarme Normalität«, die noch halbwegs gesellschaftliches Funktionieren und seelische Stabilität gewährleistet, sind den meisten Menschen eigentlich gut bekannt. Die Möglichkeit umfassender Lebenskultur hingegen kommt oft gar nicht mehr vor in unserem Horizont. Es gibt dabei jedoch ein Niveau sozialen Lebens, das zur vollen Entfaltung der menschlichen Sinne und Lebensfreude beiträgt, in immer wiederkehrendem Sozialkontakt mit lebensbejahenden, ungezwungenen Aktivitäten – bei gemeinsamem Kochen, Essen, Trinken, Musik-Machen und -Hören, Singen, Tanzen und Feiern, bei Spielen, Hobbys, etc. Eine vollständige Darstellung soll gar nicht erst versucht werden, und die Formen und Anlässe können sicherlich von verschiedenster Art sein. Vielleicht klingen einige dieser Aktivitäten fast schon zu »einfach«. Wir haben aber trotz unserer Bildung und Zivilisation immer noch eine menschliche Natur, die auch viele einfache Bedürfnisse hat – und zu ihrer Befriedigung nicht in erster Linie intellektuell oder technisch hochstehende Mittel benötigt. In den meisten Menschen stirbt die Sehnsucht, mit »Haut und Haar« zu leben, nie wirklich aus; gegenwärtig macht sich dies besonders die Werbung zunutze, indem sie häufig die beworbenen Produkte mit Szenen einfachen, aber intensiven und fröhlichen Lebens verknüpft.

Die »Einfachheit« solch elementarer Dinge hat viele Menschen auch nicht daran gehindert, sie und die damit verbundene Lebenskultur zu verlernen, wenn sie sie überhaupt jemals erlernt haben. Obschon es sich bei den angeführten lebensbejahenden Aktivitäten oft um ein spielerisches Erlernen handelt, so muss es doch irgendwann stattfinden. Denn die Sehnsucht danach dürfte zwar angeboren sein, die Lebenskultur zu ihrer Verwirklichung ist es jedoch nicht. In schönen Worten hat einmal der Schriftsteller Erich Kästner die Vernachlässigung einfacher und doch essenzieller Aspekte menschlichen Lebens umschrieben:»Schaut, die meisten Menschen legen ihre Kindheit ab wie einen alten Hut. Man nötigt euch [...] von der Unter- über die Mittel- zur Oberstufe. Wenn ihr schließlich drobensteht und balanciert, sägt man die ›überflüssig‹ gewordenen Stufen hinter euch ab, und nun könnt ihr nicht mehr zurück! Aber müßte man nicht in seinem Leben wie in einem Hause treppauf und treppab gehen können? Was soll die schönste erste Etage ohne den Keller mit den duftenden Obstborden und ohne das Erdgeschoß mit der knarrenden Haustür und der scheppernden Klingel? Und noch eins: [...] Der Kopf ist nicht der einzige Körperteil. Man muß nämlich auch springen, turnen, tanzen und singen können, sonst ist man, mit seinem Wasserkopf voller Wissen, ein Krüppel und nichts weiter.«[286]

Es ist also unsere Aufgabe, trotz aller Bildung und Verantwortung immer wieder zurück zu unseren elementaren menschlichen Seiten zu finden. *Es sind gerade die erwähnten »einfachen«, im Grunde uralten Dinge, die unsere Bedürfnisse umfassend und intensiv ansprechen,* von gutem Essen und Trinken über ein Verhältnis von Frau zu Mann, das von gegenseitiger Bereicherung geprägt ist, bis zu lebendiger menschlicher Gemeinschaft. *Und sie sind es auch, die uns Kraft geben, mit Energie wiederaufladen, erfrischen und erneuern können, so tief greifend, dass die Wirkung deutlich über den Moment hinaus anhält* – in weit höherem Maß als vieles andere, insbesondere zahlreiche heutige Freizeitbeschäftigungen, die kaum anderes als Ablenkungen oder gar eine Art von Flucht aus dem Leben darstellen.

Lebenskultur könnte man in Bezug auf eine Einzelperson definieren als die Gesamtheit von Fähigkeiten, die sich die Person aneignen muss, damit sie es ihr ermöglichen, in ihrem Privatleben und ihrer Freizeit anregende Aktivitäten zu erleben. Diese Definition hat der Amerikaner Tibor Scitovsky erarbeitet. Im Anschluss stellte er dann fest, dass sich in der Rangliste der Freizeitaktivitäten, die in den USA am häufigsten ausgeübt werden, auf den vorderen Plätzen fast ausschließlich Tätigkeiten befinden, die kaum Fähigkeiten erfordern, aber auch dementsprechend wenig Anregung verschaffen, wie z. B. das Fernsehen. »Liegt es daran, dass zu wenige von uns echte Kenntnisse auf dem Gebiet des Lebensgenusses aufzuweisen haben?«[287] Obschon sich die Lage in Westeuropa vielleicht nicht ganz so drastisch darstellt, ist sie doch nicht viel besser – mit der fehlenden, nicht erlernten Lebenskultur, besonders in Sozialleben und Partnerschaft, scheint in der Breite ein niedriges Niveau an Aktivitäten, die wirklich zur Lebensfreude beitragen, einherzugehen. Dabei treten zudem Wechselwirkungen zwischen dem Freizeitverhalten und der Partnerschaft auf: Forscher haben herausgefunden, *dass das gemeinsame Erleben von intensiv anregenden Dingen eine Beziehung und Liebe lebendig hält, während ein Mangel an solchen Aktivitäten zu ihrem Abkühlen und »Einschlafen« beisteuert.*[288]

Ähnlich wie die Sexualität nicht nur ein Erfordernis der Fortpflanzung, sondern eine elementare Bereicherung des Lebens ist, so sind auch die sozialen Anlagen des Menschen nicht nur eine frühere Überlebensnotwendigkeit, sondern sie können sich zu einem Sozialleben entfalten, das eine wichtige Quelle der Freude am Leben darstellt. In einer Untersuchung der Universität Princeton ergab sich, dass zwei Dinge ganz oben stehen in der Rangliste der Tätigkeiten, die Menschen am meisten glücklich machen: »Sex« und »Geselliges Beisammensein«.[289] Nach wie vor gibt es selbst bei uns nicht wenige Menschen, die richtig aufblühen, wenn sie einmal auf schöne Weise Zeit zusammen mit ihren Freunden und Mitmenschen verbringen. Soziable Menschen besitzen oftmals die entsprechenden Fähigkeiten und sind es gewöhnt, in Gemeinschaft einfachen und dennoch erfreulichen Aktivitäten nachzugehen. Exzessiv individualistisch geprägten Personen hingegen erscheint dies mitunter bereits ungewöhnlich oder exotisch.

Ein reiches Sozialleben besteht nicht allein aus verbaler Kommunikation – die zwar eines von diversen Mitteln, aber bei Weitem nicht Endzweck ist. Es gibt etliche Menschen, die nur noch wenig Vorstellung davon haben, wie man Gemeinschaft erleben kann, und denen es schwerfällt, sich zu lockern, anderen bei einer ungezwungenen Unterhaltung in Ruhe näherzukommen und auf verschiedenste Art miteinander warm zu werden. Häufig wird dann versucht, dies durch intensive und bemühte Kommunikation zu ersetzen, wobei in jeder längeren Unterbrechung des Gesprächs sofort Nervosität auftritt und das Ganze meist schnell abflaut. Ein Sozialleben, das nur aus derart trockener Kommunikation besteht, ist ein blasser Abglanz dessen, was gelebte menschliche Gemeinschaft sein kann. Selbst der Literaturnobelpreisträger Thomas Mann hat in seinem Werk einmal ganz allgemein darauf hingewiesen: »Das Wort, – dies matte und kühle Mittel, dies erste Erzeugnis zahmer, mäßiger Gesittung, so wesensfremd der heißen und stummen Sphäre der Natur, dass man sagen könnte, jedes Wort sei an und für sich und als solches bereits eine Phrase. Das sage ich, der [...] einem belletristischen Ausdruck gewiss die erdenklichste Sorgfalt zuwendet. Und doch ist mein Element die wörtliche Mitteilung nicht; mein wahrstes Interesse ist nicht bei ihr.«[290] Auf Formen sozialen Lebens, die zu einem bloßen Austauschen von Informationen oder Diskutieren verarmt sind, reagieren dann manche Individualisten mit der Aussage, sie hätten kein Interesse daran, »immer die gleichen Leute« zu sehen. *Das eigentliche Problem liegt jedoch nicht hierin,* sondern vielmehr in dem Mangel an Lebenskultur, der sich in solchen Zuständen offenbart.

Wie sehr gerade Sozialleben mit dem Aspekt der Lebensfreude heute fehlt, wird durch eine in Nordamerika erhobene Umfrage verdeutlicht. In dieser gaben nur 20 Prozent der Menschen an, dass sie gerne mehr Leute kennen würden, mit denen sie sich unterhalten könnten oder die ihnen Hilfe leisten würden; 40 Prozent aber sagten aus, sie würden gerne mehr Menschen »to have fun with« kennen, also Freunde und Bekannte, mit denen sie gemeinsam »Spaß haben« oder Freude erleben können.[291] Angesichts der Tatsache, dass bei derartigen Fragen viele Menschen gar nicht zugeben wollen, weder vor anderen noch vor sich selbst, dass sie gerne mehr Menschen kennen oder mehr Spaß haben würden, ist dies überhaupt ein sehr hoher Prozentsatz. Es geht dabei auch nicht nur um Spaß in der oberflächlichen Bedeutung des Wortes. Denn bei den »quality of life studies« (»Untersuchungen zur Lebensqualität«), beruhend auf der Arbeit etlicher renommierter Wissenschaftler, wurde festgestellt, dass Freizeitaktivitäten des »having fun« in der Tat diejenigen sind, die am meisten zu Glück und Zufriedenheit der Menschen beitragen.[292]

>*Ausschweifende Feste und gemeinschaftliche Rituale vertreiben die Melancholie. Doch die moderne Gesellschaft hat vergessen, welch Frohsinn spendende Kraft von Vergnügungen dieser Art ausgeht.*«
Barbara Ehrenreich

Die »Institutionen« und Gebräuche, die einen Rahmen für ein intensives Sozialleben abgeben könnten, scheinen in den westlichen Industrieländern großteils verloren gegangen zu sein. Es soll an dieser Stelle nicht früheres Dorfleben idealisiert werden, das oftmals von einer übermäßigen Ausrichtung auf materiellen Besitz und rigide Rollenzwänge gekennzeichnet war. Dennoch ist klar zu erkennen, dass damals der gemeinschaftliche Wirtshausbesuch nach dem Gottesdienst, die Volkstänze und anderen Feste an Sonn- und Feiertagen, das gemeinsame Liedgut und das Bauerntheater nicht selten eine wirkliche Lebenskultur, in die jeder hineinwuchs, dargestellt haben; eine Kultur zudem, in der weder Anonymität noch eine strikte Trennung der Generationen herrschte und bei der an Veranstaltungen auch über Dorfgrenzen hinweg teilgenommen wurde. »*Das belächeln wir heute, dabei sind wir der Anforderung, gemeinsam mit anderen Zeit zu gestalten, kaum noch gewachsen.*«[293]

Bemerkenswerterweise ist irgendeine Art von »Volkstanz« Bestandteil fast jeder menschlichen Lebenskultur weltweit, die diese Bezeichnung verdient – ein Bestandteil allerdings, der sich auch weiterentwickeln muss und von dem es sowohl anspruchsvolle als auch *populäre* Versionen geben sollte, damit er eine Blüte wie z. B. die Tanzkultur Lateinamerikas erreicht. Bei unseren Volkstänzen kann man jedoch ebenfalls die Lebenskultur, die sie dargestellt haben, noch erspüren, wenn sie lebendig praktiziert und nicht künstlich konserviert werden. Diese Tänze sind mitunter so angelegt, dass alle Beteiligten durch gewisse Tanzfolgen einander »vorgestellt« werden, die Tanzpartner immer wieder wechseln, Überraschungen eingebaut sind, usw. Es ist ein frappierender Kontrast dazu, wenn heute Volkstänze auf einer Bühne aufgeführt werden, während die Leute dasitzen, zuschauen und vielleicht essen und trinken. Denn dies ist eine ziemlich tote Kultur im Vergleich dazu, wie es sein könnte, wenn getanzt würde, und sie verlangt den Musikern Spitzen-Unterhaltungsleistungen ab, damit die Leute nicht einschlafen.

»Es gibt verschiedene Theorien über die Frage, warum der Mensch tanzt. Die Antwort ist eigentlich ganz einfach und natürlich: Der Mensch tanzt, weil es ihn glücklich macht.«
Helmut Günther/Helmut Schäfer

Gleichwohl ist es charakteristisch dafür, wie die Freizeit verbracht wird, wenn lebenskulturelle Fähigkeiten fehlen: »Wir verbringen immer mehr Zeit damit, Dingen zuzuschauen, und immer weniger damit, Dinge zu tun.«[294]

Nicht nur auf dem Land, sondern auch in den Städten gab es einmal eine ausgeprägte Lebenskultur. So wird aus dem Mittelalter berichtet, dass es in jedem Nachbarschaftsviertel viel genützte Orte des Kontakts, des Spiels und der Geselligkeit gibt, dass Plätze, Höfe oder Ähnliches Räume sozialen Lebens sind, wo Anwohner an Freunde Wein ausschenken, oder dass sich innerhalb der nachbarschaftlichen Gemeinschaft immer wieder Anlässe für gegenseitige Besuche ergeben.[295] Und »im Winter kommen die [...] Leute zu Abendvergnügungen zusammen, bei denen sich Männer, Frauen und Mädchen, Müßiggänger und Schwerarbeiter in einem geeigneten Haus, einer speziell errichteten Bude oder [...] in der Kirche versammeln, wo die Gemeindemitglieder zu Hause sind«. Im Rahmen dieses Sozialkontakts sind gegenseitiges Aushelfen sowie eine schnelle Integration neu Hinzugezogener normal, und nicht zuletzt gilt: »Regelmäßig verstärkt wird dieser Zusammenhalt durch Feste« – sei es »der Jahrmarkt, ein kirchlicher Feiertag oder ein Gemeinschaftsessen«. Nach neueren Erkenntnissen waren sogar viele der berühmten Zünfte oder Gilden in erster Linie Einrichtungen der Geselligkeit, und nicht so sehr Vereinigungen mit wirtschaftlichen Zwecken.[296]

Es geht hier nicht darum, das Mittelalter zu verklären. Allerdings existierte neben den bekannten dunklen Seiten – wie häufige Kriege, Seuchen und erhebliche Unfreiheit – zu dieser Zeit eine Kultur von »Lebensglück und Lebensgenuss«, die heute kaum jemandem mehr geläufig ist.[297] Darauf weist gleichfalls das am Kapitelanfang angeführte Zitat von Thomas von Aquin hin. Im Mittelalter gab es in Europa im Durchschnitt 115 Feiertage pro Jahr, einschließlich der Sonntage, *und diese gingen einher mit entsprechender Feierkultur.*[298] Dabei existierten auch Festivitäten, die sich nicht nur auf ein paar Stunden am Abend beschränkten und so letztlich eine wesentlich höhere Intensität der Festgemeinschaft erlaubten. Die deutschen Wörter »Feiertag« und »Feierabend« (womit einst der Abend vor einem Feiertag bezeichnet wurde!) haben heute – beinahe symptomatisch für den Verlust an Lebenskultur – ihren eigentlichen Sinn weitgehend eingebüßt, und bedeuten vor allem »freier Tag« und »freier Abend«. Ursprünglich bezogen sie sich jedoch auf das, was sie wortwörtlich ausdrücken, nämlich auf Anlässe, an denen neben einem Kirchgang auch Musikanten aufspielten und »getanzt, gefreit [geflirtet], gefeiert, gespielt wurde«[299].

Ein Gipfel dieser Feierkultur war traditionell der Karneval – und zwar vielerorts in ganz Europa, nicht nur in den bekannten Hochburgen.[300] Die damit verbundene Lebenskultur kann heute noch an den Orten in Europa bzw. in ehemaligen Kolonien, an denen sich der Karneval erhalten hat, erfahren werden: beim Kölner Karneval, wo in etlichen »Loss-mer-singe«-Veranstaltungen schon vor dem eigentlichen Karnevals-Höhepunkt das Liedgut der »Jecken« oder Karnevalisten aufgefrischt und erneuert wird, und wo es heißt: »Alle sind Akteure, niemand ist Zuschauer«;[301] beim brasilianischen Karneval, dessen Tanzkultur weltberühmt ist; oder beim Coon Karneval in Kapstadt, den zahlreiche lokale Musiktruppen bereits Monate vor seinem Höhepunkt im Januar einleiten und von dem berichtet wird: »Wenn es so September, Oktober wird, etwa zu der Zeit des Jahres, wenn die Leute anfangen, sich auf den Coon Carnival vorzubereiten, dann wird man als ein Coon selbst von diesem Gefühl befallen. Es ist so ein Gefühl, das sich zu dieser bestimmten Zeit im Jahr in dir ausbreitet. Das ist sehr schön, denn für sechs oder sieben Monate im Jahr sitzt man zu Hause und tut nichts oder schaut Fernsehen. Aber wenn die Carnevalszeit losgeht, wird wieder gesungen, man lässt es sich gut gehen, es wird getanzt in den Straßen und man weiß um das große Vergnügen, das uns das alles bereitet.«[302]

> *»Die Tradition zu pflegen*
> *bedeutet nicht, die Asche*
> *zu erhalten, sondern die*
> *Flamme weiterzugeben.«*
> Igor Strawinsky

Auf die Frage, wann und wieso diese Lebenskultur in der breiten Bevölkerung zunehmend verloren ging bzw. nicht mehr aktiv gelebt und fortentwickelt wurde, soll an späterer Stelle eingegangen werden. Hier sei nur angemerkt, dass der Beginn des Verlustprozesses je nach Region und Bevölkerungsschicht zeitlich sehr unterschiedlich anzusiedeln ist, und dass seine Ursprünge im Allgemeinen weiter zurückreichen, als man auf den ersten Blick vermuten würde. In Deutschland stellte der Soziologe Helmut Schelsky in seinem 1955 veröffentlichten Buch ›Wandlungen der deutschen Familie in der Gegenwart‹ zunächst fest, dass viele Familien noch ein Bedürfnis nach »altgewohnten Form[en] von Geselligkeit« hatten. Nach seinen Schilderungen verfügten sie indessen kaum mehr über die entsprechende Lebenskultur. Bereits damals schrieb Schelsky: »Im Ganzen gesehen ist an einem Verlust und an einem Abbau der geselligen Beziehungen in den verschiedenen sozialen Schichten zugunsten einer Isolierung und eines Rückzuges auf das familiäre Leben nicht zu zweifeln.«[303]

Heute fehlt bei uns eine Kultur von intensiver menschlicher Begegnung, Anregung und Lebensfreude – im Unterschied zu nicht wenigen anderen Orten auf der Welt, an denen Menschen trotz eines geringeren Wohlstands glücklicher »scheinen«. Dieser Mangel ist einer der Hauptgründe dafür, dass es zahlreiche Menschen *ver*lernt oder nie *ge*lernt haben, zu feiern, und er treibt dabei gelegentlich auffällige Blüten: So werden manche

Feste oder ähnliche Zusammenkünfte schon derart mit Shows und aufwendigsten Ablenkungen gefüllt, dass man den Eindruck gewinnt, es würde sogar auf einer Feier Angst vor Langeweile herrschen. In anderen Fällen wiederum wird noch nicht einmal richtig Musik aufgelegt, vom Tanzen ganz zu schweigen, und stattdessen versucht man, die Zeit auf solchen Partys mit irgendwelcher Konversation oder Diskussion »herumzubringen«. Lebenskultur wird oft nur in dem Bereich eingebracht, besonders mit zunehmendem Alter, in dem auch bei uns durchaus noch viel davon existiert: dem des Essens. Bei derartigen Zuständen überrascht es nicht mehr sonderlich, wenn selbst junge Menschen zur »Feier« ihres Geburtstags ein Wochenende in einem Wellness-Hotel verbringen, anstatt den Anlass mit Freunden zu begehen. Ein wirklich extremes Beispiel von Kulturmangel erlebte einer der Autoren einmal auf einer kleinen Überraschungsparty zum Geburtstag eines Freundes: Einer der Gäste hatte den Anfang der Feier mit einer Fachsimpelei verbracht. Die Party wurde nun immer fröhlicher und die anderen Gäste tanzten, tranken und scherzten. Der Betreffende jedoch – der offensichtlich gar nicht dazu in der Lage war, auf irgendeine Weise an der Geselligkeit teilzunehmen – stopfte sich Fetzen von Servietten in die Ohren, setzte sich an einen im Raum befindlichen Computer und beschäftigte sich den Rest des Abends mit den Computermenüs ...

Neben den Schwierigkeiten mit dem Feiern ergeben sich nicht selten solche mit Feier*tagen*. Wenn die Menschen nur noch schwer miteinander auskommen und es an Lebenskultur zur Gestaltung dieser Tage fehlt, ist es indes nicht erstaunlich, dass Feiertage zu etwas werden, das man »überstehen« muss; wenn es nach Weihnachten heißt: »Gott sei Dank ist's vorbei«; oder wenn gar Ärzte zusätzliche Mengen an Psychopharmaka verschreiben, damit die Tage ohne Krisen vorübergehen.

Vor dem Hintergrund des Mangels an Lebenskultur ist es auch zu erklären, dass in fast allen Altersklassen und Gesellschaftsschichten inzwischen das Fernsehen derart große Teile unserer Freizeit einnimmt. In den USA z. B. wurde nach dem Zweiten Weltkrieg im statistischen Durchschnitt *nahezu jede* durch Arbeitszeitverkürzung, Dienstleistungen oder zeitsparende Haushaltsgeräte gewonnene Stunde an Freizeit vor dem Fernseher verbracht, obwohl die Amerikaner in Umfragen selbst angeben, dass sie »das gebotene Programm außerordentlich langweilig finden«.[304] Wenngleich hier sicherlich Wechselwirkungen vorliegen, so stellt übermäßiges Fernsehen im Endeffekt doch mehr eine Konsequenz des Mangelzustands im Sozialleben dar, und nicht so sehr seine Ursache, wie manchmal vermutet wird. Menschen, die sozial aktiver sind, sehen wesentlich weniger fern als andere.[305]

Es ist bemerkenswert, dass die Amerikaner zugleich im Allgemeinen aussagen, diejenige Freizeitaktivität, welche sie am meisten schätzen und genießen, sei »socializing« – trotz des herrschenden Defizits an Lebenskultur in diesem Bereich. Das deutet darauf hin, welches Maß an Lebensfreude durch ein reicheres Sozialleben geweckt werden könnte. Denn selbst unter den gegenwärtigen Umständen zeigt sich in Untersuchungen ein erheblicher Zusammenhang zwischen der »sozialen Komponente« der Freizeitaktivitäten von Menschen und ihrer generellen Zufriedenheit mit dem Leben, insbesondere bei Aktivitäten mit Freunden und Formen des Ausgehens.[306]

Letztlich werden die Menschen in den westlichen Industrieländern jedoch derzeit *von Anfang an auf Bahnen gelenkt, die ihnen keine umfassende Entwicklung von Freude am Leben ermöglichen.* Wir gewöhnen uns im Laufe des Lebens daran, dass einige unserer essenziellen Bedürfnisse unbefriedigt bleiben, und wir akzeptieren es allmählich als »normal«, dass unser Sozialleben auf niedrigem Niveau dahinvegetiert. Nahezu alle haben wir in verschiedenen Momenten Lebensfreude deutlich gefühlt. Doch irgendwann beschränken wir unsere Versuche, etwas zu tun, um sie wieder zu spüren, auf den Urlaub – wenn überhaupt; und es gelingt uns nicht, sie nachhaltig zu entfalten. Die Reduzierung des Lebensinhalts auf Arbeit und Kleinfamilie – und Letzteres manchmal auch schon nicht mehr – ist fast zur Lebenseinstellung ohne Alternative geworden und wird von Generation zu Generation weitergegeben (ungeachtet aller mehr oder weniger oberflächlichen Unterschiede zwischen den Generationen).

In den exzessiv individualistischen Verhältnissen, in denen

wenig bereicherndes Sozialleben existiert und die Lebenskultur hierfür fehlt, scheint es nun zwei »typische Reaktionen« zu geben, die eine hohe Gefahr einer einseitigen Lebensführung mit sich bringen. Mit den folgenden Schilderungen der zwei »Typen« soll nicht darüber hinweggetäuscht werden, dass es in der Realität selbstverständlich vielfältige Reaktionen gibt. Es geht vielmehr darum, Muster aufzuzeigen, die dabei häufig zugrunde liegen.

Die eine Reaktion ist ein totaler Rückzug ins »Private« nach der 40-Stunden-Arbeitswoche. Während in Deutschland früher noch Besuche von Veranstaltungen und Freunden sowie Formen von Sozialleben am Wohnort »zu den zehn wichtigsten Freizeitaktivitäten zählten, gehört heute nicht eine dieser gemeinschaftsbezogenen Tätigkeiten mehr zu dieser Gruppe. Vielmehr beschäftigt sich der Einzelne vorwiegend mit Dingen [...] wie Lesen, Spazierengehen, Fernsehen oder Heimwerken«.[307] In den USA wurde selbst im Bereich des Sports festgestellt, dass einzeln ausgeübte Sportarten zunehmen, zu Lasten von Mannschaftssportarten, welche nur noch relativ wenig praktiziert werden. Es gibt gegen diese individuellen Tätigkeiten an sich nichts einzuwenden. Signifikant und problematisch ist es jedoch, wenn sie Sozialkontakt und entsprechende Lebenskultur weitestgehend »ersetzen«. Manchmal gewinnt man zudem schon den Eindruck, dass anstatt von sozialen Beziehungen zu Menschen »herzliche und liebevolle Beziehungen zu Dingen und Sachen« entstehen.[308] Letztendlich bleibt das Privatleben unter solchen Umständen oft eine Illusion – angesichts einer gewissen Leere, die mit Fernsehen und anderen Dingen gefüllt wird, die kaum Lebensbereicherung darstellen und essenzielle menschliche Bedürfnisse unbefriedigt lassen.

Wiederum ist es Michel Houellebecq gelungen, dies auf zugespitzte Weise zu beschreiben: »Die Schwierigkeit ist, dass es nicht genügt, wenn Sie genau den Regeln entsprechend leben. Es gelingt Ihnen ja (wenn auch oft nur ganz knapp, aber alles in allem schaffen Sie es doch), den Regeln entsprechend zu leben. Ihre Steuererklärung ist in Ordnung. Die Rechnungen werden pünktlich bezahlt. [...] Trotzdem haben Sie keine Freunde.

Die Regeln sind komplex und vielfältig. Außerhalb der Arbeitsstunden sind da die Einkäufe, die Sie wohl oder übel erledigen müssen, die Bargeldautomaten, von denen Sie Geld abheben müssen […]. Dennoch bleibt ein Stück Freizeit übrig. Was tun? Wie sie nützen? Vielleicht sich den Mitmenschen widmen? Aber im Grunde interessieren die Mitmenschen Sie kaum. Platten hören? Das war einmal eine Lösung, aber im Lauf der Jahre mussten Sie einsehen, dass Musik Sie von Mal zu Mal weniger berührt. Basteln, im weitesten Sinne, könnte ein Weg sein. Aber in Wahrheit kann nichts die immer häufigere Wiederkehr jener Augenblicke verhindern, in denen Ihre absolute Einsamkeit, das Gefühl einer universellen Leere […] Sie in einen Zustand echten Leidens stürzen.«[309]

Die andere »typische Reaktion« ist eine einseitige Konzentration des Lebens auf die Arbeit, bei der die Freizeit im Grunde nur noch Ausgleich und »recreation« ist, also »Wiederherstellung« der Leistungsfähigkeit für die Arbeit. In diesen Fällen ist häufig gar kein anderer Lebensinhalt, aus dem man konkret Sinn und Freude schöpfen könnte, mehr bekannt – abgesehen vielleicht von der Kleinfamilie. Letztere leidet allerdings auch schon erheblich, da bei einem derartigen Lebenswandel viele Menschen, insbesondere Männer, eben nicht mehr wissen, wie sie mehr Zeit auf eine lebenswerte Art und Weise in der Gegenwart ihrer Familie verbringen könnten. Generell wurde bereits festgestellt, dass Menschen mit besonders langen Arbeitszeiten oftmals mit Freizeit nur noch schlecht zurechtkommen.[310]

Die Entwicklung eines solchen »Workaholismus« (Arbeitssucht) ist im Übrigen ein allmählicher, gradueller Prozess, an deren Beginn nicht selten noch die Absicht steht, nur »ein paar Jahre« der Karriere opfern zu wollen. Dabei gelingt es jedoch oft von Anfang an nicht, die anderen essenziellen

> *»Das Konkurrenzleben ist ein einsames Leben, und seine Befriedigungen sind in der Tat sehr kurzlebig, denn jeder gewonnene Wettlauf führt nur zu einem erneuten Wettlauf.«*
> Philip E. Slater

Aspekte des Lebens mit der Arbeit im eigenen Lebensstil zu vereinbaren. So kommt es mit der Zeit dazu, dass die Fähigkeiten und die Lebenskultur, um andere Seiten menschlichen Daseins auf bereichernde Art zu erleben, verloren gehen – was dann die Rückkehr zu einer umfassenderen Lebensweise beträchtlich erschwert. Je mehr »Opfer« an Lebensqualität erbracht werden, desto stärker wird zudem das Gefühl, dieser Einsatz müsse sich irgendwann ganz groß auszahlen und es dürfe deshalb zu keinen Abstrichen von der Karriere kommen, sodass sich die einseitige Ausrichtung auf die Arbeit richtiggehend verselbstständigt.

In stark ausgeprägten Fällen kann sich hieraus das sogenannte »Typ-A«-Syndrom entwickeln. Dabei handelt es sich um eine Charakterprägung, die von amerikanischen Medizinern wegen ihres häufigen Auftretens bei Patienten entdeckt wurde. Die »Typ-A«-Prägung führt zu einer deutlich erhöhten Wahrscheinlichkeit von Herzerkrankungen und ist durch folgende Merkmale gekennzeichnet: »Wettbewerbsorientiertes Leistungsstreben«, »Gefühl von Zeitdruck und Ungeduld« sowie »Aggressivität und Feindseligkeit im Lebensstil«.[311] Dieses Phänomen scheint sogar *unabhängig vom Niveau der wirtschaftlichen Entwicklung* zu sein, denn es findet sich in ähnlicher Weise in »primitiven« Kulturen. So gibt es tatsächlich Stammesgesellschaften, die eine Art »einseitige Arbeitsorientierung« aufweisen. Dort treten gehäuft Charakterzüge wie »Rivalität« und »Aggressivität« auf, und mitunter sterben viele Männer in »mittleren Jahren«.[312]

In diesem Zusammenhang ist es interessant, dass die regelmäßigen Arbeitszeiten von über 50 Stunden pro Woche, die bei uns in gewissen Bereichen als normal gelten, wahrscheinlich zu den längsten in der Geschichte der Menschheit gehören – mit der Ausnahme des sogenannten Hochkapitalismus im 19. Jahrhundert. Aufgrund der hochkapitalistischen Extremzustände wird die Arbeitszeit von Menschen zu früheren Zeiten meist überschätzt. So ist allgemein kaum bekannt, dass im Mittelalter die Jahresarbeitszeit von Männern nach Schätzungen von Historikern im Durchschnitt etwas über 1 800 Stunden betrug. Dies würde einer 40-Stunden-Woche bei 45 Arbeitswochen im Jahr entsprechen, wobei die tatsächlichen Arbeitszeiten wesentlich unregelmäßiger verteilt waren, abhängig von den Jahreszeiten und unterbrochen von zahlreichen Feiertagen. Nebenbei bemerkt haben damals gut verdienende Geschäftsleute sogar oft nur vormittags gearbeitet. Insgesamt scheinen die mittelalterlichen Verhältnisse keine Ausnahme in der Menschheitsgeschichte gewesen zu sein: Aus dem antiken Griechenland und Rom wird für einfache Leute – weder Sklaven noch Sklavenhalter – Ähnliches berichtet wie für die breite Bevölkerung des Mittelalters.[313]

»Nirgendwo wird vielleicht die Bedeutung, die Erwerbsarbeit für das Leben der Menschen in der industriellen Welt gewonnen hat, so deutlich wie an der Situation, in der zwei Unbekannte sich begegnen und fragen: ›Was sind Sie?‹, und antworten [...] mit der größten Selbstverständlichkeit der im Grunde genommen mit dieser Antwort aus den Fugen tretenden Welt mit dem *Beruf*: Facharbeiter bei Siemens.«[314] Diesen Worten Ulrich Becks ist noch hinzuzufügen, dass heute selbst mit dem Ausdruck oder Wunsch, »sich zu verändern«, oftmals nicht eine Veränderung von Charakter, Verhalten, Denkweise, Erscheinung oder Lebensstil gemeint wird, sondern ein Wechsel des Jobs. Und auch in der bereits zitierten Untersuchung von Geert Hofstede über kulturelle Unterschiede weltweit entsteht der Eindruck,[315] dass in individualistischen Gesellschaften die von den Menschen an ihre Arbeit gestellten Hauptanforderungen von einer Einstellung zeugen, bei der Lebenssinn und -inhalt auf einseitige Weise in der Arbeit gesucht werden. Während in anderen Ländern sachgemäße, natürliche Anforderungen überwiegen, wie die Anwendung der eigenen Fähigkeiten und die Fortbildung, werden hier in individualistischen Nationen »Freiheit« und »Herausforderung« genannt – was eher für Selbstständige und Freiberufler angemessen erscheint als für die Mehrheit derer, die ein festes Arbeitsverhältnis anstreben.

In einem bemerkenswerten Kontrast dazu steht die Tatsache, dass in statistischen Untersuchungen die Zufriedenheit mit der Arbeit bei den meisten Menschen in den westlichen Industrieländern unabhängig davon ist, ob sie Jobs mit relativ hohem Prestige oder eher Routinetätigkeiten mit niedrigem Status ausüben. Diese Untersuchungen ergeben überraschenderweise, dass bei uns weder die Zufriedenheit mit der Arbeit noch mit dem Lebensstandard die allgemeine Lebenszufriedenheit beeinflusst, sondern gerade umgekehrt die allgemeine Lebenszufriedenheit sich in der Zufriedenheit mit dem Job widerspiegelt.»Es scheint, dass der Grad an Zufriedenheit mit Arbeit und Lebensstandard nur ein Nebeneffekt (eine Konsequenz) der Lebenszufriedenheit ist und keinerlei ursächliche Wirkung besitzt.«[316] Dasselbe scheint für die Zufriedenheit mit dem Einkommen zu gelten.[317] Ein derart radikales Ergebnis verwundert zwar und seine Ursachen sind alles andere als eindeutig. Dennoch ist es manchmal klar zu erkennen, dass Menschen Defizite ihres gesamten Lebens und eine daraus resultierende Unzufriedenheit in den mitunter einzig intakten Bereich, das Arbeitsleben, projizieren – wodurch sie sich natürlich auf bequeme Weise der Aufgabe entledigen, ihre eigene Lebensweise zu verbessern, und den »Sündenbock« in der Arbeit finden. So wurde in empirischen Untersuchungen festgestellt, dass Menschen, die eigentlich Probleme auf den Gebieten von Partnerschaft und zwischenmenschlichem Kontakt haben, weniger zufrieden mit ihrer Arbeit sind.[318] Insgesamt deuten diese Ergebnisse in jedem Fall an, wie sinnlos es meist ist, Lebensinhalt und -verwirklichung auf einseitig überwiegende Weise in der Arbeit zu suchen.

Allerdings greift die »einseitig arbeitsorientierte Lebenseinstellung« bei uns häufig auch auf Lebensbereiche oder Personen über, die nicht einmal wirklich hohen äußeren Arbeitsanforderungen unterworfen sind. Dies ist der Fall, wenn die Freizeit Berufstätiger oder die frei einzuteilende Zeit Nicht-Berufstätiger mit Pflichten verschiedenster Art so ausgefüllt wird, dass keine freie Zeit mehr zur Verfügung steht. Selbst wenn es im Grunde gar nicht genug davon gibt, lassen sich derartige »Pflichten« leicht neu schaffen oder zu nahezu beliebiger Zeitverschwendung »aufblasen«, wie z. B. wöchentlich das Auto zu waschen, den Rasen zu mähen, diverse Arten von Putzfimmel, usw. Die berühmt-berüchtigte Art von »Vereinsmeierei«, bei der sich entsprechende Vereinsmitglieder lieber mit allen nur möglichen Verwaltungsaktivitäten als den eigentlichen Zwecken des Vereins beschäftigen, gehört wohl ebenfalls hierher. Bei einer Lebensweise, die vorwiegend aus dem Erfüllen von Pflichten besteht – und besonders bei der »künstlichen Variante«, bei der die Art und das Ausmaß der »Pflichten« fragwürdig sind –, ist es im Übrigen kein Wunder, wenn Menschen des Öfteren unter Sinnkrisen leiden. Gerade derjenige, der tatsächlich schwere Pflichten zu tragen hat, braucht Erlebnisse der Freude.

Es ist bezeichnend, wie bei uns Begriffe und Einstellungen aus dem Arbeitsleben überhandnehmen. Auch im Privatleben »muss etwas vorwärtsgehen«, in der Freizeit werden die Dinge »erledigt«, und es ist davon die Rede, die Zeit zu »nützen« – als ob es hier schon wieder um Leistung, Ausbildung, etc. ginge. Etliche Leute können Gespräche fast nur noch über Berufe, Steuern, irgendwelche Preise und vielleicht ein skurriles Hobby führen (abgesehen vom Dauerthema Politik), was allein schon Anzeichen einer Verarmung des Lebens ist. Ein charakteristisches Beispiel ist auch der Besuch eines Fitnessstudios statt eines Sportvereins. Wo früher noch der Spaß am Sport eine wichtige Rolle spielte, dominiert heute das reine Körpertraining. Letzteres soll hier nicht abgewertet werden, aber es kann doch nicht annähernd so viel Freude bereiten wie eine Sportart, die im Verein mit Sportfreunden praktiziert wird. Obwohl die Fitnessstudios bereits auf verschiedene Weise versuchen, die geselligkeitsstiftende Wirkung von Vereinen zu erreichen, gelingt ihnen das bisher nur in begrenztem Umfang.[319] Ein weiteres Symptom einer einseitig arbeitsorientierten Lebenseinstellung besteht darin, dass sämtliche Aktivitäten als Mittel für einen »nützlichen« Zweck angesehen werden, wie es offenbar in den USA – aber sicherlich nicht nur dort – inzwischen weitverbreitet ist: »Wir gehen spazieren wegen der Fitness, spielen Golf wegen der Kontakte, und lesen, um den Verstand zu ertüchtigen. *Die Zeit mit Aktivitäten zu verbringen, die an und für sich ein Vergnügen darstellen, ist fast ein Fremdwort für uns.*«[320] Nicht zuletzt ist es auch typisch, wenn immer für die Zukunft gelebt wird, wenn heute immer noch irgendetwas gemacht werden muss, um sich auf diese Zukunft vorzubereiten, oder etwas erreicht oder erworben werden muss, um morgen leben zu können; wenn Zufriedenheit und Glück immer nur in der Zukunft vermutet und gesucht werden – mitunter ein Leben lang, falls einem nicht zuvor ein einschneidendes Erlebnis die Sinnlosigkeit eines solchen Lebensstils vor Augen führt.

Diese Lebenseinstellung, so fest gefahren sie auch oft erscheinen mag, ist jedoch glücklicherweise nicht unabänderlich. Im vorletzten Kapitel werden wir ein Beispiel einer – zuvor sehr einseitig arbeitsorientierten – ganzen Unternehmensbelegschaft kennenlernen, deren Mitarbeiter mehr oder weniger zufällig auf einmal gemeinsam lebenswerte Erfahrungen neben der Arbeit machten, und daraufhin zu einer umfassenderen Lebenseinstellung fanden.

Ambition in Maßen und eine gewisse Zukunftsplanung sind richtig und normal, aber es ist nicht sinnvoll, das eigene Heil in totaler Abhängigkeit von beruflichen Erfolgen zu sehen, und es ist falsch, zu erwarten, wenn sich nur der Erfolg in der Arbeit einstelle, dann werde sich der Rest des Lebens schon regeln. *Die Griechen im antiken Athen waren der Meinung, dass die Freizeit, wenn es keine Vorbereitung für sie gäbe, vergeudet würde.* Dasselbe trifft wohl zu, wenn auf die Freizeit einfach die im Arbeitsleben erlernten Verhaltensweisen übertragen werden, anstatt sich eine bedürfnisgemäße Lebenskultur anzueignen und zu pflegen. Dies gilt sowohl für den, der nach acht Stunden Arbeit etwas anderes tun möchte, als auch für den, dessen oberstes Ziel die Karriere ist.

Einseitige Menschen welcher Art auch immer laufen außerdem erhebliche Gefahr, den nötigen Abstand zu den Dingen einzubüßen, um die richtigen Entscheidungen für ihr Leben zu treffen. Sie werden sich mitunter in wenig aussichtsreichen Situationen verzweifelt herumplagen, in Machtkämpfe, Stellungsgefechte oder Rechtsstreitigkeiten verstricken – und die Fähigkeit verlieren, festzustellen, wann es Zeit für einen Wechsel ist, um an sinnvollerer Stelle weiterzuwirken. Überaus häufig sehen sie ihr persönliches Glück in Abhängigkeit von der nächsten Gehaltserhöhung, auch wenn dies in keinem Verhältnis zu deren finanzieller und anderweitiger Bedeutung steht. Oder, wie es Ruut Veenhoven auf sehr vorsichtige Weise ausgedrückt hat:»Menschen, die außerstande sind, die nichtwirtschaftlichen Gründe ihrer Unzufriedenheit mit dem Leben zu begreifen, könnten genau deshalb ihr Unglücklichsein immer noch auf ihre finanzielle Situation zurückführen und folglich vor allem mehr Geld begehren.«[321] Einseitige Menschen sind übermäßig schnell unzufrieden, wenn einmal nicht alles perfekt läuft, und oft hindert ihre Unausgeglichenheit sie sogar daran, wirklich produktiv zu sein. Schließlich laufen sie im Falle von Arbeitslosigkeit oder nach der Pensionierung – wenn mit dem Job zugleich die Lebensmotivation, das Selbstwertgefühl und womöglich die Identität verloren gehen – besondere Gefahr, in richtiggehende Abwärtsspiralen zu fallen. Und ihre Freude am Leben wird sich überhaupt nur selten entfalten.

»Wenn die Umstände, unter denen dies Individuum lebt, ihm nur die einseitige Entwicklung einer Eigenschaft auf Kosten aller andern erlauben, wenn sie ihm Material und Zeit zur Entwicklung nur dieser einen Eigenschaft geben, so bringt dies Individuum es nur zu einer einseitigen, verkrüppelten Entwicklung.«
Karl Marx

Diese starke Einseitigkeit, in die sich Menschen gleichwohl hineinentwickeln können, ist zu berücksichtigen bei der Interpretation der bereits mehrfach angeführten Statistiken zur Lebenszufriedenheit, sofern sie aus einer Befragung der Betreffenden selbst gewonnen wurden. Wer seit Jahren nur noch wenig Lebensfreude verspürt und keine Aussicht auf Besserung hat, der denkt nicht mehr an wirkliche Freude als Maßstab, wenn er zur Zufriedenheit mit seinem Leben gefragt wird – seine Beurteilungsskala verkürzt sich auf das, was er als seinen Normalzustand ansieht.[322] Eine Person, die stark einseitig arbeitsorientiert geworden ist und »kaum etwas anderes mehr kennt«, wird z. B. aussagen, sie sei sehr zufrieden mit ihrem Leben, wenn es im Beruf gerade gut läuft. Zudem unterliegen solche Angaben einer Tendenz zu Verzerrungen in Richtung des persönlich Wünschenswerten, so, wie die meisten Menschen erklären, sie seien »glücklicher als die meisten anderen«, was natürlich insgesamt gesehen gar nicht möglich ist. Wenn indes Art und Richtung dieser Verzerrungen bei der Interpretation berücksichtigt werden, dann können die Statistiken oft dennoch nützliche relative, d. h. aus Vergleichen gewonnene, Informationen liefern. Die absoluten Werte an sich hingegen sind wenig aussagekräftig.[323]

Auch wenn sich die Beurteilungsskalen oder Maßstäbe verschieben, bleibt jedoch eine verfehlte Lebensweise nicht ohne Folgen. Wenn die menschlichen Anlagen und Bedürfnisse einer Person unverwirklicht bleiben, wenn es ihr misslingt, sie in einer umfassenden Lebensweise miteinander zu vereinbaren, dann leidet die Person. Sie leidet, wie es Erich Fromm auf abstrakte und zugleich treffende Weise ausgedrückt hat, unter »ungelebtem Leben«. »Denn in ihrer steten Neigung zum Ausbessern von Schäden und zur Vervollständigung der Entwicklungsstufen bedient sich die Lebenskraft unter anderem der Angst, des Schmerzes und einer Reihe anderer Mittel [insbesondere Formen von Unruhe und Aggressivität] als Werkzeug, um zu signalisieren, dass etwas nicht stimmt.«[324]

Dies kann zunächst zu einer unterschwelligen, mitunter quälenden Sorge um die eigene – und nicht unbedingt näher definierte – Selbstverwirklichung führen, zu latenter innerer Unruhe oder dazu, dass man ständig mit irgendetwas beschäftigt sein muss, nie mal innehalten kann (nach dem Motto »keep busy, lest you wither in despair«, d. h., »bleibe geschäftig, damit du nicht in Verzweiflung verfällst«). Auch ständige Gedanken darüber, was man im Leben »erreichen« wird, können sich hieraus ergeben: Unzufriedene Menschen tendieren dazu, häufig über das »Vorwärtskommen« und Geld nachzudenken.[325] Wobei sich in einer tiefer gehenden Untersuchung stressgeplagter Angehöriger der Mittelklasse, bei denen eine derartige Fixierung auf das »materielle Eigeninteresse« vermutet worden war, dann herausstellte, dass sie letztlich »mehr von dem Gefühl gestresst waren, ihr Leben sinnlos zu verschwenden, als von dem Streben nach mehr Geld«.[326] Am verwirrendsten sind die unterschwelligen Signale einer defizitären Lebensweise vielleicht sogar für diejenigen, die sich in ihren »besten Jahren« befinden, beruflich gerade erfolgreich sind, als »gute Partie« angesehen werden, und naheliegenderweise erwarten, jetzt eigentlich glücklich sein zu müssen – aber doch irgendwo spüren, dass dem nicht wirklich so ist. Denn in jedem Fall sind solche Zustände weit entfernt von dem intakten Befinden, das Erich Fromm einmal beschrieben hat: »So bewusst und intensiv zu leben, wie man kann, ist so befriedigend, dass die Sorge darüber, was man erreichen oder nicht erreichen könnte, gar nicht erst aufkommt.«[327]

Die »Lebenskraft«, um den Ausdruck von Jean Liedloff aufzugreifen, signalisiert die mangelnde Verwirklichung menschlicher Bedürfnisse so lange, bis sie es aufgibt, und der Hunger nach Leben sich woandershin richtet: »Das allgemeine Verlangen nach Insider-Storys, nach dem neugierigen Blick in das Leben von VIPs und anderen Persönlichkeiten, beruht auf ebendieser Sehnsucht nach einem Privatleben (auch wenn es das anderer Personen ist), denn die Menschen sind sich dunkel der Tatsache bewusst, dass sie nichts haben, zumindest kein Leben, das ihr Interesse erweckt.«[328] In etlichen Fällen beruhigt sich die Lebenskraft erst dann, wenn sie in einer Neurose gebändigt ist; wenn also Konflikte zwischen der Umwelt und den eigenen Wünschen nicht durch eine Entwicklung persönlicher Fähigkeiten bewältigt, sondern verdrängt werden – und sich die ungenutzte Energie in anormalen Formen entlädt, wie bei Sauberkeits-, Sicherheits- oder Gesundheitsfanatikern, zwanghaften Sammlern, usw.

Je weniger eine Verwirklichung essenzieller Bedürfnisse gelingt, desto mehr kommt es, abgesehen von Neurosen, zu Phänomenen wie Unlust, Konzentrationsschwäche, Jähzorn, Rücksichtslosigkeit und Aggressivität.[329] Bis hin zu Gewalttätigkeit kann dies führen: »Gewalttätigkeit ist das Ergebnis eines ungelebten und verkrüppelten Lebens.«[330] Auffällig im Hinblick darauf sind insbesondere die in Europa weitverbreitete, ausgeprägte Aggressivität im Straßenverkehr – nicht nur bei Auto-, sondern oftmals auch bei Radfahrern – sowie die Nachfrage nach Gewalt im Fernsehen, die offensichtlich am stärksten in den USA auftritt.

Es gibt noch weitere extreme Aspekte der Situation in den USA. Während die US-Wirtschaft die innovativste und stärkste weltweit ist, scheint dort außerhalb des wirtschaftlichen Bereichs ein sehr weitgehender Mangel an einer Lebenskultur zu bestehen, die menschlichen Anlagen und Bedürfnissen entsprechen und ihre Verwirklichung fördern würde.[331] So ist es wahrscheinlich kein Zufall, dass gerade auch in den USA gehäuft krasse menschliche Fehlentwicklungen auftreten: wie extreme Prüderie einerseits – die manchmal schon dazu führt, dass es ungewollte Schwangerschaften gibt, weil den betroffenen Mädchen überhaupt nicht bekannt war, was Sexualität eigentlich ist – und Obsessionen mit krankhaften Formen von Sexualität andererseits; wie Gewaltverherrlichung und Vernarrtheit in Waffen zum einen, und Besessenheit von »politischer Korrektheit« und ähnlichen Dingen (die vielleicht einen gewissen Sinn aufweisen, aber kein Grund zum Fanatismus sind) zum anderen. Es ist schon wirklich abwegig, dass die Fernseh-Zensoren in den USA es in Programmen, die Kinder sehen können, durchgehen lassen, dass ein Mann eine Frau schlägt, tritt, erwürgt oder ersticht, jedoch nicht, dass er sie im körperlichen Sinn liebt – und dass nackte Körper dann und nur dann gezeigt werden dürfen, wenn sie verstümmelt sind. Allerdings spiegelt die *Nachfrage* nach Gewalt im Fernsehen wohl häufig charakterliche Neigungen der Zuschauer wider, denn 59 Prozent der Amerikaner geben zu, bereits gegen andere Menschen gewalttätig geworden zu sein, und 55 Prozent davon bedauern dies noch nicht einmal.[332] Außerdem gibt es in den USA inzwischen Fettleibigkeit in einem nahezu unfassbaren Ausmaß: Ein Drittel der Amerikaner sind davon betroffen, zusätzlich zu dem Drittel der Bevölkerung, welches übergewichtig ist. Nicht zu Unrecht wird darauf hingewiesen, dass hier mitunter eine Flucht ins Essen, quasi als einziger Befriedigung im Leben, wie in eine Droge vorliegt; und zwar eine »Droge«, an deren Folgen nach Schätzungen des US-Zentrums für Prävention und Überwachung von Krankheiten etwa 300 000 Amerikaner jährlich sterben.[333]

> *»Es ist nicht gut, vor Wirklichkeiten zu tun,*
> *als ob sie nicht wären, sonst rächen sie sich.«*
> Romano Guardini

Als Zusammenfassung des Kapitels lässt sich sagen, dass es gerade »einfache« Dinge sind, die menschliche Bedürfnisse umfassend und intensiv ansprechen – einfache Dinge, die aber doch einige Kultur erfordern, so, wie aus dem Essen erst durch die Kochkunst ein Genuss wird. Sie werden hier als Lebenskultur bezeichnet; ihnen entsprechen beim einzelnen Menschen Fähigkeiten, die er benötigt, um anregende Aktivitäten in der Freizeit zu erleben, bei gutem Essen und Trinken, in einem bereichernden Verhältnis von Frau zu Mann und in lebendiger Gemeinschaft. Diese Kultur muss erlernt werden, wenn auch oft auf spielerische Weise, wie z. B. bei Tanz, Musik, Gesang, Hobbys und Sport, und leistet dann einen starken Beitrag zur Freude am Leben. Ähnlich wie es heute in Lateinamerika eine weltbekannte Tanzkultur gibt, so waren auch bei uns früher Formen von Lebenskultur verbreitet, auf dem Land wie in den Städten, und sie zeigten sich insbesondere regelmäßig an Feiertagen. Aus Gründen, die im übernächsten Kapitel betrachtet werden, sind sie jedoch zu großen Teilen verloren gegangen.

Dieser Verlust bzw. Mangel an Lebenskultur hat erstens einen erheblichen Anteil daran, dass in unserer Freizeit eine Beschäftigung überhandnimmt, die keine Fähigkeiten erfordert, allerdings auch dementsprechend wenig anregend ist – das Fernsehen. Zweitens trägt er maßgeblich dazu bei, dass in unserer Gesellschaft vielfach eine einseitig arbeitsorientierte Lebenseinstellung anzutreffen ist. Diese geht in manchen, aber bei Weitem nicht in allen Fällen mit langen Arbeitszeiten einher, und sie resultiert keineswegs automatisch in einer hohen Leistung oder Produktivität. Vielmehr ist es für sie in besonderem Maße charakteristisch, wenn auf das ganze Leben die für Arbeitstätigkeiten typischen Vorgehensweisen übertragen werden: wenn auch in der Freizeit vorwiegend irgendwelchen »Pflichten« nachgegangen wird und die Dinge »erledigt« werden, am liebsten im Hinblick auf einen zukünftigen Nutzen, den man sich davon versprechen kann. Diese Freizeit ohne Lebenskultur dient keinen Sinnen- und anderen Freuden mehr, die ihre eigene Berechtigung haben, sondern sie ist auf eine bloße Erholung für die Arbeit reduziert, wenn überhaupt. Wenn eine derart einseitige Lebensweise dazu führt, dass die Verwirklichung essenzieller menschlicher Bedürfnisse misslingt, dann kommt es selbst in hoch entwickelten Zivilisationen zu Phänomenen wie einer latenten Unruhe, Aggressivität oder einer Neigung zu Gewalt – Phänomene, die entgegen diversen Behauptungen keinesfalls naturgegeben sind, wie sich im nächsten Kapitel zeigen wird.

»Wir wissen, wie man seinen Lebensunterhalt verdient, aber nicht mehr, wie man lebt.«

Autor unbekannt

Kulturelle Eigendynamik
Beobachtungen aus »primitiven« Stammeskulturen

Zum Vergleich mit den bisher analysierten Zusammenhängen und Phänomenen sollen nun kurz einige interessante Forschungsergebnisse der Anthropologie (Wissenschaft vom Menschen und seiner Entwicklung) dargestellt werden. Der Sozialpsychologe und Gesellschaftswissenschaftler Erich Fromm hat die Arbeiten von Anthropologen über knapp 30 gut erforschte Stammesgesellschaften untersucht und ausgewertet, unter anderem auch in Bezug auf Individualismus, soziales Leben, Arbeitsorientierung und Lebensfreude. Dabei fand er drei Gesellschaftstypen – sogenannte »Systeme« – heraus, die sich im Hinblick auf die Lebenskultur der Stammesgesellschaft und häufige Charakterzüge der Stammesangehörigen deutlich unterscheiden.[334] Damit keine Missverständnisse aufkommen: Es handelt sich um vergleichsweise »einfache« Kulturen, in denen verschiedene Zusammenhänge klar beobachtet werden können. Dieses Schema hat keinesfalls den Zweck, allgemein Gesellschaften zu kategorisieren. Komplexe frühe Hochkulturen, wie die von den Inka in Südamerika gebildete, wurden denn auch in die Betrachtung nicht einbezogen.

Acht der Stammeskulturen entfallen auf das »System A«. Diese Art von Gesellschaft ist dadurch gekennzeichnet, dass »Ideale, Sitten und Institutionen« lebensfördernd sind, dass es viel Kooperation und wenig Individualismus oder Rivalität gibt, dass eine natürliche Einstellung zur Sexualität dominiert, dass kaum Aggressionen vorhanden sind und nicht zuletzt viel Lebensfreude herrscht. Ähnliches berichtet die Anthropologin Jean Liedloff von einer weiteren Stammesgesellschaft, wobei sie auch gemeinsame Feierlichkeiten der Stammesangehörigen beschreibt,[335] während Erich Fromm in dieser Hinsicht einmal die hohe Bedeutung von Gesängen und Tänzen erwähnt.

Vierzehn Stammeskulturen sind dem »System B« zuzuordnen. Diese Gesellschaften sind »vom Individualismus und vom

Wunsch durchdrungen, sich Dinge zu verschaffen und Aufgaben zu erfüllen«, und in ihnen besteht eine latente Aggressivität. Das Verhältnis der Geschlechter und die Einstellung zur Sexualität unterscheiden sich erheblich von Stamm zu Stamm, scheinen allerdings oft zwiespältig zu sein, bis hin zur Prüderie. Bei einem der Stämme des Systems B, der ursprünglich von der Anthropologin Margaret Mead erforscht worden ist, weist diese zudem darauf hin, dass eine starke Ausrichtung des Lebens auf materiellen Besitz herrscht und dass in den Beziehungen zwischen den Generationen Macht- und Besitzverhältnisse eine große Rolle spielen.[336]

Sechs der Stammeskulturen fallen unter das »System C«. In diesem Gesellschaftstyp sind gegenseitiges Misstrauen – manchmal selbst zwischen Ehegatten –, Aggression und Gewalttätigkeit weitverbreitet. Er ist geprägt von einer Vereinzelung der Stammesangehörigen, nicht nur im Sinne von wechselseitiger Gleichgültigkeit, sondern in Form von Rivalität und Feindseligkeit. Über einen der Stämme wird sogar ausdrücklich berichtet, dass dort besonders ältere Menschen regelmäßig vereinsamen.[337] Die Einstellung zur Sexualität wird nicht generell geschildert; bei einem Stamm des Systems C hat sie indes einen komplizierten Charakter von Kompensation für die allgemeine Freudlosigkeit und kann vielleicht am besten als »lieblose Sexbesessenheit« umschrieben werden. Das Leben in den C-Stammesgesellschaften ist häufig von Angst erfüllt, und sie sind vielfach in Kriege verwickelt.

Allein die Verschiedenheit dieser Stammeskulturen ist ausreichend, um ein bestehendes Klischee auszuräumen – nämlich dass ein Leben unter primitiven Umständen an sich schon die Menschen glücklich machen würde. Alle Stammesgesellschaften der drei Typen waren indessen über lange Zeit stabil. Dies bedeutet erstens, dass sie die materielle Versorgung und die Fortpflanzung der Stammesangehörigen sichern konnten, und zweitens, dass die jeweiligen Elemente und Charakteristiken ihrer Kultur ein System gebildet haben, in dem sie sich gegenseitig bestärkt, verfestigt und dadurch erhalten haben.

Es ist nun zu beachten, dass z. B. Kulturen des Systems A unter materiell und klimatisch verschiedensten Rahmenbedingungen existieren, sogar ein Eskimo-Stamm ist dem System A zuzurechnen. (Dies steht in Einklang mit der Erkenntnis der Glücksforschung, dass zwar saisonale Unterschiede von Wetter, Sonnenscheindauer, etc. die Lebensfreude der Menschen beeinflussen, nicht jedoch dauerhafte regionale Unterschiede, da die Menschen sich an das Klima ihres Landes gewöhnen.)[338] Des Weiteren gibt es Stammeskulturen, die unter *ähnlichen* natürlichen und wirtschaftlichen Bedingungen – unter anderem auf benachbarten Inseln – leben, aber verschiedenen Gesellschaftstypen angehören. »Augenfällige ökonomische Faktoren wie Armut oder Reichtum, Jagd oder Ackerbau usw.« reichen nicht aus, um die typischen Charaktereigenschaften einer Stammesgesellschaft bzw. ihrer Angehörigen zu erklären.[339] Dieser sogenannte Gesellschafts-Charakter kann also keineswegs einfach aus gegebenen Rahmenbedingungen hergeleitet werden. Ganz im Gegenteil, mit einem derartigen Reduktionismus würde man sich wichtiger Erklärungsmöglichkeiten berauben. Vielmehr ist der Gesellschafts-Charakter zunächst aus der jeweiligen Lebenskultur (oder Unkultur) und ihrer Eigendynamik heraus zu verstehen, wie es die Anthropologie eben auch getan hat.

Zusammenhänge von sich selbst verfestigender, eigendynamischer »Stammeskultur« können schon im Tierreich beobachtet werden. Im Fall eines Affenstamms in Kenia galten die führenden, sogenannten »Alpha-Männchen« ursprünglich als von Natur aus besonders aggressiv, da sie über Generationen hinweg in ihrem Stamm für ein hohes Aggressionsniveau gesorgt, dieses auch in ihren Nachfolgern hervorgerufen und so immer weitergegeben hatten. Nun starben sie durch die Infektion mit einer Krankheit an einer Müllhalde, an die nur sie – und weder die weniger aggressiven Männchen noch die Weibchen – sich herangetraut hatten, zu einem gewissen Zeitpunkt aus. Danach etablierte sich unter den verbleibenden Affen eine Kultur des friedlichen Umgangs miteinander, die sich wiederum selbst reproduzierte (fortpflanzte), indem sie die nachwachsenden und bemerkenswerterweise auch die aus anderen Gegenden zugezogenen Männchen formte und dominierte.

Aufgrund dieser Eigendynamik – und entgegen der Erwartung der beobachtenden Wissenschaftler, die wegen der unveränderten biologischen Bedingungen mit der Zeit eine Rückkehr zu den früheren Aggressionsniveaus erwartet hatten – setzte sich die »soziablere« Kultur des Umgangs dauerhaft fort, und die frühere Aggressivität trat nicht mehr auf.[340]

Abgesehen vom Spezialfall dieses Affenstamms ist es eine hoch komplizierte und nicht geklärte Frage, welche Faktoren genau zur Entstehung einer bestimmten Kultur führen. Der Prozess der Entstehung dürfte ein evolutionärer sein, in dem einmal erreichte – ob durch Zufall, aktive Bemühung oder anderweitig – *stabile, in sich konsistente* Zustände zunächst fortbestehen und der weiteren Entwicklung zugrunde liegen. Auf welche Weise einzelne Kulturelemente einander bestärken können, sodass sich stabile Zustände ergeben, soll in der folgenden Darstellung der drei Systeme A bis C verdeutlicht werden. Insbesondere die Zusammenhänge im System A wirken dabei etwas idealtypisch; es ist jedoch zu beachten, dass in den Systemen B und C *ebenso* »Kreisläufe« und Folgewirkungen bestehen, durch die sich die Elemente des Systems gegenseitig verfestigen und so zur Erhaltung des Gesamtzustands beitragen.

In den Gesellschaften des Systems A gewährleisten die Einrichtungen, Werte und Gebräuche die Sozialisation der Menschen und es wird ein bereicherndes Verhältnis der Geschlechter ermöglicht. Auf dieser kulturellen Basis kommt es bei Befriedigung der physiologischen, produktiven und sozialen Bedürfnisse zur Entfaltung von Lebensfreude. Die Stammesangehörigen erfüllen in gutem Sozialkontakt wiederum ihre gemeinschaftlichen »Institutionen« mit Leben, und durch das attraktive Vorbild der Erwachsenen wird das gesamte Lebensmodell der Kultur, einschließlich ihrer Werte, erfolgreich an die nachwachsenden Generationen vermittelt. Aggressionen entstehen unter diesen Umständen kaum.

Damit die von Margaret Mead bei einem Stamm des Systems B gegebenen Hinweise zur »Ausrichtung auf materiellen Besitz« nicht zu falschen Rückschlüssen über das System A führen, scheint es an dieser Stelle angebracht, einen der Pioniere der

Anthropologie, Bronislaw Malinowski, zu zitieren. So schreibt Malinowski (unter Bezugnahme auf seinen Zeitgenossen Alfred E. Crawley):»Alle anthropologischen Erkenntnisse ›widerlegen tendenziell die gängige Idee, dass die Urgesellschaften einen kommunistischen und sozialistischen Charakter hatten. Die Rechte des Individuums in Bezug auf Besitz, Ehe und alles andere wurden nie klarer definiert als durch den primitiven Menschen«, und an anderer Stelle in eigenen Worten:»Kommunismus als Nicht-Existenz von individuellem Besitz gibt es nicht unter primitiven Bedingungen.«[341] Aus dem Privatbesitz allein folgt eben noch keine Lebensausrichtung auf Besitztum. Ergeben kann diese sich allerdings in einer Gesellschaft, die von einem einseitigen, für das System B typischen, Streben nach materiellem Erfolg gekennzeichnet ist. Oder, wie es ein amerikanischer Arzt einmal vereinfacht ausgedrückt hat: Zu einer Fixierung auf Besitztümer »kommt es immer dann, wenn jemand [...] sein Dasein damit verbringt, sich um diese Dinge zu kümmern, statt sich mit Menschen zu umgeben«[342] – ein weiteres Phänomen, das nicht erst heute zu beobachten ist, sondern das tatsächlich auf ähnliche Weise in Stammesgesellschaften auch schon auftrat.

Im Gesellschaftstyp B herrschen individualistische Zustände vor, die die Sozialisation und das Sozialleben beeinträchtigen. Das Verhältnis zwischen Frau und Mann wird dort oft nicht bis zur möglichen gegenseitigen Bereicherung entwickelt und mitunter gibt es auch Formen der Prostitution. Früher oder später konzentrieren sich die Stammesangehörigen in jeder Generation auf materielle Dinge und Aufgaben. Bedingt durch diese beschränkte Lebensverwirklichung weisen die Menschen viel Aggressivität auf, wobei jedoch ihre Energie immerhin so kanalisiert wird, dass es nicht zu offener Gewalttätigkeit kommt. Die Lebensfreude kann sich schließlich nicht voll entfalten, und des Öfteren existiert eine erhebliche unterschwellige Angst im Leben.[343]

In den Stammesgesellschaften des Systems C sind die Menschen tendenziell derart vereinzelt, dass nahezu jeder gegen jeden Misstrauen hegt und mitunter sogar ein antagonistisches – von Widerstreit und Gegnerschaft geprägtes – Geschlechterverhältnis herrscht. In einem Fall berichtet Erich Fromm: »Kein Dobuaner wird je zugeben, dass ein Mann und eine Frau auch nur für kurze Zeit außer aus sexuellen Gründen zusammen sind.« Zusammengehalten werden die Stämme unter anderem durch strenge Hierarchie, und regelmäßig treten Feindseligkeiten sowie Angst auf. Es entwickelt sich kaum Lebensfreude, bei einem Stamm »verbieten« die Gewohnheiten selbst das Lachen. Dieses völlig unbefriedigende Leben führt zu häufiger Gewalttätigkeit bis hin zu Kriegen, worin die Stammesangehörigen dann ihr negatives Welt- und Menschenbild des »homo homini lupus« (»der Mensch ist dem Menschen ein Wolf«) immer wieder bestätigt sehen.[344]

In einer anderen Untersuchung über Stammesgesellschaften hat sich im Übrigen herausgestellt, dass einerseits in etwa 50 Prozent der Gesellschaften überhaupt keine Vergewaltigungen vorkommen, während diese andererseits in 18 Prozent der Stämme ein »häufiges Ereignis« darstellen.[345] Die Autoren konnten leider nicht überprüfen, ob ein Zusammenhang zwischen dem Auftreten von Vergewaltigungen und den frommschen Systemen besteht – ein solcher würde allerdings nicht überraschen.

Es gibt ganz offensichtlich sowohl Kulturen, die der Natur des Menschen und der Entfaltung seiner Freude am Leben förderlich sind (System A), als auch »Unkulturen«, die ihr schädlich sind (System C). Und es gibt Stammesgesellschaften, die – ungeachtet aller Unterschiede im Entwicklungsniveau – in gewissen Zügen sogar frappierende Ähnlichkeiten mit den westlichen Zivilisationen aufweisen. Relativ zum System C sind die Zustände in den westlichen Industrieländern im Allgemeinen sehr gut, relativ zum System A wird jedoch nochmals deutlich, dass unser Leben bei allem Fortschritt oft einseitig ist und es an Teilen mangelt, die für die Lebensentfaltung wichtig sind.

Freiheit allein reicht nicht
Ursachen des Verfalls des Soziallebens

»Die echte Freiheit ist nicht eine Freiheit
von etwas, sondern eine Freiheit zu etwas.«
Johann H. Pestalozzi

Bei der Zusammenfügung der Faktoren, die beim Verfall sozialen Lebens eine bedeutende Rolle spielen oder gespielt haben, soll nun zuerst auf Sachverhalte eingegangen werden, die bereits in den vorhergehenden Kapiteln angesprochen wurden, insbesondere den Verlust von Lebenskultur. Die Auswirkung dieses Verlusts lässt sich vereinfacht folgendermaßen zusammenfassen: Wenn in weiten Bevölkerungsschichten die im Sozialleben praktizierte Lebenskultur einmal verloren gegangen ist, dann fehlt sie den Menschen, wie die Würze beim Essen, wenn sie irgendein Anlass oder der soziale Instinkt wieder zusammenbringt. So erfahren sie hierbei nicht mehr die volle Bereicherung und Freude, die aus Sozialleben entstehen kann, und suchen nur noch in vermindertem Umfang danach, bzw. wissen oft gar nicht mehr, wo und wie sie überhaupt fündig werden könnten. Schließlich bleiben viele Möglichkeiten und Anlässe für Sozialleben bei uns ungenutzt – im auffälligen Gegensatz zu Ländern, wo in dieser Hinsicht mehr Lebenskultur existiert –, und es dominiert der geschilderte soziale Mangelzustand.

Die Kulturhistorikerin Barbara Ehrenreich hat sich mit der Frage auseinandergesetzt, wann und vor allem *wie* die ehemalige Lebenskultur in der breiten Bevölkerung verloren ging. Als eine der wichtigsten Triebkräfte, die zum Kulturverlust führten, stellte sich dabei ein Phänomen heraus, das in Europa und den USA stark ausgeprägt war: nämlich fanatische Protestanten wie die Calvinisten und Puritaner. Diese erklärten de facto die Arbeit zum einzigen Lebenssinn, sahen fast jede andere Beschäftigung als Teufelszeug an und waren im Grunde unverblümt lebensfeindlich.[346] Solche Arten von Protestantismus wiesen gerade in der gesellschaftlich führenden Bürger-schicht – und auch auf dem Land bei den wohlhabenderen Bauern – eine weite Verbreitung auf. Im 17. und 18. Jahrhundert gingen die ursprünglich calvinistischen Einstellungen zudem auf etliche andere religiöse Strömungen über. Dieser fatale Einfluss war in den USA noch größer als in Europa, was bis in Absurditäten ausartete wie einem Gesetz des Jahres 1648 aus Massachusetts, in dem bloßer »Müßiggang«, d. h. die Tatsache, nichts zu tun, unter Strafe gestellt wurde.[347] Als Nachwirkung der puritanischen Mentalität ist auch noch die Prohibition zu Anfang des letzten Jahrhunderts aufzufassen, die die Produktion und den Verkauf von Alkohol verbot (und ein absurdes Mittel zur Bekämpfung von Alkoholismus darstellt, da Abstinenzler eine höhere Wahrscheinlichkeit aufweisen, im Laufe ihres Lebens zu Alkoholikern zu werden, als moderate Alkohol-Konsumenten).[348]

Ein anderes Phänomen, das wesentlich zum Kulturverlust beigetragen haben dürfte, waren die horrenden Arbeitszeiten von etwa 70 Stunden pro Woche, denen der »Früh- und Hochkapitalismus« im 18. und 19. Jahrhundert große Bevölkerungsteile unterwarf. (Auf weitere Einflüsse des Wirtschaftssystems wird im nächsten Kapitel eingegangen.) Diese unterdrückten jede Lebensentfaltung neben der Arbeit, erlaubten also nicht mehr das Pflegen von Lebenskultur. Die einfache Bevölkerung leistete hiergegen lange Zeit erheblichen Widerstand, indem viele Arbeiter bis ins 18. Jahrhundert hinein kurzerhand nur an 4 Tagen pro Woche zur Arbeit erschienen, bei Arbeitszeiten von mindestens 10 Stunden pro Tag. Vor diesem Hintergrund veranstaltete die vom Calvinismus und ähnlichen Einstellungen erfasste Bürgerschicht dann regelrechte politische Ausrottungskampagnen gegen die Lebenskultur der breiten Bevölkerung, die ihr ein Dorn in ihrem Weltbild – geprägt vom »Ideal eines anstrengenden Lebens« – war. Mittels strenger »Ordnungsgesetze« wurden in europäischen Ländern sowie den USA »volkstümliche Sportarten und Feste« verboten, bis der »Feldzug gegen Volksvergnügen« weitgehend obsiegt hatte.[349]

Bemerkenswert ist es im Übrigen, dass fast zwei Jahrhunderte nach dem Auftreten Calvins in Europa die arabische Halbinsel unter einen gleichermaßen verhängnisvollen Einfluss geriet, allerdings ohne die zusätzliche Einwirkung von übermäßigen Arbeitszeiten eines »Früh- oder Hochkapitalismus«, denn von beidem gab es dort keine Spur. Mohammed Ibn Abd al-Wahhab führte auf der Halbinsel eine fanatische islamische Bewegung an, die ein Verbot von Musik, Gesang, Tanz, traditionellen Festlichkeiten und Genussmitteln erkämpfte – und von der insbesondere der militante Islam auch heute noch gezeichnet ist.[350]

Diese Entwicklungen liefern eine geschichtliche Erklärung für den Verfall eines früher ausgeprägten Soziallebens sowie der hiermit verbundenen Lebenskultur. Die dahinter stehenden Phänomene haben jedoch inzwischen in den westlichen Industrienationen ihre Bedeutung eingebüßt, denn der fanatische Protestantismus ist zur gesellschaftlichen Randgruppe abgestiegen und die Arbeitszeiten sind mittlerweile seit Längerem wieder humaner. Lebenskultur ist nun nicht »vom Himmel gefallen«, sondern sie ist einmal entstanden, als sozialer Kontakt die Grundlage dafür bot und keine lebensfeindlichen Umstände es verhinderten. Daher stellt sich bei uns die Frage, wieso seither im Allgemeinen das Niveau des Soziallebens niedrig blieb, nur wenig menschlichen Bedürfnissen entsprechende Lebenskultur wieder auflebte oder neu entstand, und es stattdessen zu den beschriebenen Kulturmangel-Erscheinungen[351] kam.

Eine wichtige, wenn auch nicht im strengen Sinn ursächliche Rolle spielt dabei zunächst die Tatsache, dass Bezugspunkte für die Entstehung von Sozialkontakt in einer Gesellschaft oder Gesellschaftsschicht nicht mehr genutzt werden bzw. verloren gehen, ohne dass für sie geeigneter Ersatz gefunden wird. Lewis Mumford hat wie bereits zitiert[352] auf die Bedeutung der allgemeinsten Bezugspunkte – neben Vereinen, Hobbys und Pfarreien – hingewiesen: Familie, Arbeit und Nachbarschaft. Bisher haben wir einige spezielle Bezugspunkte genauer betrachtet, an denen sich in der Vergangenheit oder heute noch auf Basis sozialen Kontakts Lebenskultur entwickelt(e). So war in dörflichen Gemeinschaften auf dem Land der geteilte Wohnort häufig ein Bezugspunkt für ein traditionsreiches Sozialleben, und manchmal ist er dies nach wie vor. Aber auch in Städten wurden z. B. nach Berichten aus den USA früher von Nachbarn sommerliche »Garten- und Hoffeste« veranstaltet; im Englischen entstand sogar ein eigenes Wort für Aktivitäten sozialen Kontakts unter Nachbarn, sie werden kurz als »neighboring« bezeichnet.[353] In Ständeorganisationen im Mittelalter stellte unter anderem eine gemeinsame Berufstätigkeit einen Bezugspunkt für ein viel gerühmtes Sozialleben dar. Unter den »Gegenbeispielen« in Teil I des Buchs wurden auch die englischen »Working Men's Clubs« beschrieben,[354] die als »Kristallisationspunkt« für Sozialkontakt und Lebenskultur ihrer Besucher fungierten, und es wohl weiterhin tun, wo sie noch existieren. Wie ebenfalls bei den »Gegenbeispielen« geschildert, war bei neu gebauten Wohnungen in ehemaligen Ostblock-Staaten bzw. ist heute in Studentenwohnheimen die Tatsache, dass Menschen in ähnlicher Lebenslage nahe beieinander wohnen, ein starker Bezugspunkt, an dem sich oftmals ein lebendiges Sozialleben einstellt(e). Nebenbei bemerkt ist dies in den neuen Bundesländern zwar weitgehend, aber vielleicht doch nicht ganz verloren gegangen. Aus Halle an der Saale wird von Bewegungen berichtet, deren Ziel es ist, den Verlust des früheren Sozialkontakts, der sich mit dem allgemeinen Systemzusammenbruch ereignet hat, wieder zu überwinden: »Viele erinnern sich noch, wie das geht mit […] gemeinsamen Unternehmungen, und so bieten Vorruhestandsvereine ehemaliger Chemiearbeiter Freizeitangebote an – früher war der Ort der Arbeit der Ort des sozialen Zusammenhangs, nun ist es der Ort des Wohnens.«[355]

Auch in Untersuchungen wurde schon festgestellt, dass das Vorhandensein von Bezugspunkten einen bedeutenden Einfluss bei der Entwicklung von Sozialkontakt ausübt. *Menschliche Gemeinschaft bildet sich nicht in erster Linie durch eine Ansammlung vereinzelter Beziehungen, eine Selektion aus dem sozialen Nichts heraus, sondern durch irgendeine Gemeinsamkeit, einen Bezugspunkt, der für ein Minimum an geteilter Lebenswelt sorgt.* Kontakt entsteht bei Weitem nicht nur aus der Kontaktfähigkeit des Einzelnen, wie der Arzt und Psychiater Horst-Eberhard Richter konstatiert.[356]

Darüber hinaus ist bei der Bedeutung von Bezugspunkten nicht zu vergessen, dass es in jedem Fall – ob wir es wollen oder nicht – unsere Lebensqualität erheblich beeinflusst, wie wir uns mit unseren Kollegen verstehen, wie gut wir mit anderen Familienmitgliedern auskommen und wie wohl wir uns in unserer Nachbarschaft fühlen. In Übereinstimmung hiermit hat sich z. B. herausgestellt, dass gilt: »Der Rückgang nachbarschaftlichen Sozialkontakts geht einher mit einer beträchtlichen Verringerung der Zufriedenheit mit dem Ort, an dem man lebt.«[357]

Der Verfall sozialen Lebens und die Tatsache, dass Bezugspunkte für Kontakt nicht mehr genutzt werden, ist auch vor dem Hintergrund zu sehen, dass ein Faktor tendenziell zu einer Selbstverstärkung der Entwicklung führt, nämlich die Charakterprägung der Menschen. Wer an einem aktiven Sozialleben teilgenommen hat und eine soziable Prägung aufweist, wird über geübte soziale Fähigkeiten verfügen, wird mit auftretenden zwischenmenschlichen Schwierigkeiten leichter umgehen können, wird stärker die bereichernden Seiten genießen und letztlich Sozialkontakt stets wieder suchen. Wer hingegen längere Zeit an keinerlei intensivem Sozialleben teilhat und eine individualistische Prägung annimmt, der wird an die mögliche Bereicherung kaum noch denken und sie nur selten suchen – vielleicht dann, wenn man sich »schon lange nicht mehr gesehen« hat. Seine sozialen Fähigkeiten werden nachlassen, positive Seiten werden bisweilen in zwischenmenschlichen Problemen untergehen, und sozialer Kontakt wird weiterhin auf ein geringes Maß beschränkt oder im Extremfall überhaupt gemieden werden.

Diese Rolle der Charakterprägung spiegelt sich auch in einer Untersuchung über die Häufigkeit der Sozialkontakte von Müttern wider.[358] Mit den Untersuchungsergebnissen sollte eigentlich die Vermutung geprüft werden, dass es zum einen Mütter gäbe, die mehr Kontakte zu *Verwandten* aufweisen würden, und zum anderen solche, bei denen die Kontakte zu *Bekannten* dominieren würden. Es stellte sich jedoch heraus, dass dies nur bei einer Minderheit der Fall ist. In der Mehrheit gibt es einerseits Mütter, die generell viel Sozialkontakt haben, sowohl zu

Verwandten als auch zu Bekannten, also wahrscheinlich soziabel geprägt sind, und andererseits Mütter, die weder zu Verwandten noch zu Bekannten des Öfteren Kontakt haben, also wohl ein stark individualistisches Leben führen. In ähnlicher Weise wurde festgestellt, dass diejenigen Menschen, die besonders lebendige familiäre Beziehungen aufweisen, zugleich am meisten Kontakt zu ihren Nachbarn haben, und dass die gegensätzlichen Personen in beiderlei Hinsicht die schwächsten Beziehungen zeigen.[359] Hier überwiegen somit ebenfalls die Auswirkungen der soziablen bzw. individualistischen Prägung, und es tritt keine systematische Kompensation zwischen den unterschiedlichen Möglichkeiten für Sozialkontakt auf. Im Gesamtkontext sollte die negative Seite des »Selbstverstärkungsfaktors Charakterprägung« allerdings nicht überbewertet werden, da es erhebliche Einflüsse wie das soziale Bedürfnis des Menschen gibt, die ihm entgegenwirken und sich erfahrungsgemäß, abhängig vom menschlichen Willen sowie den Umständen, durchsetzen können.[360]

Abgesehen von der selbstverstärkenden Wirkung der Charakterprägung erscheint es von Interesse, welche Gründe in der Vergangenheit dazu beitrugen, dass verschiedene Bezugspunkte für Sozialkontakt stärker genutzt wurden. Neben der Bedeutung diverser, auch heute noch relevanter Rahmenbedingungen, auf die im letzten Kapitel eingegangen wird, drängt sich der Eindruck auf, dass Faktoren, die die Menschen quasi zusammen*trieben*, dabei eine ausgeprägte Rolle spielten. Solche Faktoren waren z. B. die Versicherungsfunktionen mittelalterlicher Zünfte, die – selbst wenn sie nicht der Hauptzweck einer Zunft waren – eine Mitgliedschaft nahelegten,[361] und die ehemalige Gebundenheit an die Familie, da allein schon finanziell ein gegenseitiges Aufeinander-Angewiesensein bestand. In Bauerndörfern gab es vor der Ausrüstung der Höfe mit Maschinen immer wieder Aufgaben wie das Dreschen von Getreide, die ein einzelner Landwirt nicht ausführen konnte und die die Bewohner zur Zusammenarbeit zwangen, was zugleich den Kontakt unter ihnen förderte. Im früheren Ostblock wirkten die bereits geschilderten Nebeneffekte politischer Entscheidungen auf ähnliche Weise: So führte die Vermietungspraxis bei Wohnungen junge Familien zusammen, während die Zwangsgruppierungen an Arbeitsplatz oder Ausbildungsstelle von den Menschen vielfach umfunktioniert wurden und ihrer Geselligkeit dienten. Ein weiterer Einfluss ist die Notwendigkeit des Einander-Aushelfens im Alltag, die ebenfalls im Kontext der ehemaligen Ostblockstaaten angesprochen wurde, jedoch allgemein in Nationen mit weniger gut funktionierenden Wirtschaften von Bedeutung ist. Derartige konkrete Faktoren dürften dazu beigetragen haben, dass nicht nur im früheren Ostblock, sondern gerade in Ländern, in denen das kapitalistische Wirtschaftssystem »eher schlecht als recht« funktioniert (mangels Wettbewerb, unter anderem in Teilen Südamerikas), des Öfteren ein höheres Niveau an Sozialleben entstand bzw. anzutreffen ist. Denn die meisten dieser Nationen unterlagen in der Vergangenheit mindestens ebenso massiven gesellschaftlichen Umwälzungen wie wir, und auch dort sind Lebenskultur und Bezugspunkte für Sozialkontakt zeitweise untergegangen; offensichtlich wurden sie jedoch wiederbelebt oder durch neue ersetzt, sodass sich mehr Sozialleben einstellte und schließlich Lebenskultur entwickelte.

Es ist nicht so, dass materielle »Armut« an sich zu weniger Individualismus und mehr Sozialkontakt führen würde. In den westlichen Industrieländern sind vergleichsweise arme Bevölkerungsschichten nach den vorliegenden Untersuchungen mindestens genauso stark wie der Durchschnitt der Bevölkerung von exzessivem Individualismus und mangelndem Sozialleben betroffen, wenn nicht gar noch mehr.[362] Bestimmte konkrete Faktoren des Wohlstands hingegen können eine beachtliche Rolle beim Umfang sozialen Kontakts spielen – unter anderem die Tatsache, dass es heute für viele Menschen erschwinglich ist, für sich allein eine Wohnung zu bezahlen. So wurde in empirischen Untersuchungen festgestellt, dass der bloße Sachverhalt, allein zu wohnen, mit einer relativ hohen Wahrscheinlichkeit geringen Sozialkontakts einhergeht.[363] Ein-Personen-Haushalte sind der am schnellsten zunehmende Haushaltstyp; in Deutschland lebt bereits ein Viertel der Männer im Alter von 25 bis 39 Jahren allein, und in mehreren

Großstädten wohnt in über der Hälfte der Haushalte nur eine Person.[364] Auch die Verfügbarkeit von Autos hat wohl gewisse Auswirkungen. Wo es früher keine Automobile gab, da war das Leben vorwiegend auf die nähere Umgebung konzentriert, zu deren Menschen sich so oftmals »automatisch« Kontakt ergab. Oder da, wo nicht jede Familie ein eigenes Auto besaß, kam es zu mehr gemeinsamer Nutzung, wie dies gegenwärtig noch außerhalb der westlichen Industrienationen häufig anzutreffen ist. Insgesamt gesehen hat der materielle Wohlstand also unsere Möglichkeiten und unsere potenzielle Freiheit vergrößert, was für sich genommen positiv ist. *Damit stehen wir allerdings heute, in stärkerem Ausmaß als je zuvor, dem Problem bzw. der Herausforderung gegenüber, dass Freiheit immer auch Lebenskultur erfordert, und zwar eine menschlichen Anlagen und Bedürfnissen entsprechende Lebenskultur.*

Denn der Mensch braucht nicht nur Freiheit *von* etwas, von unterdrückenden Mächten und hemmender Bevormundung, sondern auch Freiheit *zu* etwas, zur Verwirklichung seiner Bedürfnisse und Möglichkeiten.[365] So, wie der Mensch im beruflichen Bereich nicht nur einen freien Arbeitsmarkt, sondern auch Bildung und Disziplin benötigt, so braucht er auf anderen Gebieten des Lebens nicht nur die Freiheit der persönlichen Wahl, sondern vor allem auch Lebenskultur, Fähigkeiten für den Umgang mit seinen Mitmenschen und für ein bereicherndes Verhältnis zwischen Frau und Mann. Er braucht sie, damit die Freiheit nicht bloß darin besteht, sich heute wieder vor den Fernseher zu setzen und von einem Kanal zum anderen zu wechseln; damit Zusammenkünfte und Feiern mit seinen Freunden nicht zu öden »sozialen Verpflichtungen« verkommen bzw. ganz aussterben; damit die Ehe nicht in ein »Nebeneinanderher-Leben mit minimaler Reibung« abgleitet und sich die anfängliche Begeisterung nicht in einen kalten, lieblosen Waffenstillstand verwandelt.[366] Er braucht sie bei der heutigen Freiheit der »unendlich vielen Möglichkeiten« mindestens ebenso sehr wie Menschen zu früheren Zeiten, die vielleicht in ein umfassendes, in hohem Maße vorgegebenes Lebensmodell hineinwuchsen. In wissenschaftlichen Untersuchungen wurde ebenfalls schon festgestellt, dass Freiheit in erster Linie dann die Zufriedenheit des Menschen steigert, wenn sie mit Fähigkeiten, sie zu nutzen, einhergeht.[367]

Die Inhaltslosigkeit einer Freiheit, die zwar potenziell riesig ist, aber mangels Lebenskultur keine sinnvolle Nutzung findet, hat treffend Michel Houellebecq dargestellt:»Einmal sprachen wir über die großen Fragen unserer Zeit. Er sagte (und glaubte in gewisser Weise tatsächlich daran), dass die Intensivierung der Informationsflüsse in der Gesellschaft an sich eine gute Sache sei. Dass die Freiheit nichts anderes sei als die Möglichkeit, Verbindungen verschiedenster Art zwischen Individuen, Projekten, Institutionen und Dienstleistungen herzustellen. Das Maximum an Freiheit fiel seiner Meinung nach mit dem Maximum an Wahlmöglichkeiten zusammen. Mit einer der Festkörperphysik entlehnten Metapher nannte er diese Wahlmöglichkeiten ›Freiheitsgrade‹. […] Sein eigenes Leben war, wie ich später erfuhr, äußerst funktionell. Er bewohnte eine Einzimmerwohnung im 15. Arrondissement. Die Heizung war in den Betriebskosten enthalten. Er hielt sich fast nur zum Schlafen dort auf, denn er arbeitete viel – und las außerhalb der Arbeitsstunden meist eine Zeitschrift namens Micro-Systèmes. Die berühmten Freiheitsgrade beschränkten sich, was ihn betraf, auf die Wahl seines Abendessens per Minitel [Vorläufer des Internet in Frankreich].«[368]

Die Annahme, dass der Mensch sich in der »totalen Freiheit« *von* jeglichen Einflüssen – ohne Vorbilder, Hilfe und Anregung durch kulturelle Gebräuche, Einrichtungen oder einfach andere Menschen – schon so entwickeln würde, wie es für ihn gut sei, muss ganz offensichtlich als unhaltbar eingestuft werden. Es ist in der Anthropologie seit Längerem und in der Psychologie seit den Einsichten von Abraham Maslow bekannt, dass der Mensch zwar grundsätzlich eine »gute« innere Natur besitzt, dass diese jedoch am Anfang ihrer Entfaltung relativ schwach ist und deshalb unter ungünstigen Bedingungen leicht ein Opfer von Fehlentwicklungen wird.[369] Wenn bei uns Orientierung und Möglichkeiten *zu* bedürfnisgemäßem Lebensinhalt fehlen oder nicht gefunden werden, endet das »Freisein« *von* anregendem Einfluss meist auf eine Weise, die mit Freiheit nicht mehr viel zu tun hat: nämlich in den beschriebenen Formen von einseitiger Arbeitsorientierung, übermäßigem Fernsehen, etc. Freiheit allein reicht nicht – sie ist zwar *eine* Voraussetzung einer vollen Lebensentfaltung, aber sicherlich nicht die Einzige.

Wenn wir uns also in einer Situation weitgehender Freiheit befinden, keinen materiellen Zwängen oder anderen Faktoren unterliegen, die uns zu menschlicher Gemeinschaft »zusammentreiben«, *und wenn wir zugleich nicht die erforderliche Lebenskultur für ein bereicherndes Sozialleben erworben haben,* dann stellen sich die Zustände ein, von denen sehr viele Menschen bei uns mehr oder weniger stark betroffen sind. Dann tendiert der Einzelne, der sich in dieser Lage befindet, *zu einer exzessiv individualistischen Charakterprägung und häufig auch zu Einseitigkeit, ein niedriges Niveau an Sozialkontakt nimmt überhand, und in der Gesellschaft ergeben oder verschärfen sich zahlreiche Probleme – ganz abgesehen von dem Mangel an wirklicher Lebensfreude, der zur »Normalität« wird.*

Diese Verkettung von Problemen weist durchaus Züge eines Teufelskreises auf: Wir brauchen Lebenskultur, um das Sozialleben zu führen und zu genießen, das durch die mit ihm verbundene Praxis zwischenmenschlichen Kontakts verhindern würde, dass wir eine individualistische Charakterprägung annehmen. Wenn wir jedoch individualistisch geprägt sind, dann kommt es zu einem niedrigen Niveau an Sozialkontakt, womit eine der Grundlagen dafür fehlt, dass sich die benötigte Lebenskultur entwickelt. Obschon bei dieser Darstellung die Lage schwieriger wirkt, als sie in der Realität ist, soll doch nicht verschwiegen werden, dass solche Kreisläufe bestehen – und dass es hier letztendlich darum gehen wird, wie man ihnen entkommt.

Im Übrigen kann es noch andere Faktoren als Individualismus und mangelnden Sozialkontakt geben, die die Entstehung von Lebenskultur lähmen. Die Japaner sind im Durchschnitt wohl kaum als exzessiv individualistisch einzustufen, da sie im internationalen Vergleich, gemäß den Individualismus-Indexwerten der bereits vorgestellten Untersuchung von Geert Hof-

stede, im Mittelfeld liegen.[370] Dennoch besteht in Japan ebenfalls ein erheblicher Mangel an Lebenskultur, wie ihn Taichi Sakaiya, Bestseller-Autor und einer der einflussreichsten Denker
des Landes, beschreibt:»Viele Japaner sind unfähig, an den diversen Formen der Unterhaltung und des Zeitvertreibs zu ihrem
persönlichen Vergnügen Spaß zu haben – wenn sie auch immerhin das Stadium erreicht haben, wenigstens zu wissen, dass
es so etwas gibt. […] Das größte Problem für Japan sind nicht
die internationalen Handelshindernisse oder die hohen Preise
für Grund und Boden, sondern die Tatsache, dass es als Gesellschaft so wenig bietet, worüber der Einzelne sich wirklich freuen
kann. Mehr noch: Dem Japaner scheinen die Maßstäbe dafür
zu fehlen, um über das durch diesen Mangel an Alternativen
entstehende Problem nachzudenken, ganz zu schweigen von
dem Mut, etwas dagegen zu unternehmen.«[371] Den Autoren
selbst ist die japanische Gesellschaft zu wenig bekannt, um die
dortigen Verhältnisse und ihre Ursachen beurteilen zu können.
Aus den Worten Sakaiyas wird allerdings klar, dass auch in Japan
einem Defizit an Lebenskultur eine ganz entscheidende Bedeutung zukommt.

Im Kontrast zu Japan zeichnen sich zahlreiche Nationen Lateinamerikas dadurch aus, dass ihr wirtschaftliches Niveau
zwar beträchtlich unter demjenigen der Industrieländer liegt,
dass ihre Bevölkerungen jedoch vergleichsweise viel Lebensfreude aufweisen. Vereinfacht hat dies einmal der ehemalige
Ministerpräsident von Baden-Württemberg, Lothar Späth, auf
den Punkt gebracht:»Die glücklichsten Menschen wohnen in
Südamerika.«[372] Mit Hilfe des »World Values Survey«, einem
weltweiten Forschungsprojekt über soziokulturelle Unterschiede und Veränderungen, wurde Folgendes festgestellt:»*Latein-
amerikanische Länder […] verzeichneten weit mehr persönliches
Glück, als ihr wirtschaftliches Niveau vermuten lassen würde.*«[373]
Auch wenn »nicht alles Gold ist, was glänzt« und aus dem Karneval von Rio nicht auf den Alltag geschlossen werden darf –
in Lateinamerika ist trotz massiver wirtschaftlicher Schwächen
eine ausgeprägte Lebensfreude weitverbreitet. Und für denjeni-
gen, der dort einmal in Kontakt mit der einheimischen Bevölkerung gelebt hat, ist es deutlich zu erkennen und zu erspüren,

dass dabei die reiche, menschlichen Bedürfnissen in hohem Ausmaß entsprechende Lebenskultur in vielen Gesellschaften eine essenzielle Rolle spielt.

> *»Imagination, Sensibilität, Liebenswürdigkeit, Sinnlichkeit,*
> *eine gewisse Religiosität, ein tiefes Gefühl für das Jenseitige*
> *und ein nicht weniger ausgeprägter Sinn für das Hier und Jetzt*
> *… Lateinamerika ist eine Kultur.«*
>
> Octavio Paz

»Das System ist schuld«
Einflüsse der Wirtschaftsordnung

> *»Many, perhaps most, of the pleasures*
> *of life are not priced and not for sale.«*
> Tibor Scitovsky

Das kapitalistische Wirtschaftssystem und einige verbundene Phänomene werden immer wieder durch abstrakte Argumentationen, die meist gar keiner Überprüfung in der Realität mehr unterzogen werden, für alle möglichen Probleme verantwortlich gemacht – mitunter auf eine Art und Weise, die von den konkreten Ursachen eher ablenkt. Auf diese Themen, sofern man sie auch mit dem gegenwärtigen Verfallszustand des Soziallebens in Zusammenhang bringt, soll hier eingegangen werden.

Wie zu Anfang des letzten Kapitels dargelegt, hat die Ausprägung des Kapitalismus im 18. und 19. Jahrhundert mit ihren horrenden Arbeitszeiten erheblich zum Verfall von Sozialkontakt und Lebenskultur der Bevölkerung beigetragen. Bei genauer Betrachtung tritt indessen auch zutage, dass die kapitalistischen Wachstumsprinzipien – Innovation, Produktivitätssteigerung und Freisetzung von Arbeitskräften, Entfaltung neuer Wirtschaftszweige, Zunahme von Arbeitsteilung und Handel – bereits früher ihr Wirken begonnen hatten, in der zweiten Hälfte des Mittelalters, wenngleich sie damals unter anderem durch Kriege und Seuchen behindert wurden. Besonders in den Städten bestanden sie jahrhundertelang neben der geschilderten mittelalterlichen Lebenskultur,[374] ohne sich gegenseitig aus-

> *»Die wirtschaftlichen und sozialen Dinge sind kompliziert, sind nur mühsam zu erfassen und für das Denken recht anstrengend. Deshalb klammern wir uns an falsche Ideen, die unserer Auffassung entsprechen, wie an den berühmten Strohhalm.«*
> John K. Galbraith

zuschließen.«Die Marktwirtschaft war eine florierende Institution, lange bevor wir vergleichsweise unglücklicher wurden.«[375] Heute ist festzustellen, dass es in großen Teilen Südamerikas trotz eines chaotischen und sicherlich nicht wünschenswerten Kapitalismus ein wesentlich intensiveres und mit mehr Lebenskultur einhergehendes Sozialleben als in den westlichen Industrienationen gibt – aus dem so viel Lebensfreude geschöpft wird, dass es sich die Menschen bei allen Schwierigkeiten nicht nehmen lassen. Umgekehrt stellt z. B. Frankreich ein Land dar, in dem ein sehr großer öffentlicher Sektor existiert und außerdem das Wirken der Privatwirtschaft durch zahlreiche sozialstaatliche Maßnahmen reglementiert oder korrigiert wird; dennoch sind aber dort exzessiver Individualismus und ein geringes Niveau an Sozialkontakt weitverbreitet.[376] In wirtschaftlicher Hinsicht sollen diese sozialpolitischen Maßnahmen und das französische Staatsmodell hier nicht beurteilt werden. Es ist jedoch klar zu erkennen, dass sie die betrachteten sozial-zwischenmenschlichen Probleme und den herrschenden Mangel an Lebensfreude nicht reduziert haben. Diese Zusammenhänge wurden auch bereits wissenschaftlich untersucht, mit überraschend eindeutigen Resultaten. Da die folgenden Untersuchungsergebnisse bei dem Kriterium der Lebenszufriedenheit durch »Gewöhnungsprozesse« verzerrt sein könnten,[377] werden auch die Ergebnisse in Bezug auf die Gesundheit angeführt, bei welchen dies unwahrscheinlich ist. Es wurde nun festgestellt, dass die Höhe sozialstaatlicher Ausgaben keine Auswirkung auf die Lebenszufriedenheit und die Gesundheit der Bürger hat, und zwar weder auf den Durchschnitt noch auf die »Streuung«, d. h. auf die Größe der Unterschiede zwischen den Menschen in einer Gesellschaft im Hinblick auf Zufriedenheit und Gesundheitszustand. Letzteres ist wirklich mehr als erstaunlich und hängt vielleicht damit zusammen, dass dem Gesundheitssystem wie erwähnt oft nur ein »Herumdoktern an den Symptomen« bleibt. Die Effekte von Erhöhungen oder Kürzungen von Sozialausgaben auf Lebenszufriedenheit und Gesundheit der Bürger tendieren gegen Null, sowohl beim Durchschnitt als auch bei der »Streuung«.[378] Was immer die Ursachen dieser unerwartet geringen Wirksamkeit sozialstaatlicher Maßnahmen sein mögen – *sie zeigt auf unzweideutige Weise, dass derartige Mittel an den Wurzeln der hier betrachteten Probleme vorbeigehen und keine Besserung unseres niedrigen Niveaus an Sozialkontakt und Lebensfreude bewirken können.* Viel Gesellschaftskritik, die insofern berechtigt ist, als sie eine tatsächlich herrschende Unzufriedenheit ausdrückt, richtet sich in einseitiger Weise gegen das Wirtschaftssystem: »Wir sind es gewöhnt, dem System oder der Wirtschaft die Schuld zu geben.«[379] Das Motiv hierfür liegt wohl auch darin, dass man sich nicht schämt, Opfer des Wirtschaftsgeschehens zu sein, wohingegen es schwerer fällt, Mängel im Sozialleben einzuräumen. Denn dies kann als persönliche Schwäche erscheinen, solange man nicht erkennt, dass die gesamte Gesellschaft hiervon ergriffen ist. Zudem können für eine Verbesserung des Wirtschaftssystems meist andere Menschen, nämlich Politiker oder Manager, verantwortlich gemacht werden, während für einen »Wiederaufbau« von Sozialkontakt und Lebenskultur uns selbst der größte Teil der Verantwortung zufallen würde. Eigentlich stellt Letzteres aber das geringere Übel dar – da wir andernfalls eben in der Tat auf die Politik angewiesen wären.

Es soll damit nicht gesagt werden, dass der Kapitalismus keine problematischen Seiten hat und dass diese nicht einer Linderung oder Lösung bedürfen. Wie eine historische Betrachtung und der Vergleich mit anderen Ländern jedoch andeutet, *ist keinesfalls davon auszugehen, dass das kapitalistische Wirtschaftssystem unser Sozialleben auf seinen derzeitigen Verfallszustand beschränken würde.* Es lässt sich in unserem System durchaus ein umfassendes Leben, und Freude daran, verwirklichen – wie es derjenige, der es ernsthaft versucht, bemerken wird (mehr dazu im nächsten Kapitel). *Letztlich bedeutet dies zugleich, den Kapitalismus an seinen Platz zu verweisen,* den des Wirtschaftssystems, dessen Sinn es nicht ist, unser ganzes Leben auf einseitige Weise zu dominieren.

Die nicht selten anzutreffende Vorgehensweise, sämtliche Probleme einfach auf wirtschaftliche Fragen »zurückzuführen«, lenkt häufig nur davon ab, reale Ursachen zu erkennen und anzugehen. Denn mit Ausnahme der Arbeitslosigkeit scheint es heute im Allgemeinen wirklich so zu sein, wie es Ruut Veenhoven in aller Deutlichkeit ausgedrückt hat: »Sozialökonomische Fragen sind nicht mehr die wichtigsten für das Glück der Menschen in der zeitgenössischen westlichen Gesellschaft [›sozialökonomisch‹ im Sinne von wirtschaftlich-materiell und von Fragen der Verteilungsgerechtigkeit].«[380]

Ein erstes Phänomen, welches oftmals mit dem Wirtschaftssystem sowie mit geringem Sozialkontakt in Verbindung gebracht wird, ist die Mobilität (im Sinne von Umzügen, nicht von Urlaubs- oder Geschäftsreisen). Die hierbei vermuteten Zusammenhänge sind allerdings schon in ihrer Grundannahme falsch: Die Mobilität nimmt im historischen Vergleich nicht zu, sondern ab, wie in den USA festgestellt wurde.[381] Dies steht in direktem Gegensatz zu den gängigen Meinungen, was in erster Linie daran liegen dürfte, dass die Mobilität von Menschen zu früheren Zeiten deutlich unterschätzt wird.

In Untersuchungen wurde herausgefunden, dass nach Umzügen zwar eine Eingewöhnungszeit erforderlich ist, dass jedoch nach dieser Zeit der Sozialkontakt der umgezogenen Personen sich *im Durchschnitt* auf dem Kontaktniveau der angestammten Bevölkerung der jeweiligen Gegend bewegt.[382] Der Umfang, in dem Bezugspunkte für Sozialleben genutzt werden, und die diesbezügliche Charakterprägung der Menschen, individualistisch oder soziabel, spielen eben im Endeffekt eine wesentlich größere Rolle als Umzüge. Darauf deuten auch die von Lewis Mumford beschriebenen Verhältnisse in amerikanischen Colleges hin, in denen jedes Jahr etwa ein Viertel der Bewohner auszieht – wo aber ein so starker Bezug herrscht, dass selbst exzessive Individualisten mitgerissen werden in die lebendige dortige Gemeinschaft.[383]

Negative Folgen ruft Mobilität vor allem hervor, wenn ihr z. B. für einen bestimmten Karriereweg auf so einseitige Weise Priorität eingeräumt wird, dass sämtliche anderen Gesichtspunkte vernachlässigt werden. So zeigte sich bei empirischen Studien, dass Umzüge für die Betroffenen nicht dann ein soziales Problem darstellen, wenn sie im Lauf des gesamten Lebens doch mehr oder weniger selten vorkommen, sondern wenn ständig wieder umgezogen wird.[384] Denn dies führt offenkundig dazu, dass man sich quasi von vornherein beschränkt, an einem neuen Wohnort keinen Kontakt aufbaut und gar nicht mehr richtig versucht, sich einzuleben – womit natürlich die Schwelle für die nächste einseitige Entscheidung zugunsten eines Umzugs umso geringer wird, da einen kaum etwas am eigenen Wohnort zurückhält.

Ein weiterer Sachverhalt, der häufig fehlinterpretiert wird, ist die Länge der Arbeitszeit. Auch hier beginnen die Fehler schon damit, dass das Phänomen erheblich überschätzt wird: Selbst in den USA arbeiten laut John P. Robinson, dem ehemaligen Direktor des »Americans' Use of Time Project«, nur 15 Prozent der Erwerbstätigen mehr als 45 Stunden pro Woche, und bei der großen Mehrheit der Beschäftigten beträgt die mit Arbeiten verbrachte Zeit rund 40 Stunden wöchentlich.[385] (Der Jahresurlaub ist freilich bedeutend kürzer als in Europa.) Gleichwohl sind am Beispiel der USA einige interessante Zusammenhänge deutlich zu erkennen.

Sogenannte Experten machten sich nach dem Zweiten Weltkrieg unter dem Eindruck eines Jahrhunderts rückläufiger Arbeitszeiten bereits Sorgen, die Amerikaner würden in Zukunft von zu viel Freizeit und Langeweile geplagt. Diese gingen indes dem Problem aus dem Weg – die Arbeitszeit, die nach dem Zweiten Weltkrieg zunächst relativ stabil geblieben war, stieg in den letzten Jahrzehnten wieder etwas an. Es ist dabei zweitrangig, dass der genaue Umfang der Arbeitszeit sowie ihres Anstiegs umstritten ist, unter anderem deshalb, weil sich bei Überprüfungen herausgestellt hat, dass die Amerikaner ihre eigene Arbeitszeit überschätzen.[386] (Dies betrifft besonders diejenigen, die hohe Arbeitszeiten angeben, und ist insofern kein Wunder, als langes Arbeiten von einseitig arbeitsorientierten Menschen oft positiv gewertet wird.)

Die Produktivität der Amerikaner hat sich nach dem Zweiten Weltkrieg bis 1990 mehr als verdoppelt, sodass sie also selbst bei gleichbleibender Arbeitszeit mindestens doppelt so viel hätten verdienen und konsumieren können. Nichtsdestotrotz ist die Arbeitszeit in allen Bevölkerungsschichten leicht gestiegen, und der Konsum und das verfügbare reale Einkommen legten auf das Doppelte oder mehr zu, und zwar wiederum in allen Schichten (auch im ärmsten Fünftel der US-Bevölkerung, ganz im Gegensatz zu anderslautenden Klischees).[387] Überdurchschnittliche Arbeitszeitsteigerungen wiesen dabei unverheiratete Männer auf. Dies deutet – ebenso wie der allgemeine Einkommenszuwachs – bereits darauf hin, dass es nicht materielle Notwendigkeiten waren, die zu dem erhöhten Arbeitseinsatz führten; denn unverheirateten Männern bleibt im Durchschnitt ohnehin ein hoher Einkommensanteil für ihre persönlichen Bedürfnisse.

Es scheint, dass im Boom der 80er- und 90er-Jahre, sobald die Nachfrage nach Arbeitskraft in der US-Wirtschaft anzog, von vielen Menschen Teile der Freizeit »aus freien Stücken« zugunsten der Arbeit aufgegeben wurden. Dies überrascht auch nicht sonderlich, wenn die Freizeit eben überwiegend vor dem Fernseher verbracht wurde und die Amerikaner selbst angeben, dass sie »das gebotene Programm außerordentlich langweilig finden«[388]. Mitunter wird sogar berichtet, dass Arbeitnehmer länger arbeiten, um Aufgaben und Routinen auszuweichen, die sie zu Hause erwarten. Schon 1956 hatte ein Gewerkschafter auf einer Konferenz ausdrücklich gesagt, dass die Arbeiter nicht an Arbeitszeitverkürzungen, sondern an Lohnerhöhungen interessiert wären – und dies ist alles andere als ein Einzelfall geblieben. Manchmal waren Arbeiter sogar gegen Arbeitszeitreduzierungen, die dazu dienen sollten, Kündigungen zu vermeiden.[389] Amerikanische Beobachter räumen selbst ein, dass es letztlich nicht die Arbeitgeber oder der Wettbewerb waren, die in den letzten Jahrzehnten zu kleinen Arbeitszeitsteigerungen geführt haben, sondern vor allem zwei Faktoren: *die Prioritätensetzung der Menschen für höhere Löhne und gegen mehr Freizeit,* sowie die in den USA weitverbreitete Arbeitssucht, bei der »der Zwang zur Arbeit durch zwanghaftes Arbeiten ersetzt« wird (26 Prozent der Amerikaner betrachten sich selbst als »Workaholics«, d. h. als Arbeitssüchtige).[390]

Auch bei uns machen es sich etliche Menschen zur obersten Priorität, immer mehr zu verdienen, wenngleich dies nicht so freimütig zugegeben wird wie in den USA. In konjunkturellen Schwächephasen ist es nicht selten so, dass Arbeitgeber bewährte Angestellte im Unternehmen halten wollen, ohne sie jedoch mehr als 40 Stunden zu beschäftigen (bei bezahlten Überstunden) bzw. ohne ihnen Bonusse oder Gehaltssteigerungen zu gewähren, als Form der Vergütung unbezahlter Überstunden. Was sich bei guter Konjunktur hinter der Vielzahl an abzuarbeitenden Aufträgen verbirgt, ist in solchen Situationen schwacher Geschäftslage dann klarer zu erkennen – nämlich die Tatsache, dass ein Teil der Arbeitnehmer *selbst* Überstunden leisten will, um damit eben Zuschläge, Bonusse, Gehaltserhöhungen oder Ähnliches zu erreichen.

Wenn der Arbeitsmarkt nicht arbeitsrechtlich und anderweitig am Funktionieren gehindert wird – wovon allerdings gerade Deutschland nicht weit entfernt ist, mit der viertschlimmsten Reglementierung im globalen Vergleich[391] –, würde das kapitalistische Wirtschaftssystem längerfristig fast jede beliebige Menge an Arbeitszeit in den Wirtschaftsprozess eingliedern, und dementsprechend mehr produzieren sowie Gehälter zahlen. In den vergangenen Jahrzehnten wurde die enorm angestiegene Erwerbstätigkeit von Frauen integriert, die in den USA beispielsweise 1950 erst zu einem Drittel und 1998 bereits zu knapp 60 Prozent berufstätig waren.[392] Für das Funktionieren der Wirtschaft spielt es auf die Dauer gesehen keine maßgebliche Rolle, in welchem Umfang die Menschen arbeiten möchten, solange die Löhne im Verhältnis zu Arbeitszeit, Produktivität und herrschender Arbeitslosigkeit nicht überhöht sind. (Der Arbeitslosigkeit kommt dabei aus Gründen der Verteilungsgerechtigkeit eine Bedeutung zu.)

Von früheren Zeiten wird tatsächlich berichtet, dass sich die Menschen – unter Inkaufnahme dessen, dass ihnen dadurch höhere Gehälter entgingen – bei einem gewissen Arbeitsumfang entschieden haben, nicht länger zu arbeiten und sich anderen Dingen zu widmen, die ihnen offenbar mehr Freude machten. Aus dem Mittelalter, also einer Zeit, in der die Bevölkerung trotz schwieriger wirtschaftlicher und politischer Bedingungen eine ausgeprägte Lebenskultur in der Freizeit besaß, gibt es viele Zeugnisse, dass die Menschen nur so lange arbeiteten, wie es zur Erzielung eines bestimmten Einkommensniveaus erforderlich war. Mitunter ging dies so weit, dass bei höheren Löhnen kürzer gearbeitet wurde.[393] Die im Kontrast dazu stehende Tatsache, dass sich zahlreiche Ökonomen, und nicht nur sie, den Menschen bloß noch als nach wirtschaftlicher Nutzenmaximierung strebenden »homo oeconomicus« vorstellen können, hat Werner Sombart einmal veranlasst zu schreiben: »Es gehört zu den dümmsten Ansichten im Bestande unserer herrschenden Lehrmeinung, den ›Erwerbstrieb‹ als einen Urtrieb der Menschen anzusehen. Das Gegenteil ist richtig. *Der natürliche Mensch denkt gar nicht daran, Geld und möglichst viel Geld zu verdienen.*«[394]

Interessant ist in diesem Zusammenhang das Beispiel einer britischen Schuhfabrik, deren Belegschaft ursprünglich von einer Lebenseinstellung der Maximierung von Einkommen und Konsum, besonders durch Überstunden- und Wochenendzuschläge, geprägt gewesen war – was freilich nach Aussagen der Arbeiter nicht zu einer Zufriedenheit mit ihrem Leben geführt hatte: »Du jagst dem Geld hinterher, aber im Endeffekt bringt es dir nicht viel.« In einer Krisensituation wurde nun in der Fabrik Kurzarbeit eingeführt, und nach einer gewissen Zeit stellte sich, auf Basis der größeren Freizeit und ausgehend vom Bezugspunkt des Arbeitsplatzes, ein als ausgesprochen positiv empfundener Sozialkontakt unter den Menschen ein. »Es war ungefähr zu diesem Zeitpunkt, dass Freundschaften begannen: Wir waren nun in der Lage, über politische Gespräche hinauszugehen, […] wir waren dabei, die Bedeutung des Wortes Leben wieder zu erlernen.« Trotz der mit der Kurzarbeit und dem Wegfall der Zuschläge einhergehenden Einkommenseinbußen von etwa 25 Prozent des vorherigen Gehaltsniveaus führte dies dazu, dass sich viele Arbeiter auch nach Ende der Krise dafür entschieden, nicht zu den früheren Zuständen von Überstunden und Wochenendarbeit zurückzukehren.[395]

Selbst in der arbeitswütigen Londoner Finanzbranche gibt es inzwischen einige Arbeitgeber, die versuchen, Mitarbeiter zu werben, indem sie Arbeitsplätze – manche davon für Führungskräfte – mit einer besseren »work/life balance« anbieten, d. h. einem ausgewogeneren Verhältnis von Arbeitszeit und Freizeit.[396] Wenn solche Angebote einmal tatsächlich mehr Arbeitskräfte anziehen würden, besonders auch leistungsstarke, dann kämen schließlich auch mehr Unternehmen nicht umhin, derartige Arbeitsplätze anzubieten. Dies mag für den ökonomischen Laien fast schon utopisch klingen, es stellt aber einen Prozess dar, der in der Wirtschaft ständig abläuft: Gesichtspunkte, auf die leistungsstarke Arbeitskräfte großen Wert legen, gegenwärtig also vor allem die Höhe des Gehalts, werden von den Unternehmen gezielt eingesetzt, um Mitarbeiter zu gewinnen; die Wirtschaft passt sich dadurch im Endeffekt den Präferenzen dieser Arbeitskräfte an.

Im Einzelfall ist die Arbeitszeit zwar bei einem bestimmten Arbeitsplatz und Gehaltsniveau oft vorgegeben. Letztendlich stellt sie jedoch in weit höherem Ausmaß, als heute meist angenommen wird, die Konsequenz von Entscheidungen der Menschen selbst dar, und nicht ein Erfordernis des Wirtschaftssystems, das uns keinen Spielraum mehr lassen würde für ein umfassendes Leben. Allerdings berücksichtigt der Mensch die Länge der Arbeitszeit natürlich nur dann ernsthaft in seinen beruflichen Entscheidungen, wenn er eine Motivation dazu hat, insbesondere wenn ihm seine Freizeit echte Freude bereitet. Von etlichen Gesellschaftskritikern wird in diesem Zusammenhang übersehen, dass allein die Tatsache, dass man auf diverse Konsumgüter eigentlich verzichten könnte und somit weniger Geld bräuchte, *wohl kaum einen motivierenden Grund abgibt.* Wem seine Freizeit wenig bedeutet, wer sie auf welche Art auch immer »herumbringt«, der wird im Zweifelsfall schnell sein Leben weitgehend einer Karriere unterordnen. Wer hingegen Lebenskultur erlernt hat und seine Freizeit auf eine bereichernde Weise lebt, der dürfte eine starke Motivation dafür aufweisen, in seinen Entscheidungen auf eine im Durchschnitt angemessene Arbeitszeit wirkliches Gewicht zu legen.

Auch das Phänomen des Wettbewerbs gibt bisweilen zu »soziologischen« Spekulationen Anlass. Meist laufen diese auf Thesen der Art hinaus, die Individualisten im kapitalistischen Wirtschaftssystem würden andere Menschen nur noch als Konkurrenten sehen. Bei genauer empirischer Betrachtung von exzessiven Individualisten tritt indessen klar hervor, dass ihr vorherrschendes Verhältnis zu den Mitmenschen von egozentrischer Gleichgültigkeit geprägt ist, und nicht von egoistischem Konkurrenzdenken. Selbst aus den USA, wo man es vielleicht anders erwartet hätte, wird unmissverständlich dasselbe berichtet.[397]

In diesem Fall sind die Anhänger des kapitalistischen Systems selbst Schuld daran, dass ihm die Verantwortung für das Entstehen eines übermäßigen Egoismus zugeschoben wird, denn sie propagieren immer wieder eine grob vereinfachte Version der Erkenntnisse von Adam Smith. Demnach läge das Erfolgsgeheimnis des Kapitalismus darin, dass jeder seine eigenen Interessen verfolgt sowie Gewinne maximiert und dadurch im Wettbewerbssystem zugleich das materielle Gemeinwohl steigert. Dieser Mechanismus enthält zwar einen Kern an Wahrheit, er stellt aber nicht das Wesentliche dar, weil sich allein durch das Reduzieren von Kosten und Maximieren von Gewinnen die wirtschaftliche Produktivität sowie das materielle Gemeinwohl nur begrenzt und kurzfristig steigern lassen. Das Entscheidende am kapitalistischen System ist vielmehr die Tatsache, dass es die Umsetzung und Verbreitung von Innovationen ermöglicht und fördert, denn nur diese erhöhen langfristig die Produktivität. (Als bisher größte Innovation gilt die Elektrizität und eine der bedeutendsten Innovationen der letzten Zeit ist das Internet.)[398] Im Übrigen hätte Adam Smith höchstpersönlich der Aussage widersprochen, dass im Kapitalismus lebende Menschen sich generell egoistisch verhalten und andere Menschen vor allem als Konkurrenten betrachten würden.[399]

Im Vorgriff auf den nächsten Abschnitt zum Thema Konsum soll hier noch darauf hingewiesen werden, dass Innovationen nicht nur das entscheidende Element im kapitalistischen System, sondern auch *die* Quelle von Wirtschaftswachstum sind. Es ist eine der kurzsichtigsten und irreführendsten ökonomischen Behauptungen überhaupt – wenngleich ihr selbst von Volkswirten gelegentlich Vorschub geleistet wird –, dem Konsum eine eigenständige, ursächliche Wachstumswirkung zuzuschreiben. Die Konsumnachfrage ist die *Folge* des wirtschaftlichen Zustands, und Klagen von Unternehmen, dass sie zu gering wäre, bedeuten nichts anderes, als dass deren Produkte nicht dem Bedarf und der Kaufkraft der Verbraucher angepasst wurden. Langfristig ist es sogar so, dass ein zu hoher Konsum, wenn er zu einem übermäßigen Bestand an Konsumentenkrediten führt, Rezessionen verschlimmert und somit nur eine unregelmäßigere – und nicht stärkere – Entwicklung der Wirtschaft hervorruft.[400]

Das Phänomen des Konsums hat in vielen westlichen Industrieländern derart auffällige Formen angenommen, dass hierüber allerhand Theorien fabriziert werden. Grundsätzlich ist nichts dagegen einzuwenden, dass wir einen Großteil dessen, was wir erarbeitet haben, auch konsumieren. Lebenskultur selbst wird häufig von Konsum begleitet. Es gibt also Konsum, der unseren Bedürfnissen entspricht; wobei es erwähnenswert ist, dass solcher oft deutlich mehr Freude stiftet, wenn er gemeinschaftlich ausgeführt wird, z. B. auszugehen, um zu essen oder zu trinken, in Urlaub zu fahren. Womöglich gilt dies sogar für manche Arten von Fernsehkonsum. So berichtete ein Argentinier, dass in seiner Heimat bei einem Fußballspiel immer die Nachbarn mit etwas zu essen vorbeikommen würden, um gemeinsam das Spiel zu verfolgen (»Geteilte Freude ist doppelte Freude«). In Deutschland haben die Ereignisse während der Fußball-Weltmeisterschaft 2006 gezeigt, welche Stimmung gemeinschaftliche Erfahrungen erzeugen können – eine Stimmung, die den Filmtitel ›Deutschland. Ein Sommermärchen‹ geprägt hat und schon als legendär gilt.

Es gibt aber auch Konsum, der unseren Bedürfnissen nicht mehr dient, wie das »Jamba-Sparabo« für Handy-Klingeltöne, »digital perfekt angepasste Bergschuhe«, das x-te elektronische »Spielzeug« und diverser »Luxus«. Aberwitzig wirkt auch einer der angeblich neuesten Trends aus Großbritannien, nämlich die Zimmer der Wohnung oder des Hauses der Reihe nach unter verschiedenen Mottos neu zu möblieren und einzurichten – und dann, wenn man das letzte Zimmer beendet hat, allen Ernstes mit dem ersten wieder anzufangen.[401] Allerdings leuchtet hier der kompensatorische Charakter des Konsums auf, denn wahrscheinlich hat zuvor ein Rückzug in die eigenen vier Wände eine ausgeprägte Langeweile in der Freizeit ausgelöst, der nun durch diesen Aktionismus begegnet wird. Es scheint

überhaupt, dass man sich bei einer unbefriedigenden Lebensweise stets wieder irgendeinen »Kitzel«, eine kostspielige Neuerung oder das letzte Modell wovon auch immer leisten muss, in der vagen Hoffnung, dass es einem dann besser ginge. »Es ist einfacher, etwas Neues zu kaufen und sich dann mit sich selbst wohlzufühlen, als sich selbst wirklich zu ändern.«[402]
Daraus entsteht schnell die Illusion, dass man nie mit weniger finanziellen Mitteln auskommen könne und unbedingt soundsoviel arbeiten und verdienen müsse, um glücklich zu werden – wozu es jedoch nicht kommt, wenn das Leben auf einen derartigen Kreislauf aus Arbeit und Konsum beschränkt bleibt. Bei unter 30-Jährigen, bei denen in Deutschland inzwischen ein signifikanter Bevölkerungsanteil eine problematisch hohe Verschuldung aufweist, ist es in diesem Zusammenhang aufschlussreich, wofür die entsprechenden Schulden aufgenommen werden. Laut dem Leiter der »SCHUFA Schutzgemeinschaft für allgemeine Kreditsicherung« entstehen sie vor allem durch: »unbezahlte Handyrechnungen, auf Pump gekaufte Unterhaltungselektronik, Computer, Musikvideos und teure Textilien ...«[403]

Bereits Sigmund Freud wies darauf hin, dass uns die Erzeugnisse und »Befriedigungen« des Fortschritts nicht für Entbehrungen essenzieller Freuden entschädigen können, da sie über einen Charakter »billigen Vergnügens« meist nicht hinauskommen. Er verglich sie mit dem »Genuß«, in einer kalten Winternacht ein Bein aus der Decke herauszustrecken und sich beim Zurückziehen dann über die Wärme im Bett zu freuen.[404] Tatsächlich sind viele heutige »Konsum-Vergnügungen« im Grunde fad und erbärmlich im Vergleich zur Freude, zu essen, wenn man hungrig ist; zu ruhen, wenn man erschöpft ist; Gemeinschaft mit Menschen zu genießen, mit denen man eine schöne Zeit zu verbringen versteht; und gar zur Freude, die zwischen Frau und Mann möglich ist.
    Es steckt wirklich einiges an Wahrheit in dem Titel, den die Musiker Buddy DeSylva, Lew Brown und Ray Henderson einem von ihnen komponierten Lied gegeben haben: ›The Best Things in Life are Free‹ (»Die besten Dinge im Leben sind um-

sonst«). So sind denn auch Argumentationen falsch, die unterstellen, dass die Lebensmöglichkeiten eines Menschen in unserer Gesellschaft in direktem Zusammenhang zu seinen finanziellen Mitteln stehen würden. Solche Aussagen zeugen von einer Denkweise, die Freizeit mit Akten des Kaufens und Konsumierens gleichsetzt *und sich echte Lebenskultur überhaupt nicht mehr vorstellen kann.* Oder, wie es Michael Argyle ausgedrückt hat:»Ich glaube, dass die Lebensbedingungen, die wirklich einen Unterschied ausmachen für menschliches Glück, diejenigen sind, die durch unsere ›drei Quellen‹ abgedeckt werden – zwischenmenschliche Beziehungen, Arbeit und Freizeit. Und das Erreichen eines zufriedenstellenden Zustands auf diesen Gebieten hängt nicht sehr vom Wohlstand, ob absolut oder relativ, oder von den materiellen Lebensbedingungen ab.«[405] Auch in Bezug auf kulturelle Angebote – im Sinne der Künste, nicht in der allgemeinen Bedeutung – wurde im Übrigen festgestellt, dass die Häufigkeit, mit der sie wahrgenommen werden, nicht von der finanziellen Situation der Menschen abhängt, sondern eben davon, ob eine Person sich einmal damit auseinandergesetzt und es gelernt hat, sie zu genießen.[406]

»Wenn man ihnen nur beibringen könnte, dass leben und Geld ausgeben nicht dasselbe ist!«
David H. Lawrence

Selbst in den Bereichen, in denen wirklich sehr viel gearbeitet und verdient wird, werden aber die Positionen nicht wegen des mit dem Gehalt finanzierbaren Konsums angestrebt, sondern aufgrund der jeweiligen Möglichkeiten an Karriere, Macht, Prestige, usw. Kaum jemand nimmt bei uns auf diesem Niveau einen höher bezahlten Job an wegen der damit erschwinglich werdenden Konsumgüter – welche die persönliche Zufriedenheit längerfristig sowieso nicht nennenswert beeinflussen. Denn das Verhältnis des Menschen zu materiellen Gütern, und sei es ein eigenes Haus, unterliegt einem Prozess, der die Freude über ein neu erworbenes Gut auf einen relativ kurzen Zeitraum beschränkt und in der Wissenschaft als »hedonistische Anpassung« bezeichnet wird. Letztere führt dazu, dass man sich an das erlangte Gut und die damit verbundenen Vorteile gewöhnt, sodass nach einer gewissen Zeit der Besitz des Gutes allein keine positiven Auswirkungen auf das persönliche Glück mehr hat. Der Schriftsteller David H. Lawrence hat dies in seiner Kurzgeschichte ›Sachen‹ beschrieben: »Sie gewöhnten sich an dies alles: an die zauberhafte Bologneser Kommode, an die Bücher, an die Bronzesachen aus Siena, an die entzückenden Sofas, Tischchen und Sessel [...] Da schwand der Heiligenschein von all diesen Stücken dahin, und sie wurden zu Sachen, zu bloßen materiellen Gegenständen, die da hingen oder standen [...] und die betrübliche Tatsache ist, dass Sachen, die lebendigen Glanz ausstrahlen, während man sie erwirbt, nach einem oder zwei Jahren schal werden.«[407]

Letztlich sind es also keinesfalls mehr oder weniger sinnlose Formen des Konsums, die uns zu einem einseitig arbeitsorientierten Leben bringen oder gar zwingen. Vielmehr stellen diese lediglich Symptome dar von mangelnder Lebenskultur und einer vergeblichen Suche nach Befriedigung inmitten eines Lebens ohne Freude. Wir wollen allerhand Dinge, die wir nicht brauchen, weil wir nicht mehr wissen, wo und wie wir *die* Dinge bekommen, die wir tatsächlich brauchen.

Wenn der Mensch jedoch seinen Bedürfnissen noch nicht total entfremdet ist und etwas in erreichbarer Nähe sieht, was ihnen entspricht, wird er sich dorthin orientieren und jeglichen unbefriedigenden Konsum »links liegen lassen«. So wäre es verfehlt, den Verfall des Soziallebens auf die Verbreitung von Computern und die Vernetzung durch das Internet zurückzuführen. Die meisten Menschen wenden sich erst dann übermäßig dem Computer zu, wenn Möglichkeiten zu lebendigem Sozialkontakt fehlen bzw. die Schwierigkeiten dort unüberwindbar scheinen. Selbst im Internet suchen sie dann oft noch nach menschlichem Kontakt, wenngleich in derart anonymer oder distanzierter Form wie beim »Chatten«. Auch die besonders bei Jugendlichen stark zunehmende Nutzung von Handys erweckt den Eindruck, dass der Mobilfunk – ungeachtet seiner Nützlichkeit in verschiedenen Situationen – teilweise deshalb so erfolgreich ist, weil er als eine »Ersatzdroge« für zwischenmenschlichen Kontakt fungiert. Zum Fernsehkonsum schließlich wurden genauere Untersuchungen angestellt mit dem Ergebnis, dass es als sehr unwahrscheinlich einzuschätzen ist, dass das Fernsehen an sich zu sozialer Isolierung führt, sondern dass eben *dann* viel ferngesehen wird, wenn Menschen einsam sind.[408]

Fernsehkonsum, Computerspiele, etc. sind in Maßen wohl nicht schädlich. Wem aber darüber hinaus keine erfreulicheren Freizeitaktivitäten mehr vorstell- und realisierbar erscheinen, dem bieten sie doch eine bequeme Möglichkeit, sich abzulenken und einem wenig zufriedenstellenden Leben zeitweise zu entfliehen. In solchen Fällen ist es durchaus sinnvoll, den Bildschirm bewusst abzustellen: Auch amerikanische Kinder fangen wieder an, miteinander zu spielen, wenn ihnen das Fernsehen entzogen wird, wie z. B. während der nationalen »TV Turnoff Week« (»Fernseher-Ausschalten-Woche«).[409] Bei Kindern und Jugendlichen können bereits zwei Stunden Fernsehen pro Tag zur Entstehung eines gesundheitsschädlichen Lebensstils für den Rest des Lebens führen, und vor allem bei Jungen ist mit »eklatanten Leistungseinbrüchen in der Schule« zu rechnen.[410] Zudem weisen »Stubenhocker« jeden Alters ein erhöhtes Risiko auf, einmal an Demenz, Alzheimer oder Parkinson zu erkranken, bedingt durch den Mangel an echter Anregung für ihr Gehirn; und gleichzeitiges Fernsehen und Essen ist offenkundig ein direkter Weg ins Übergewicht.[411] Diese Versuchungen bestanden natürlich vor der Erfindung von Fernsehen und Computerspielen für den Menschen nicht. Dadurch werden wir allerdings nur erneut auf das hingewiesen, was wir im letzten Kapitel schon festgestellt haben – dass unsere Vielzahl an Möglichkeiten, gerade auch im Bereich des Konsums, eine Kultur erfordert, in deren Rahmen wir einen angemessenen Umgang damit pflegen.

»Wir wollen nicht ins Zeitalter der Fülle
eintreten, nur um herauszufinden,
dass wir die Werte verloren haben,
die uns lehren könnten, es zu genießen.«
Anthony Crosland

Im kapitalistischen Wirtschaftssystem ist es in einem zuvor ungekannten Umfang möglich, das durch die Arbeit Erworbene für den größten Unsinn auszugeben und auf diese Weise auch noch die Freizeit zu vergeuden. Immer individualistischere Menschen, denen es immer mehr an Lebenskultur fehlt, stellen dabei natürlich ein besonders empfängliches Opfer dar für das Ausmaß an Werbung, Prestigegütern und überflüssigen Konsumangeboten, mit dem sie seit einigen Jahrzehnten konfrontiert sind – denn sie haben ihm wenig entgegenzusetzen außer der Leere oder Einseitigkeit ihres Lebens. So schreibt Philip E. Slater über seine Landsleute:»Amerikaner sind so leicht durch Werbung manipulierbar, *weil* sie individualistisch sind. Herausgerissen aus ihrem sozialen Gefüge, suchen ihre sozialen Instinkte ständig nach einer fehlenden Quelle der Anregung, mit der sie sich verbinden können.« Überhaupt dürfte es kein Zufall sein, dass ein gewisser Konsumwahn gerade »seit dem Aufkommen der exzessiven Ich-Kultur in den 80er-Jahren auf Kosten sämtlicher anderen Werte« geht.[412]

Erst wenn der Mensch zu einer ausgewogeneren Lebensweise finden wird, wenn er einerseits seine wirklichen Bedürfnisse kennen und andererseits wissen wird, was völlig an ihnen vorbeigeht, dann werden Konsum und Wirtschaftsentwicklung aufhören, mitunter sinnlos zu sein. Wenn wir unser Geld für stupide Videofilme oder Computerspiele ausgeben, dann stellt der Wirtschaftsapparat ebendiese Produkte her, und wenn wir es für Lektüre oder gute Musik ausgeben, produziert er Bücher und CDs – so, wie er sich gezwungenermaßen jeglichen Modetrends und anderen Veränderungen der Nachfrage anpasst. Es ist niemand anders als der Mensch selbst, der mit der Freiheit auch im Wirtschaftssystem umzugehen lernen muss, sodass die Ernte seiner Arbeit einen Sinn bekommt und zur Freude am Leben beiträgt.

Damit ihm dies gelingt, braucht er Lebenskultur. Sie zu schaffen stellt eine Aufgabe dar, mit der man als Einzelner wohl überfordert ist. Letztendlich muss sie aus einem Prozess entstehen, bei dem das Beste an gewonnener Lebenskultur bewahrt, von Generation zu Generation weiterentwickelt und immer mehr angereichert wird.

»Die Gesetzmäßigkeiten der Reifung bestimmen zwar
von innen her den ganzen Lebensablauf des Menschen,
aber sie realisieren sich nur im Kontakt, im intensivsten
und nie unterbrochenen Kontakt mit dem Mitmenschen
und der von ihm geschaffenen Kultur und Tradition.«

Annemarie Sänger

Den Jahren mehr Leben geben
»Wiederaufbau« – und Auswirkungen von Lebensfreude

»Es ist nicht wenig Zeit, die wir haben,
sondern viel, die wir nicht nutzen.«
Seneca

Wie soll es uns nun aber gelingen, anstelle von exzessivem Individualismus, einseitiger Arbeitsorientierung etc. einen lebendigen Sozialkontakt aufzubauen und Lebenskultur, als Quelle der Lebensfreude, zu entwickeln? Und wo soll der »Wiederaufbau« beginnen – bei unseren Kindern, im Erziehungs- und Schulsystem, in unserem eigenen Leben? Bevor wir darauf eingehen, sind noch zwei oftmals anzutreffende Fehlschlüsse aus dem Weg zu räumen.

Die erste Fehleinschätzung wird in obigem Zitat von Seneca bereits angesprochen. Tatsächlich ist es in den meisten Fällen kein Mangel an Zeit oder Energie, der die Ursache der hier betrachteten Defizite darstellt. Man hat sogar herausgefunden, dass in unserer Gesellschaft gerade Menschen mit vergleichsweise wenig freier Zeit noch sozial am aktivsten sind.[413] Wenn hingegen ein Zeit- oder Energiemangel der entscheidende Grund der Probleme wäre, dann müsste z. B. bei Beschäftigten mit einer 35-Stunden-Woche und in Frankreich, wo diese gesetzlich eingeführt worden ist, der Zustand des Soziallebens überdurchschnittlich gut sein. Genau dies ist jedoch nicht der Fall,[414] und zwar deshalb, weil eben andere, im vorletzten Kapitel beschriebene Faktoren ausschlaggebend sind. Es gibt außerdem einige auffällige Hinweise darauf, wie viel Zeit und Kraft bei uns nach der Arbeit häufig noch verbleiben – unter anderem wie viel Energie Hobbys gewidmet wird, die fast schon einen Zweitjob darstellen, oder wie viel Sport getrieben wird. Bemerkenswert ist auch die große Zahl der Menschen in all den Bars, Lokalen usw., in denen eine derartige Langeweile herrscht, dass man viel Kraft braucht, um überhaupt wach zu bleiben, anstatt dass sich die Energie in fröhlicher Geselligkeit und bei entsprechender Musik erst richtig entwickeln würde. Am deutlichsten werden die Verhältnisse in der Gesellschaft, in der es die bisher größte Diskussion über Zeitmangel gab, nämlich in den USA. Die Amerikaner geben wie erwähnt in Umfragen selbst an, wenn sie mehr Zeit bräuchten, würden sie als Erstes einfach weniger fernsehen. Angesichts der enormen Zeit, die sie vor dem Fernseher verbringen, lässt dies allein schon auf ein umfangreiches Zeitreservoir schließen. Und genauere dortige Untersuchungen kommen zu dem Ergebnis, dass die Menschen sehr wohl Zeit finden, wenn sie wissen, was sie damit tun wollen und wie sie diese Zeit auf eine lebenswerte Weise verbringen können.[415] So ist auch ein intensives Sozialleben mit der Ausübung eines Berufs in angemessenem Umfang durchaus vereinbar – und in Westeuropa arbeiten Vollerwerbstätige im Durchschnitt knapp 40 Stunden pro Woche,[416] was nicht unangemessen erscheint. Schließlich ist in manchen Fällen, in denen heute wirklich neben der Arbeit die Energie für alles andere fehlt, zu berücksichtigen, dass die Lebenskraft eines Menschen zu einem bestimmten Zeitpunkt mit seinem Niveau an Lebensfreude zusammenhängt. Ein Energiemangel ist deswegen oft mehr eine *Konsequenz* der Probleme, die die Lebensfreude beeinträchtigen, als ihre Ursache.

Der zweite Fehlschluss ist der, dass Änderungen des Schulsystems, einschließlich des dort bei der Notenvergabe befolgten Leistungsprinzips, erforderlich wären, um dem exzessiven Individualismus abzuhelfen. Zum einen ist es wichtig für Kinder und Jugendliche, dass ihnen auf ehrliche Weise die Welt der Erwachsenen vermittelt wird, in der das Leistungsprinzip im Beruf eine bestimmte Rolle spielt, auch wenn ihm diese Rolle in anderen Lebensbereichen nicht zukommt. Es gab und gibt durchaus Gesellschaften, in denen das Leistungsprinzip bei Arbeit und Ausbildung seine Funktion ausübt(e) und die dennoch weniger individualistisch waren bzw. sind; so galt z. B. in der früheren Sowjetunion, im Gegensatz zu den gängigen Vorstellungen davon im Westen, ein ausgeprägtes Leistungsprinzip (bis hin zu dem expliziten Motto »Wer nicht arbeitet, soll auch nicht essen«.). Zum anderen existiert in der Schule nach wie vor unter den Schülern eine Solidarisierung, die dem Leistungsprinzip eher entgegenläuft, wodurch schon gelernt wird, dass dieses keinesfalls überall herrscht. Jeder Jugendliche weiß, meist besser als die Eltern, dass ihm gute Noten nicht die Freundschaft der Mitschüler verschaffen, ganz zu schweigen von der Anerkennung als werdende(r) Frau bzw. Mann beim anderen Geschlecht. Die These, man müsse im Falle gesellschaftlicher Probleme »an der Wurzel« im Schulsystem angreifen, ist weitaus weniger intelligent, als sie klingt. Denn es lassen sich nicht alle Defizite in der Gesellschaft der Erwachsenen einfach durch eine ihnen entgegengerichtete schulische Erziehung beheben. Dadurch würde nur eine vorübergehende Scheinwelt aufgebaut, die nach der Entlassung aus der Schule zusammenbricht – wenn sich die nachwachsende Generation nach dem tatsächlichen Vorbild der Erwachsenen zu richten beginnt.

Die Vorstellung, dass Vorbilder im menschlichen Leben eine bedeutende Rolle spielen, halten viele Individualisten heute für nicht mehr »zeitgemäß« oder bestenfalls für eine kindliche Angelegenheit. Nichtsdestotrotz entspricht sie erstens den Tatsachen, denn in Lebensbereichen, in denen ausreichend Vorbilder in unserer Gesellschaft vorhanden sind, gegenwärtig also vor allem in Beruf und Kindererziehung, wird ihnen immer noch bewusst oder unbewusst nachgestrebt. Zweitens ist auch im Bereich von Sozialkontakt und Lebenskultur ein real gelebtes – und keinesfalls irgendwie in der Schule unterrichtetes – Vorbild nötig, wie im Folgenden aufgezeigt werden soll. Damit wird sich zugleich die Antwort auf die zweite zu Anfang dieses Kapitels aufgeworfene Frage ergeben: wo der »Wiederaufbau« zu beginnen sei.

Es wird wohl den Kindern bei uns im ersten Lebensjahrzehnt oftmals eine gesunde Grundlage an Zuwendung, Anregung und Sicherheit gegeben. Das führt dazu, dass das sogenannte »Urvertrauen« der Kinder – in ihre Eltern, ihre eigene Richtigkeit und Akzeptiertheit – durchaus existiert. Diese Grundlage wird allerdings dann nicht durch ein gereiftes Lebensmodell zur Orientierung aufgegriffen, und an »Vertrauen in die Lebenswelt und die kulturellen Normen«[417] im zweiten Lebensjahrzehnt mangelt es denn auch überaus häufig. So haben wir zwar einerseits ein gutes Bildungssystem, das unseren Nachwuchs auf seine produktive Selbstverwirklichung und Berufstätigkeit vorbereitet. Andererseits wird es spätestens bei Jugendlichen offensichtlich, dass sie z. B. in ihrem Sozialleben weitestgehend sich selbst überlassen sind.[418] Die Annahme, dass sich der Mensch in der »totalen Freiheit« *ohne Vorbild und Anregung* schon so entwickeln würde, wie es für ihn gut sei, ist selbst bei Erwachsenen unzutreffend, und bei Jugendlichen stimmt sie erst recht nicht. Vielmehr »benötigt das heranwachsende Individuum in zunehmendem Maße Unterstützung durch seine Gesellschaft und deren Kultur«.[419]

> »Wo den Menschen die Konflikte aus den Lebensformen, die ihnen vorgegeben sind, entgegenspringen, wo ihr Zusammenleben vorbildlos wird, kann ihr Leiden nicht mehr nur auf Versäumnisse und Weichenstellungen in ihrer individuellen Entwicklungsgeschichte zurückgeführt werden.«
> Ulrich Beck

Allein schon bei Sozialkompetenz wurde festgestellt, dass diese auch durch Beobachtung von Erwachsenen gelernt werden muss.[420] Darüber hinaus ist das Bedürfnis von Kindern und Jugendlichen nach umfassender Orientierung gut zu erkennen in ihrem Verhältnis zu Lehrpersonal. So ist es Studenten ziemlich egal, wenn ein »Fachidiot« ihnen eine Vorlesung hält, solange er den Unterrichtsstoff nur erklären kann. Hingegen macht es in der Schule einen großen Unterschied, ob ein Lehrer selbst eine ganzheitliche Persönlichkeit ist, und damit in gewisser Weise ein Vorbild gelungener Lebensführung, oder ob er eine eher beschränkte Persönlichkeit aufweist. Im ersten Fall wird er die Aufmerksamkeit der Schüler vergleichsweise leicht erlangen, im zweiten Fall wird er sich nicht selten vergeblich abmühen; und auf jung gebliebene Lehrer mit Persönlichkeit stürzen sich die Schüler manchmal richtiggehend.

Um den Heranwachsenden die erforderliche Orientierung zu geben, müssen wir vor allem auf eine ausgewogene und alle menschlichen Bedürfnisse umfassende Weise unser eigenes Leben leben. »Dem Kind ein Beispiel oder Vorbild zu bieten geschieht im Idealfall nicht ausdrücklich, sondern heißt lediglich, sich normal zu verhalten: dem Kind keine *besondere* Aufmerksamkeit zu schenken, sondern eine Atmosphäre zu schaffen, in der man sich vor allem um die eigenen Angelegenheiten kümmert; von dem Kind nimmt man dabei nur Notiz, wenn es dies braucht.« Das so vorgelebte Beispiel ist selbstverständlich nicht direkt umsetzbar für Kinder und Jugendliche, aber es wird von ihnen dennoch gesucht und als Vorbereitung für ihr Leben angenommen. Zudem gilt, wie es wiederum Jean Liedloff ausgedrückt hat: »Der Platz [...] am Rande statt im Mittelpunkt des Erwachseneninteresses gestattet es den Heranwachsenden, ohne Druck eigene Interessen und Gangart herauszufinden.«[421] Ein einfaches Beispiel aus dem Bereich des Soziallebens ist es, wenn ein Kindergeburtstag zugleich von den Eltern der eingeladenen Kinder als Anlass für eine Feier genommen wird, wie es in anderen Kulturen gang und gäbe ist, in denen das Feiern noch nicht verlernt wurde. Dies hindert die Kinder nicht daran, ihren Spielen nachzugehen, und erlaubt ihnen gleichwohl, die soziale Lebenskultur der Eltern, die sie hierbei mitbekommen, aufzunehmen.

Die schon erwähnte, neuerdings in den USA aufgekommene Idee der »Qualitätszeit« für Kinder hingegen verfehlt im Grunde die Bedürfnisse von Kindern, denn es kommt darauf an, Zeit *mit* ihnen – und nicht *für* sie – zu verbringen. Wer jedoch überhaupt nur für seine Arbeit und seine Kinder lebt, dessen Nachwuchs wird schnell das Gefühl haben, von den Eltern kaum irgendwelche Orientierung bekommen zu können, da gerade diese zwei Bereiche des Lebens, Arbeit und Kindererziehung, aus der Sicht des jungen Menschen noch am weitesten entfernt sind. Zudem scheint Leben »für die Kinder« statt »mit den Kindern« in vielen Fällen damit einherzugehen, dass die Beziehung zum Lebenspartner vernachlässigt wird, sodass den Heranwachsenden nur wenig geglücktes Vorbild im Verhältnis zwischen Frau und Mann zur Verfügung steht.

Wessen Lebensinhalt sich darüber hinaus auf Konsum und Fernsehen beschränkt, der sollte sich nicht wundern, wenn seine Kinder irgendwann beginnen, gleichfalls hiermit ihre Freizeit zu verbringen. Deutsche Heranwachsende im Alter von 10 bis 15 Jahren sehen im Durchschnitt zwei Stunden pro Tag fern, d. h. in etwa so viel wie eben die deutschen Erwachsenen selbst. Im Übrigen wurde auch im Hinblick auf Bücher festgestellt, dass der maßgebliche Einfluss, ob Kinder und Jugendliche lesen oder nicht, darin liegt, ob sie außerhalb der Schule mit Büchern in Kontakt kommen und insbesondere, ob die Eltern lesen oder nicht.[423] Ungeachtet gelegentlicher Rebellionen beeinflussen wir unseren Nachwuchs also stärker, als man denkt – und letztendlich gibt es dabei genau *eine* natürliche und nachhaltige Weise, ihn »immun« gegen übermäßiges Fernsehen und Ähnliches zu machen. Der ehemalige Justizminister von Niedersachsen, Christian Pfeiffer, trifft den entscheidenden Punkt, wenn er sagt:»Wir müssen es schaffen, den Kindern und Jugendlichen Lust auf Leben zu vermitteln, die sie dagegen schützt, ihre Freizeit vornehmlich mit problematischem Medienverhalten auszufüllen.«[424]

Wir brauchen also selbst umfassende Lebenskultur und die daraus resultierende Freude am Leben, um jungen Menschen Orientierung geben zu können sowie ein glaubwürdiges Vorbild zu sein (und keine künstliche Autorität). Einer der Autoren erinnert sich gut an eine Chilenin in Frankreich, die bedauerte, wie langweilig doch dort Einladungen zum Essen ausklingen – obwohl man zweifelsohne gut isst –, während bei ihr in Chile dann meist Musik aufgelegt und getanzt wird. *Es ist mehr als offensichtlich, wo sich die nachwachsende Generation im Sozialleben an ihren Eltern orientieren und einen geeigneten Ausgangspunkt für eigene Aktivitäten vorfinden wird, und wo sie, mitunter fast verzweifelt, nach Alternativen suchen und oft hilflos in die Irre gehen wird.* Ein deutscher Sozialwissenschaftler äußerte sich einmal erstaunt darüber, dass Jugendliche bei uns soziales Verhalten »nicht in erster Linie von ihren Eltern, sondern von ihren Freunden« zu lernen versuchen.[425] Wenn jedoch das Sozialleben der Eltern keine Orientierung bietet oder überhaupt kaum vorhanden ist, dann muss es nicht verwundern, dass Jugendliche sich so verhalten.

Außerdem ist es wichtig, dass Jugendliche auch Kontakt zu jungen Erwachsenen haben, um nähere Vorstellungen davon zu bekommen, wie die besonderen, direkt vor ihnen liegenden Herausforderungen bewältigt werden können. Daher sollten sie Gruppierungen angehören, die die Altersgrenzen der Schulklassen überschreiten, indem ihre Familie sich in lebendigen sozialen Zusammenhängen befindet, wie Verwandtschaft oder Nachbarschaft, und indem sie in Vereinen oder Pfarreien an Gemeinschaften teilhaben. Sofern Derartiges nicht der Fall ist, bleibt den Jugendlichen nur die Gruppe der Gleichaltrigen. Diese tendiert allerdings, wenn ihr die Welt der Erwachsenen keine Anregung und Orientierung gibt, wie beschrieben zu »gleichmacherischer« Nivellierung und lässt sich häufig stark durch Werbung, Fernsehen, etc. beeinflussen. Sie findet allein aus sich heraus nicht zu wirklicher Lebenskultur – viel sogenannte Jugendkultur besteht letztlich aus kaum verhüllter Desorientierung. Und wenn bei uns heranwachsende Männer einer Pseudo-Männlichkeit oder »Coolheit« nachstreben, sich übermäßig mit Computerspielen beschäftigen oder in sinnloser, unkultivierter Form trinken und rauchen, dann ist dies unter anderem eine Konsequenz dessen, dass es ihnen an Vorbild und Lebenskultur mangelt. Man hat sogar herausgefunden, dass junge Menschen, die Drogen nehmen, denken, dass es für sie keine befriedigende Art und Weise gäbe, ihre Zeit zu verbringen.[426] Ein gegensätzliches Beispiel hierzu ist die Tatsache, dass 2005 in Berlin-Kreuzberg zum ersten Mal seit fast 20 Jahren der Feiertag des Ersten Mai ohne Krawalle ablief – und zwar auch deshalb, weil dort von den Bewohnern ein Fest veranstaltet wurde. Während in den Vorjahren bei den Krawallen neben den »Autonomen« zunehmend Jugendliche aufgefallen waren, fanden diese 2005 durch die Feier der Erwachsenen offenbar zu interessanteren Aktivitäten. »Ohne das Fest, so sagt die Polizei, wäre der friedliche Verlauf nicht möglich gewesen.«[427]

Jugendliche schauen auf die Erwachsenen, die sie zu sehen bekommen, und gegenwärtig erblicken sie viele, die einseitig geworden sind und auf eine Weise leben, die jugendlich wache, menschliche Bedürfnisse in verschiedener Hinsicht unbefriedigt lässt – Bedürfnisse nach gelebter Gemeinschaft und Solidarität, nach Austausch und Anerkennung, nach einer bereichernden Beziehung zwischen Frau und Mann sowie nach geschlechtlicher Identität, und nach Freude am Leben. Es ist daher kaum verwunderlich, wenn Jugendliche bei uns sich nicht nur auf natürlichem Weg im Verhältnis zu ihren Eltern verselbstständigen, sondern überdies in eine Haltung genereller Ablehnung verfallen. So sind etliche Rebellionen junger Generationen zuallererst auch Symptome von Mängeln an Orientierung in ihrer Gesellschaft. Der Schriftsteller Walter Kerr hat dies einmal in Bezug auf einen jungen Rebellen mit dem Namen Jimmy Porter beschrieben: »Jimmy Porter beschreibt nie soziale Formen, von denen er denkt, dass sie ihn befriedigen könnten. Er kann sich keine vorstellen [...]. Obschon er nicht an alte Werte glauben kann, kann er auch keine neuen schaffen. Er ist kein Schwächling; er ist ein potenter junger Mann, der ziemlich strotzt vor Energie. Aber seine Energie kann nirgendwo anders hin fließen als in sein Mundwerk [...]. Dies ist Potenz in einem luftleeren Raum, die sich als Gehässigkeit verausgabt. Und es sind nicht so sehr die Sünden der Väter, sondern es ist das Gefühl der Leere, welches Jimmy so zornig macht.«[428]

Den wesentlichen Gesamtzusammenhang hat Jean Liedloff erfasst, indem sie schreibt: »*Ein sicheres Anzeichen eines ernsten Mangels in einer Gesellschaft ist eine Kluft zwischen den Generationen.* Wenn eine jüngere Generation nicht ihren Stolz daransetzt, wie die ältere zu werden, hat die Gesellschaft ihr eigenes Kontinuum, ihre eigene Stabilität, eingebüßt *und besitzt dann wahrscheinlich keine Kultur, die den Namen verdiente* [...]. Haben die jüngeren Mitglieder der Gesellschaft das Gefühl, die älteren seien lächerlich oder im Unrecht oder langweilig, so fehlt ihnen ein natürlicher Weg, dem sie folgen könnten.«[429] Nicht selten kommt es bei uns schon dazu, dass von den Erwachsenen auf die eigene Jugend – die eigentlich noch eine Entwicklungsphase darstellt – als beste Zeit des Lebens und auf die heutigen Jugendlichen als Vorreiter auf dem Gebiet der Lebensführung geblickt wird. Im Grunde ist dies nahezu eine Umkehrung des natürlichen Zustands. Es erübrigt sich fast, darauf hinzuweisen, dass unter solchen Umständen Jugendliche auch in Bereichen, in denen Erwachsene noch ein echt positives Vorbild bieten, Letzteres dann oftmals nicht mehr wahrnehmen.

An dieser Stelle ist es interessant, nochmals einen kurzen Vergleich zu zwei anthropologisch untersuchten »primitiven« Stammeskulturen anzustellen. In der ersten der beiden fällt auf, dass die Heranwachsenden in den essenziellen Lebensbereichen ein Vorbild zur Verfügung haben, indem ihnen durch die Elterngeneration und durch vielfachen Kontakt zu altersmäßig nahestehenden Stammesmitgliedern die Lebenskultur des Stammes vorgelebt wird. Bei Verwirklichung der menschlichen Bedürfnisse führt dies zu ausgeglichenen Menschen, und die – in unserer Jugend so typische – pubertäre Desorientierung tritt dort gar nicht erst auf.[430] Die zweite Stammesgesellschaft hingegen versorgt ihre Heranwachsenden zwar materiell, überlässt sie ansonsten jedoch weitgehend sich selbst und bietet ihnen nur eine begrenzte Anleitung sowie wenig Lebenskultur. Es ist nun bemerkenswert, inwieweit dortige Probleme denen unserer Gesellschaft ähneln – viele Jugendliche und auch Erwachsene dieses Stammes weisen einen Mangel an sozialen Umgangs- und Anpassungsfähigkeiten sowie Züge von Undiszipliniertheit und Orientierungslosigkeit auf.[431]

Der »Wiederaufbau« von Lebenskultur und Sozialkontakt muss also in unserem eigenen Leben beginnen, damit sich unsere Lebensfreude entfalten kann und damit als Nebeneffekt unserem Nachwuchs ein Vorbild zur Verfügung steht. Insgesamt gesehen würden wir dadurch aus einem Kreislauf exzessiv individualistischer Zustände ausbrechen, in dem viele Menschen nicht ausreichend Orientierung und Lebenskultur finden, und dann früher oder später in einem genauso einseitig auf Arbeit und Kleinfamilie reduzierten Leben enden wie die Eltern (ganz im Gegensatz zu einem ursprünglichen Willen, es »besser zu machen« oder »anders zu werden«). Um nicht in diese Art von Lebensführung abzugleiten, *kommt es auf nichts anderes an als das, was Menschen in weniger individualistischen Gesellschaften auch getan haben bzw. nach wie vor tun.* Abstrakt gesprochen geht es darum, *existierende Bezugspunkte für Sozialkontakt wirklich zu nutzen* – bzw. manchmal neue zu schaffen – *und sich zugleich Lebenskultur anzueignen und sie zu pflegen.*
Auf *Bezugspunkte* wurde bereits mehrmals an Stellen einge-

gangen, wo deren Rolle in Erscheinung trat.[432] Im Grunde kommt als Bezugspunkt alles in Frage, womit ein Minimum an geteilter Lebenswelt einhergeht. Obwohl solche Bezugspunkte bei uns häufig nicht mehr genutzt werden, ist dies doch in anderen Fällen noch unschwer zu erkennen. So werden in *Nachbarschaften*, in denen ein gewisser Kontakt besteht, von den Bewohnern mitunter kleine Feste in Innenhöfen oder in der anliegenden Straße veranstaltet. In den großen Wohnanlagen der Städte scheint uns Derartiges vielleicht nicht mehr möglich zu sein. Es existieren allerdings Gesellschaften, die das Gegenteil beweisen: In Montevideo (Uruguay) gibt es den Brauch, dass sich die Bewohner größerer Wohnblocks gegen Jahresende zu einer »despedida« (»Verabschiedung des vergangenen Jahres«), zu einem zwanglosen Austausch und Beisammensein in der nächstgelegenen Bar treffen. Auch am Bezugspunkt *Arbeitsplatz* ist der Kontakt unter Kollegen bei uns wohl nicht verloren gegangen – wenngleich er sich im Durchschnitt auf relativ niedrigem Niveau bewegt. In diesem Zusammenhang stellten Wissenschaftler, die die Lebensweise von Bürgern verschiedener west- und osteuropäischer Staaten untersuchten, einmal mit Verwunderung fest, dass im früheren Ostblock die Menschen des Öfteren nicht deutlich zwischen ihren Freunden und ihren Kollegen unterschieden.[433] Wenn jedoch die Menschen in der Mehrheit keine exzessiv individualistische Charakterprägung aufweisen und deswegen mit vielen Mitmenschen gut zurechtkommen, dann ist es völlig normal, dass sich gerade in der Arbeit, wo viel Zeit verbracht wird, ein intensiver Kontakt einstellt, der teilweise auch in das private Sozialleben einfließt. Es gibt schließlich etliche weitere Bezugspunkte – wie *Familie* oder *Verwandtschaft, Pfarreien, Vereine, Tanzschulen, Interessensgemeinschaften, Freizeitaktivitäten,* usw. –, von denen ausgehend zu lebendiger Gemeinschaft und Geselligkeit gefunden werden kann. Selbstverständlich wird sich jeder mit manchen Menschen besser und mit manchen weniger gut verstehen, wobei auch die Ähnlichkeit von Lebenslagen eine Rolle spielt, wie wir es z. B. im Hinblick auf die Tatsache, kleine Kinder zu haben, bemerkten. Die Vielfalt der Möglichkeiten erlaubt es indessen, dort zu beginnen, wo sich Gelegenheiten bieten und die Umstände am günstigsten sind. Außerdem ist das Vorhandensein eines Bezugspunkts für sozialen Kontakt in zahlreichen Fällen mit einer gewissen örtlichen Nähe der Beteiligten verbunden – auf deren Grundlage sich reales Sozialleben oft erst ergibt.

Auch Formen von *Lebenskultur,* die sich freilich nur beispielhaft darstellen lassen, haben wir bereits genauer betrachtet.[434] Dabei stellten wir fest, dass insbesondere »einfache« Dinge – auf eine durch entsprechende Lebenskultur angereicherte Art und Weise – uns intensiv ansprechen und erfreuen können. Im Bereich des Soziallebens reicht solche Kultur von einem geselligen Beisammensein mit gemeinsamem Kochen, Essen, Trinken und eventuell einem simplen Karten- oder Gesellschaftsspiel bis hin zum Musik-Machen, Singen und Tanzen. Und wenn man so ein Spiel spielt, dann zur Unterhaltung und nicht als Wettbewerb, wenn man tanzt, dann mit Freude und Sinnlichkeit, nicht um der Perfektion willen; wie es eben darum geht, nicht im Ernst des Lebens zu versinken, sondern gegebenenfalls Trost zu finden, »auf andere Gedanken zu kommen«, sich zu lockern, wieder einmal zu lachen, menschliche Begegnung zu erleben und schöne Seiten des Daseins nicht zu kurz kommen zu lassen.

Im Rahmen sozialen Kontakts und auf Basis gegenseitiger Anregung dürfte es durchaus gelingen, Lebenskultur von Neuem zu erlernen. Dies fällt zwar womöglich nicht leicht, wenn man nicht schon damit aufgewachsen ist, und es wird eine Überwindung der inneren Scheu gegenüber *dem* erfordern, was man noch nicht beherrscht, was noch nicht eingespielt ist. Wir können jedoch Bestandteile solcher Kultur, über die wir noch verfügen oder die in unserer Gesellschaft einmal existierten, wiederbeleben und Elemente, die uns heute aus anderen Kulturkreisen zufließen, miteinbringen. Manchmal wird es auch hilfreich sein, sich zu erinnern, was einem in jüngerem Alter Spaß gemacht hat; denn häufig sind es in Wirklichkeit noch dieselben Dinge, die uns Freude bereiten. Eine Bereitschaft, zu lernen und Dinge auszuprobieren, scheint bei vielen Menschen in der Tat zu bestehen, wenn man allein die Anzahl der Teilnehmer an Volkshochschul- und anderen Kursen bedenkt.

Jede Lebenskultur ist einmal entstanden – und auf der Grundlage einer derartigen Bereitschaft kann dies sicherlich wieder geschehen. Vielleicht wird dabei gelegentlich sogar die Technik helfen. Bei uns sind die meisten Menschen schon allein deswegen nicht mehr dazu in der Lage, gemeinsam zu singen, weil sie gar kein Liedgut mehr beherrschen. Es dürfte nun kaum eine einfachere Weise geben, sich dies wieder anzueignen, als mit einer Art Karaoke-DVD, wie sie inzwischen im Handel gängig sind. Obgleich es eigentlich nicht auf die Technik ankommt – wenn wir lernen, sinnvoll mit ihr umzugehen, dann »bietet unsere technologisch weit fortgeschrittene Kultur weit mehr Möglichkeiten, ein erfülltes Leben zu führen, als die meisten von uns wahrnehmen«.[435]

Eine herausragende Rolle im Sozialleben spielen in weniger individualistischen Gesellschaften regelmäßig Feiern jeglicher Art – als Beitrag zur Freude am Leben und deren natürliche Ausdrucksform zugleich. Auch bei uns können sie wieder zu dem werden, was sie sein sollten, wenn nicht so bezugslos und anonym »gefeiert« wird, dass sich kein wirklicher Kontakt einstellt, und vor allem wenn die erforderliche Lebenskultur eingebracht wird. Anlässe für eine Feier, ob traditioneller oder individueller Natur, gibt es immer wieder und oft genug, obschon wir wohl in einigen Fällen lernen müssen, sie erneut zu nutzen (»Man soll die Feste feiern, wie sie fallen«). In dem Zusammenhang ist es angebracht, auch auf die Rolle von Gebräuchen, Ritualen und Zeremonien hinzuweisen. Der moderne Mensch hat diese in falsch verstandener Nüchternheit und übertriebener Rationalität vielfach als unnützen »Firlefanz« betrachtet und abgeschafft – was ihm dann unerwartete Probleme bereitet, wenn er einmal einen besonderen Anlass gebührend feiern will. Denn nur mit Essen, Trinken und Musik lässt sich zwar eine Party, jedoch kaum eine Hochzeit so gestalten, dass sich eine länger anhaltende Feierstimmung und keine Langeweile ergibt. Rituale und Gebräuche sind nur Rahmen eines größeren Fests, aber sie geben ihm Form und tragen grundlegend dazu bei, dass es sich entwickeln kann (was unter anderem in der katholischen Kirche verstanden wurde, in der man den Bestrebungen zur Abschaffung von Zeremonien widerstanden hat). Dies bedeutet im Übrigen nicht, dass wir immer auf Gebräuche aus der Vergangenheit angewiesen wären; wir können sehr wohl eigene entwickeln. So veranstaltet eine mit den Autoren befreundete Familie »traditionell« seit einigen Jahren an einem Sommerwochenende ein Fest, an dem etliche Verwandte und Freunde auf einer Wiese im Freien zusammenkommen, Fuß- oder Volleyball spielen, gemeinsam essen und trinken, sich um ein Lagerfeuer zusammensetzen und mit Gitarrenbegleitung Lieder singen. Die Festlichkeit auch dieses »Brauchs« wird durch seinen eingespielten, quasi rituellen Ablauf durchaus noch verstärkt.

Im Zuge eines »Wiederaufbaus« sollten letztendlich Lebenskultur, Gebräuche und »Institutionen« entstehen, die allen Altersstufen einen Rahmen für bereicherndes Gemeinschaftsleben abgeben und eine natürliche Quelle der Lebensfreude darstellen. Wenn so jeder Anlass willkommen geheißen wird, daran teilzunehmen, dann würde eine Kultur der Lebensfreude die Basis für ihr eigenes Fortbestehen legen – und eine ähnliche Dauerhaftigkeit wie die Tanzkultur in Lateinamerika gewinnen, welche auf spielerische Weise schon von Kindern erlernt wird. Zu guter Letzt wäre damit der Prozess der Anreicherung der Kultur von einer Generation zur nächsten wieder in Gang gesetzt.[436]

Die hier angesprochenen Möglichkeiten des »Wiederaufbaus« werden im Folgenden in fünf Punkten zusammengefasst, auf allgemeine Weise, da es natürlich kein »Spezialrezept für Sozialleben« gibt. Diese Punkte klingen nicht gerade sensationell – und dennoch kommt ihnen angesichts unserer gegenwärtigen Lebensdefizite eine entscheidende Bedeutung zu:

- Kontakt an Bezugspunkten, zu denen sich Gelegenheit bietet, aufbauen: Arbeit, Nachbarschaft, Familie, Vereine, Hobbys, Pfarreien, usw.
- Im Kontakt sozial kompetenten Umgang beachten und sich angewöhnen (in Ruhe aufeinander zugehen, Einfühlungsvermögen, …)[437]

- Sich Lebenskultur aneignen: die Augen öffnen für Anregungen und sich an Aktivitäten erinnern, die Freude bereitet haben
- Gemeinsam einfache und doch schöne Dinge im Alltag genießen: Essen, Trinken, Kochen, Spiele, Sport, etc.
- Besondere Anlässe wahrnehmen (spontan sein, aber auch organisieren): Gründe zum Feiern, mit Musik, Tanz, Gesang, …
- Denn – und dies gilt für Menschen jeden Alters –:

> *»Es ist wichtiger, den Jahren mehr Leben*
> *zu geben, als dem Leben mehr Jahre.«*
> Curd Jürgens

Vom Einzelnen erfordert die Wiederbelebung von Sozialleben und Lebensfreude im Grunde vor allem die Bereitschaft, *die eigene Lebensweise weiterzuentwickeln,* wie auf den letzten Seiten geschildert, *und nicht nur nach Routinen zu leben, die sich eingeschliffen haben, uns allerdings nicht wirklich befriedigen.* Mancher wird hiergegen einwenden, dass sich Menschen doch nur selten stark verändern. Dies ist sicher insofern richtig, als z. B. bei jemandem, der bereits sehr einseitig arbeitsorientiert geworden ist, eine geringere Wahrscheinlichkeit besteht, dass er Schritte in Richtung auf mehr Lebensfreude unternehmen wird, und zwar geringer als bei jemandem, der schon bisher ein ausgewogeneres Leben geführt hat. Es bedeutet aber keinesfalls, dass sich nicht dennoch jeder Einzelne, wenn er sich umfassendere und weniger einseitige Prioritäten setzt, zu ändern vermag. Erkenntnisse der Gehirnforschung zeigen, dass sich der Charakter des Menschen zumindest bis ins Alter von 50 Jahren wandelt.[438] Unter der Voraussetzung einer gewissen Entwicklungsbereitschaft können wir Sonja Lyubomirsky – Professorin an der Universität Stanford, die sich speziell mit der Entstehung und den Bedingungen menschlichen Glücks beschäftigt – nur zustimmen, wenn sie schreibt: »Ich glaube, dass dauerhafte Steigerungen des Glücks in der Tat möglich sind und in der Reichweite des durchschnittlichen Menschen liegen.«[439]

Umgekehrt können ohne eine Fortentwicklung der eigenen Lebensweise keinerlei solche Verbesserungen erwartet werden. Das bloße Verstehen der Zusammenhänge und Probleme sowie der Wunsch nach ihrer Lösung reichen hierzu nicht aus. »Der Mensch will immer, dass alles anders wird, und gleichzeitig will er, dass alles beim Alten bleibt«[440] – genau dies geht selbstverständlich nicht.

Nach Auskunft von Meinungsforschern sind z. B. viele Amerikaner schon selbst der Meinung, dass sie »zu materialistisch, gierig, egozentrisch, selbstsüchtig sind«[441] – was eben die unmittelbare Konsequenz ihres individualistischen, einseitigen Lebensstils ist, und auch des Irrglaubens, ein egoistisch-beschränktes Verfolgen der sogenannten »eigenen Interessen« würde sie zu ihrem Glück führen. Wer sein Leben als eine Art Wettkampf begreift, in dem es gilt, durch Taktiken und Handlungen möglichst viel für sich selber herauszuschlagen, auf eine Weise, die ihn Schritt für Schritt entfremdet von den Mitmenschen, der wird sich in der Beziehung zu einem Lebenspartner, zu Kollegen, zu potenziellen Freunden ein Problem nach dem anderen einhandeln; ganz zu schweigen davon, dass er das Ziel eines umfassenden und erfüllten Lebens gründlich verfehlen wird.

Es klingt fast schon nach einer Ironie des Schicksals, dass ausgerechnet der Individualist auf dem Gebiet, das ihm privat überlassen ist und auf dem er sich nicht auf Wirtschaft oder Staat stützen kann, nämlich dem des Soziallebens, versagt – und doch ist es kein Zufall, denn bei seiner Lebensführung und Charakterprägung ist dieses Versagen vorprogrammiert. »Egoistisches Leben erntet, was es vermeiden will: Einsamkeit und Leere.«[442]

Zugleich, d. h. bei denselben Befragungen in den USA, geben die meisten Menschen an, dass sie Werte wie »Familie, Verantwortung, Großzügigkeit und Freundschaft« stärker schätzen sollten.[443] Genau dazu wird es jedoch nicht kommen, wenn sie es nicht lernen, diesen Dingen im Alltag Raum zu geben, im Denken wie im Handeln, und sie mit Leben zu erfüllen. Es ist keinesfalls hinreichend, hehren moralischen Zielvorstellungen zu huldigen. *Ohne dass wir unser Leben in die eigene Hand neh-*

men, und dies gilt für jeden Einzelnen, egal welcher Nationalität, *ändert sich buchstäblich – nichts.*

»Achte auf deine Gedanken, denn sie werden Handlungen.
Achte auf deine Handlungen, denn sie werden Gewohnheiten.
Achte auf deine Gewohnheiten, denn sie prägen deinen Charakter.
Achte auf deinen Charakter, denn er wird dein Schicksal.«

Aus dem Talmud

Exkurs zu Rahmenbedingungen sozialen Kontakts

Äußere Faktoren und Umstände können besonders bei der *Entstehung* von Sozialkontakt eine größere Rolle spielen, als man auf den ersten Blick denkt. Was allein räumliche Gestaltung an Unterschieden bewirkt, soll zunächst am Beispiel von Studentenwohnheimen verdeutlicht werden. Einem der Autoren sind ein deutsches und ein französisches Wohnheim bekannt, in denen an langen Gängen jeder Student sein Zimmer hatte, jedoch keine Gemeinschaftsräume und -küchen existierten. Zudem gab es weder Einrichtungen wie ein Willkommens-Essen für Neuzugezogene noch gewählte Sprecher, die gemeinsame Freizeitaktivitäten unterstützten. In exzessiv individualistischen Gesellschaften kann unter solchen Umständen ein Studentenleben tatsächlich sehr einsam sein, da die Lerntätigkeit noch nicht einmal zu einer Zusammenarbeit wie unter Arbeitskollegen führen muss. Die Atmosphäre in beiden Wohnheimen war denn auch von Anonymität geprägt, und Depressionen schienen nicht selten aufzutreten. Das Gleiche wird aus anderen Heimen berichtet.[444] Dem Autor selbst blieb es nicht erspart, dort einmal einen Selbstmörder aufzufinden und von einer Fehlgeburt auf einer Toilette zu erfahren.

Einen starken Gegensatz dazu stellte ein Wohnheim in England dar, wo jeweils fünf Studentenzimmer zu einem Appartement mit Gemeinschaftsküche zusammengefasst waren. Obwohl bei der Zimmervergabe die Studenten in den Appartements »bunt zusammengewürfelt« wurden, bildete sich in kürzester Zeit ein lebendiger Sozialkontakt, nicht nur in den Appartements, sondern in der ganzen Wohnanlage, weil man über bestehende Bekanntschaften schnell andere Mitstudenten kennenlernte. Die dortige Universität war sich der Gefahr sozialer Isolierung im Studium – gerade bei einem gewissen Leistungsdruck – wohl bewusst, da sie neben der kontaktfördernden Gestaltung der Studentenwohnungen Einführungstage sowie Treffzentren anbot und die Studenten sogar aufforderte, diese aktiv zu nutzen. Im Übrigen existieren ähnliche

Wohnmöglichkeiten inzwischen auch für junge Berufstätige, wie die Düsseldorfer Mega-Wohngemeinschaft »WGnow«, in der 50 meist aus beruflichen Gründen für einige Zeit in dieser Stadt wohnende Menschen zusammen leben. Aus der WGnow wird trotz naturgemäß häufiger Wechsel der Mitbewohner berichtet: »Das soziale Gefüge ist unbezahlbar«, und sie ist ein weiteres Beispiel dafür, dass eine hohe Mobilität nicht schaden muss, wenn andere Faktoren den sozialen Kontakt fördern.[445]

Ein solcher Faktor kann die Wohnform sein: In wissenschaftlichen Untersuchungen wurde festgestellt, dass es zwischen Wohnform und Sozialkontakt generell einen erheblichen Zusammenhang gibt.[446] Dies ist offensichtlich auch im Falle von kleineren Wohngemeinschaften oder WGs, wo nicht nur der Kontakt zu den Mitbewohnern besteht, sondern sich eine Multiplikation von Kontakten zu den jeweiligen Freunden und durch gemeinsame Aktivitäten ergeben kann. Des Weiteren gibt es durchaus Wohnformen, die jederzeit einen Rückzug in die Privatsphäre erlauben, unerwünschte gegenseitige Störungen soweit möglich verhindern und dennoch zu Gemeinschaft anregen; Wohnformen, die weder so groß und unstrukturiert sind, dass sie eine starke Tendenz zur Anonymität aufweisen (Hochhäuser), noch so isoliert von ihrer Umwelt, dass sie jeglichen Kontakt hemmen (allein stehende Häuser, die obendrein noch von Mauern umgeben sind); Wohnformen, die neben der Sphäre der Bewohner einen Bereich der Gemeinschaft aufweisen. Ein Beispiel hierfür sind kleinere Blöcke von Wohnungen mit gemeinsamem Garten – was oft auch ein »Spielparadies« für Kinder und eine Erleichterung für Eltern darstellt, die bei der Aufsicht über die Kinder zusammenwirken. Interessant ist außerdem ein Wohnkonzept aus Dänemark, das »Cohousing«, in dem die Bewohner in Doppelhaushälften oder kleinen Häuserreihen leben. Die gesamte Wohnsiedlung ist dabei so gestaltet, dass Räume für gemeinschaftliche Aktivitäten bestehen und der Nachbarschaftskontakt gefördert wird, wodurch es nach Berichten zu einem bereichernden Sozialleben in diesen Anlagen kommt. »Beim Cohousing werden Design und Planung auf größtmöglichen Nutzen abgestimmt, denn es kombiniert eine hohe Siedlungsdichte mit Platz für die Gemeinschaft.«[447] Ähnliches gibt es in Deutschland, wie etwa das »Dorf Zellhub«, der Gewinner des Wettbewerbs »Netzwerk Nachbarschaft« 2005 in Bayern. »In Zellhub machen die Nachbarn [...] das, was in modernen Gemeinschaften eigentlich alltäglich sein sollte: sie helfen sich gegenseitig und feiern gemeinsam Feste.«[448] Cohousing-Experten weisen darauf hin, dass sich derartige Ziele auch in vorhandenen Gebäuden verwirklichen lassen: Genauso, wie Studenten immer wieder WG-geeignete Wohnungen finden, gibt es Häuser oder Wohnanlagen, wo Menschen gemeinsam oder in der Nähe von Freunden einziehen können, um so Gemeinschaft untereinander zu ermöglichen und ihr Leben sowohl zu erleichtern als auch zu bereichern.

Selbst bei stark zur Anonymität tendierenden Wohnformen dürfte es Möglichkeiten zur Besserung des Sozialkontakts geben. Amitai Etzioni schlägt z. B. Folgendes vor (ausgehend von Erfahrungen in den USA, wo die angeführten »Gemeinschaftseinrichtungen« nur in geringem Umfang von Kommunen bereitgestellt werden): »Sogar Hochhäuser kann man gemeinschaftsfreundlicher machen. Dienstleistungsbetriebe im Haus, wie ein Selbstbedienungs-Waschsalon oder Friseurladen, geben den Bewohnern Gelegenheit, sich kennenzulernen und ein bisschen herumzustehen. In manchen Häusern gibt es Restaurants, in denen (nicht nur) die Mieter essen können. Gemeinschaftseinrichtungen wie ein Schwimmbad, ein Tennisplatz, aber auch zwei simple Basketballkörbe oder ein Volleyballnetz sind sozial konstruktiv. Dass sie, wie der Karten-, Domino- und Schachspielraum, meist eifrig genutzt werden, ist ein Indiz für das unausgesprochene Bedürfnis nach sozialem Kontakt.«[449]

Verschiedene Arten von Gemeinschaftsräumen wirken sich überhaupt sehr positiv aus – besonders da, wo aufgrund finanzieller Knappheit der Zugang zu kommerziellen Angeboten erschwert ist. Dies gilt unter anderem, wenn in Schulen den Schülern Räume für gemeinsame außerschulische Aktivitäten überlassen werden und wenn Studenten in Wohnheimen Räumlichkeiten zur Verfügung stehen, deren Lage und Gestaltung sie z. B. für eine Geburtstagsfeier geeignet macht. In Wohnanlagen, wo Wohnungen mangels Nachfrage leerstehen, erscheint es bedenkenswert, auch anderen Bevölkerungsgruppen einen Gemeinschaftsraum zugänglich zu machen und so die Attraktivität dieser Anlagen zu erhöhen. Insgesamt finden sich allerdings heute bei näherem Hinsehen bereits viele räumliche Möglichkeiten, die teilweise nur wenig genutzt werden. Einmal abgesehen von privaten Räumen stellen Gemeinden und Pfarreien häufig Örtlichkeiten für kulturelle oder soziale Initiativen zur Verfügung, und Unternehmen besitzen manchmal eigene Freizeiteinrichtungen für ihre Mitarbeiter (wobei festgestellt wurde, dass sich stärkerer Sozialkontakt unter Arbeitskollegen bei entsprechender Führung auch für die Unternehmen selbst deutlich positiv auswirkt)[450]. Im kommerziellen Sektor vergeben Bars, Cafés etc. Keller an private Veranstaltungen, die dort auf vorhandenen Anlagen Musik spielen können, mitunter ohne Entgelt für den Raum und unter der einzigen Bedingung, dass die Gäste die Getränke des Lokals konsumieren – was ja in vielen Fällen eine Erleichterung für die Organisation eines Zusammentreffens ist.

Die Unterstützung sozialen Lebens durch Politik, Kirchen und andere Organisationen kann sicherlich in hohem Maße hilfreich sein, mittels Einrichtungen und Maßnahmen, die Kontakt wirklich fördern und Lebensfreude Raum geben. Mindestens ebenso wichtig ist zudem das Unterlassen von staatlichen Eingriffen, die sie behindern. Besonders in Deutschland sind bürokratische Vorschriften und Gerichtsurteile nicht selten, die hierauf keine Rücksicht nehmen und überdies Partikularinteressen auf einseitige Weise Vorrang vor dem gemeinschaftlichen Wohl einräumen. So werden nach deutschen Vorschriften Geräusche, die eine Begleiterscheinung von Gemeinschaftsleben sind, teilweise auf die selbe Stufe gestellt wie Maschinenlärm oder Ähnliches. Ein anderes Beispiel ist der Beschluss des Münchner Stadtrats aus dem Sommer 2005, in dem – ohne stichhaltigen Grund, und ohne die Besonderheit sowie den Charakter des berühmten Oktoberfests verstanden zu haben[451] – Regeln festgelegt wurden, welche Musik in welcher Lautstärke in Zukunft auf diesem Fest zu spielen sei. In die gleiche Kategorie fehlgeleiteter Entscheidungen fällt auch die per Gerichtsurteil versuchte zwangsweise Schließung der bayerischen Biergärten um 21.30 Uhr, gegen die sich die Menschen 1995 erfolgreich mit der sogenannten »Biergarten-Revolution« zur Wehr setzten.

Die Förderung von Kontakt fängt schon in Kindergärten an, die eine wichtige Rolle zu Beginn der Sozialisation und Entwicklung von Sozialkompetenz spielen. Eigentlich muss sich jeder Kommunalpolitiker fragen lassen, wieso irgendwelche Prestige- oder Verkehrsberuhigungs-Projekte durchgezogen werden, wenn es in seiner Gemeinde noch nicht genug Kindergartenplätze gibt. Des Weiteren könnte überlegt werden, den Sozialwohnungsbau auf Familien mit jungen Kindern zu fokussieren. Erstens sind diese gemäß dem »Sozialbericht« der Bundesregierung überdurchschnittlich von dem betroffen, was in Deutschland als Armut definiert wird, im Gegensatz z. B. zu Rentnern und Behinderten.[452] Zweitens hat sich gezeigt, dass es dadurch – an einer Stelle, wo die Schwäche des Sozialkontakts besonders kritisch ist, der Situation der Frau nach der Geburt eines Kindes – zu intensivem Kontakt unter den Bewohnern der jeweiligen Wohnanlage kommt.[453] (So würde zudem Anonymität als Nährboden für Kriminalität bekämpft.) Sinnvoll erscheint ferner eine Initiative des Bundeslandes Nordrhein-Westfalen, deren Ziel es ist, für Senioren eine Alternative zwischen Selbstversorgung und Altenheim zu schaffen. Dort werden Modelle »gemeinschaftsorientierten Wohnens« gefördert, definiert als »Gruppenwohnungen für bis zu acht ältere […] Menschen, die ihre Betreuung individuell mit Hilfe ambulanter Dienste organisieren«.[454] Es ist durchaus möglich, dass auf diese Weise Probleme von unselbstständiger Lebensführung in Heimen und von Vereinsamung im Alter deutlich gelindert werden.

Zum Schluss dieses Exkurses soll noch die Rolle des Einander-Aushelfens angesprochen werden. Wir sind zwar heute in etlichen Dingen nicht mehr zwingend aufeinander angewiesen, sodass der Kontakt zu unseren Mitmenschen hierdurch keine »automatische« Bestärkung mehr erfährt. Wir können uns jedoch nach wie vor, häufig mit sehr geringem Aufwand, gegenseitig viel weiterhelfen sowie Positives zu unserem Leben beitragen – wie es jeder feststellt, der aktiv zu anderen Menschen in Kontakt steht und mit ihnen kommuniziert. Die individualistische Scheu, von anderen Hilfe anzunehmen oder anderen zu helfen, ist dabei ein selbst gestelltes Hindernis, das aufgegeben werden sollte. Überdies kann es ein schönes Erlebnis sein, einmal gemeinsam etwas auf die Beine zu stellen; etwas, bei dem alle mitanpacken, und sei es nur ein Umzug, der in einem Einweihungsessen in der neuen Wohnung endet. Mitunter wird zwar heute auch für gegenseitige Hilfe oder gemeinschaftliche Projekte ein entsprechender sozialer Rahmen erst wieder geschaffen werden müssen. Es gibt aber gerade im Bereich des Ehrenamts, der über ein alltägliches Aushelfen weit hinausgeht, noch zahlreiche funktionierende Institutionen, wie unter anderem die Freiwilligen Feuerwehren – Institutionen, die zudem vielfach mit intensiver Gemeinschaft und Geselligkeit verbunden sind.

Auswirkungen von Lebensfreude
Schlussbemerkungen

Wenn es uns gelingt, auf Basis von Lebenskultur und einer umfassenden Verwirklichung unserer Anlagen und Bedürfnisse echte Lebensfreude zu entwickeln, dann ergeben sich daraus vielfältige positive Konsequenzen, noch über das Ziel der Lebensfreude hinaus. In einer empirischen Untersuchung stellte sich heraus, *dass nur 9 Prozent der Menschen, die eher glücklich sind, den Charakterzug der Selbstsucht und des Egoismus aufweisen, dass jedoch bei 68 Prozent derjenigen, die eher unglücklich sind, diese unangenehme Eigenschaft ausgeprägt ist.*[455] Die Neigung, anderen zu helfen und im weiteren Sinn etwas zu »*geben*«, wächst mit dem inneren Reichtum der Persönlichkeit, der aus menschlichem Glück resultiert. Die Auswirkungen beschränken sich aber nicht allein darauf, denn Lebensfreude – oder ein Mangel daran – beeinflusst den ganzen Charakter einer Person.

Menschen, denen es an Lebensfreude mangelt, fällt es schwer, Wohlbefinden zu erlangen, und bei jeglicher Beeinträchtigung geht es ihnen schnell verloren. Sie nehmen positive Dinge häufig gar nicht wahr, können sich nur selten über etwas freuen, und ihr Neid auf andere ist überdurchschnittlich stark ausgeprägt.[456] (Dies trägt maßgeblich dazu bei, dass viele Menschen bei uns nicht mehr sehen, wie gut wir in materieller Hinsicht versorgt sind.) Sie sind oft übermäßig beschäftigt mit Sorgen und Ängsten, sowie irgendwelchen Plänen, um Ersterer Herr zu werden. Mitunter weisen sie eine Tendenz zu eingeschränkter Wahrnehmung oder Verdrängung der Realität auf, insbesondere auch in Form der Suche nach »Sündenböcken«.[457] Sie gelangen kaum jemals in Hochstimmung und ahnen teilweise nicht einmal mehr, dass das Leben schon anders sein könnte, wenn dies nur hin und wieder der Fall wäre. Nicht sel-

> »*Der Neid der Menschen zeigt an, wie unglücklich sie sich fühlen.*«
> Arthur Schopenhauer

ten haben sie eine übertrieben kritische Haltung inne, und manchmal gönnen sie anderen ebenfalls keine Lebensfreude und versuchen, sie zu verletzen, herabzusetzen oder ihnen anderweitig die Stimmung zu verderben. In Untersuchungen stellte man sogar fest, dass sie Schwierigkeiten haben, sich zu verlieben.[458] Sie schlafen schlechter – bzw. kennen nicht den »Schlaf der Seligen« –, und in vielen Fällen fehlt es ihnen an Lebenskraft. In allen Fällen gilt dies allerdings nicht, bei »Workaholics« und diversen Typen von Fanatikern scheint die Energie auf einseitige Weise kanalisiert zu sein. Im Endeffekt kann Freudlosigkeit auch dazu führen, worauf Erich Fromm hingewiesen hat: »Die Angst vor dem Tod wächst mit dem Gefühl, nicht richtig lebendig gewesen zu sein, das heißt, ein Leben geführt zu haben, das ohne Freude und Sinn war.«[459]

Lebensfreude hingegen geht einher mit der Fähigkeit, das Leben spontan und liebevoll zu erleben, sich an vielem erfreuen zu können und kleinere Probleme mit Distanz zu sehen. Da sie oft von einem echten Lächeln im Gesicht begleitet ist, verleiht sie zudem Ausstrahlung, und zwar eine Ausstrahlung, die ansteckend ist: »Menschen werden dadurch glücklicher gemacht, dass sie unter glücklichen Menschen sind, sowohl weil Glücklichsein ansteckend ist als auch weil glückliche Menschen einander besser behandeln.«[460] In wissenschaftlichen Untersuchungen wurde festgestellt, dass im Durchschnitt lebensfrohe Menschen:

»Freude ist der Übergang des Menschen von geringerer zu größerer Vollkommenheit.«
Baruch Spinoza

- mehr Engagement und Lebensenergie besitzen, sowie eine höhere Produktivität, besonders auch im qualitativen Sinn[461]
- bessere Beziehungen zu ihren Mitmenschen sowie ihrem Lebenspartner haben, und leichter Freunde gewinnen[462]
- eine schärfere und umfassendere Wahrnehmung zeigen, sowie eine größere Fähigkeit, Probleme zu bewältigen und Entscheidungen zu treffen (sie tendieren auch zur poli-

tischen Mitte und nicht zu Parteien am rechten oder linken Rand)[463]
- gesünder sind, und ein stärkeres Immunsystem sowie weniger Schmerzen verschiedener Art aufweisen (natürlich liegt hierbei zum Teil der Einfluss der Gesundheit auf die Lebensfreude zugrunde, es konnte jedoch nachgewiesen werden, dass es sich zu anderen Teilen um Auswirkungen der Lebensfreude auf die Gesundheit handelt)[464]

Darüber hinaus sind bei glücklichen Menschen höhere Charaktereigenschaften – wie Verantwortungsbewusstsein, Liebeskraft, Respekt vor Mensch und Natur – tendenziell stärker entwickelt. Explizit wurde unter anderem herausgefunden, dass sie einfühlsamer, taktvoller, wohltätiger, aber auch kreativer sind, und in größerem Ausmaß gemeinschaftliche Werte achten. Letztlich mündet Lebensfreude in einer charakterlichen Einstellung, die Erich Fromm in einfacher und treffender Weise bezeichnet hat als die »Liebe zum Leben«.[465]

Am wahrsten und deutlichsten zeigt sich der Charakter eines Menschen im Alter (und somit in einem Abschnitt, der inzwischen einen beträchtlichen Teil unseres Lebens ausmacht). Denn dann ist man meist nicht mehr gesellschaftlich zu bestimmten Tätigkeiten und Verhaltensweisen gezwungen, sodass die charakterliche Prägung – das Resultat unserer Lebensweise – sich freier äußern kann. Wer ein lebensfroher, produktiver und liebender Mensch war, wird sich durch die Freiheit von Zwängen im Alter vielleicht sogar noch mehr entfalten und auch diese Zeit genießen können. Wer hingegen zeitlebens ein einseitiger und exzessiv individualistischer Mensch war, dem werden mit den Zwängen Stützen in seinem Leben abhandenkommen, die ihm einen äußeren Halt gegeben haben; einen Halt, ohne den er noch weniger mit seinen Mitmenschen zurechtkommen und verfallen wird.

Wenn wir selbst einmal dem Ende unseres Lebens nahe kommen und uns zurückblickend fragen werden, was wir aus diesem Leben gemacht haben, dann wird es vor allem auf eins ankommen:[466] Wie viele Momente von Fröhlichkeit, Lebendigkeit und Gemeinschaft, von Engagement, Begeisterung und Leidenschaft, von Liebe, Großzügigkeit und Mitmenschlichkeit hat es gegeben in unserem Leben – und wie viele von Unzufriedenheit, Verärgerung und Aggression, von Einseitigkeit, innerer Langeweile und Missmut, von Starrsinnigkeit, Neid und Egoismus? Heute ist es an uns, in welche Richtung wir gehen.

»Leben und Tod
lege ich dir vor,
Segen und Fluch.
Wähle also das Leben.«
Altes Testament, Dtn 30,19

Überaus viele Menschen sind bei uns individualistisch geworden, und dies wird sich nicht von einem Tag auf den anderen ändern. Die exzessiv individualistische Prägung ist aber keinesfalls unumkehrbar, oft scheint sie noch nicht einmal sehr tiefgehend zu sein. Im Grunde hat sich der soziale Instinkt nicht schlecht »gehalten«, obwohl es uns eben im Allgemeinen an kultureller Sozialisation, an »Institutionen« und Gebräuchen von Gemeinschaft und Geselligkeit mangelt. Wenn die Umstände günstiger sind und sich Kontakt unter Menschen einstellt, dann kann auch heute immer wieder beobachtet werden, wie sich soziales Leben entfaltet und daran teilnehmende Menschen hierbei aufleben. Die Bereicherung unseres Lebens dürfte enorm sein, wenn auf dieser Basis wieder wirkliche Lebenskultur entsteht, und die Vereinzelung und Verödung der »Fernsehgesellschaft« durchbrochen wird.

Im Prinzip ist es für jeden Einzelnen möglich, mehr Freude am Leben zu erlangen, da das Niveau an Lebensfreude einer Person keine angeborene Eigenschaft darstellt, sondern längerfristig durchaus veränderlich ist. Dies wurde in empirischen Untersuchungen festgestellt, in denen zudem darauf hingewiesen wird, dass es auch bereits erhebliche Veränderungen des durchschnittlichen Niveaus an Lebensfreude in ganzen Gesellschaften gegeben hat.[467] Vor dem Hintergrund einer Entwicklungstendenz, die der Philosoph Ludwig Feuerbach beschrieben hat, besteht also selbst auf gesellschaftlicher Ebene reelle Hoffnung auf Besserung: »Denn der Mensch strebt unaufhaltsam nach unbeschränkter Entfaltung seines Wesens, nach Formen des Daseins, die seinem vollen Wesen entsprechen. […] Was der menschlichen Natur entspricht, das bleibt; was ihr widerspricht oder nur unter gewissen Bedingungen entspricht, das vergeht.«[468] Und häufig sind es soziale Bewegungen, die entsprechende Veränderungen bewirken, wie die Emanzipationsbewegung, die zweifellos die Situation der Frauen verbessert hat, ungeachtet aller offenen und strittigen Fragen.

Schon die Einsicht, dass unser Leben umfassender und im Hinblick auf manche Bedürfnisse intensiver sein könnte, dürfte den Weg zu einem erneuten Sozialleben ebnen; eine wichtige Rolle spielen wird des Weiteren gesuchte und gewonnene Erfahrung, was zu Lebensfreude beiträgt und was Lebensfreude selbst ausmacht. Solche Einsicht und Erfahrung möchte auch dieses Buch vermitteln. Die hier dargestellten Möglichkeiten, die im laufenden Kapitel »Wiederaufbau« zu fünf entscheidenden Punkten zusammengefasst wurden, erfordern keine außergewöhnlichen Mittel oder gar gesellschaftlichen Umstürze. Mit ihrer Verwirklichung kann vielmehr bereits im Kleinen begonnen werden. Selbst wenn zu Anfang keine großen Sprünge gelingen, so werden kleine Schritte helfen, den Verfallsprozess umzukehren, weg von immer weniger Kontakt und Sozialleben, hin zu mehr Gemeinschaft und Lebenskultur. Schritte in diese Richtung können schließlich zu einer sich selbst verstärkenden Dynamik anwachsen, denn sie werden vielfach von einer Entfaltung von Lebensfreude begleitet sein.

Wir sind überzeugt, dass wir uns mit einer Wiederbelebung sozialen Lebens erneut Lebenskultur aneignen werden, und dass wir auf diese Weise weniger einseitig leben und unsere Persönlichkeit umfassender entwickeln werden.

Wir sind überzeugt, dass dies zu einer Verringerung von Problemen der Vereinsamung, des Verhältnisses zwischen Frau und Mann sowie der menschlichen Zusammenarbeit im Allgemeinen führen wird.

Wir sind überzeugt, dass wir so mehr Freude am Kontakt zu unseren Mitmenschen haben werden, mehr Freude an der Art und Weise, wie wir unsere Freizeit verbringen, mehr Freude an all dem, was wir uns erarbeiten, und mehr Freude – am Leben.

»Ich bin gekommen,
damit sie das Leben haben,
damit sie es in Fülle haben.«
Neues Testament, Johannes 10,10

Anmerkungen

Die leeren Gesichter des Alltags
Eindrücke und Möglichkeiten

1 Vgl. Slater 1970, S. XII f.
2 Sakaiya 1994, S. 8.

Stimmt hier etwas nicht?
Der paradoxe Mangel an Lebensfreude

3 Bovensiepen 2004.
4 Liedloff 1980, S. 188 (Hervorhebung durch die Autoren).
5 Putnam 2000, S. 241.
6 Lasch 1980, S. 59.
7 Mead 1965a, S. 131.
8 Ley 2005.
9 Vgl. Robinson/Godbey 1997, S. 34 u. S. 176.
10 »People know only *that* they are unhappy, not *why*.« Lane 2000, S. 202.
11 Zoll 1993, S. 43.

Die Suche nach der achtzehnten Krawatte, oder:
Voraussetzungen der Entwicklung von Lebensfreude

12 Maslow 1977, S. 115.
13 IFAK 2007.
14 Veenhoven 1991a.
15 Veenhoven 1999, Abschnitt 2.2.2.
16 Veenhoven 1984, S. 344.
17 Vgl. Veenhoven 1984, S. 150.
18 Veenhoven 1991b.
19 Schor 1991, S. 115.
20 Lane 2000, S. 61 u. S. 63.
21 Vgl. Willenbrock 2006, S. 17.
22 Vgl. Veenhoven 1999, Abschnitt 2.2.2.

23 Luttwak 2002.
24 Robinson/Godbey 1997, S. 242 u. S. 357.
25 Veenhoven 2003a.
26 Siehe Teil II, Kapitel »Kulturelle Eigendynamik. Beobachtungen aus ›primitiven‹ Stammeskulturen«.
27 Veenhoven 2003a.
28 Argyle 1987, S. 2 u. S. 145 f.
29 Argyle 1987, S. 141 u. S. 155.
30 Fauser 1982, S. 6.

Ein Blick in den Spiegel
Die Individualismus-Falle

31 Seibold 2005.
32 Vgl. Ziehe 1989, S. 7.
33 Brennan 1982, S. 269.
34 Zur Situation in einzelnen Ländern siehe Teil I, Kapitel »Das kommt Ihnen spanisch vor? Individualismus im internationalen Vergleich«.
35 Darwin 1966, S. 124.
36 Puls 1989, S. 128.
37 Putnam 2000, S. 355 f.
38 Ribeiro 1994, S. 76.
39 Puls 1989, S. 126.
40 Fromm 1981a, S. 394.
41 Houchard 2004.
42 Liedloff 1980, S. 179.
43 Siehe Teil II, Kapitel »Freiheit allein reicht nicht. Ursachen des Verfalls des Soziallebens«.
44 Fromm 1981b, S. 387.
45 Vgl. Puls 1989, S. 128.
46 Etzioni 1997, S. 105; Lane 2000, S. 120.
47 Vgl. Slater 1970, S. 7 ff.
48 Vgl. Waterman 1984, S. 8.
49 Vgl. das nachfolgende Kapitel »Fragen Sie mal einen, der dabei war‹. Das soziale Bedürfnis«.
50 Myers 2000, S. 8.
51 Vgl. Teil II, Kapitel »Freiheit allein reicht nicht. Ursachen des Verfalls des Soziallebens«.
52 Döpp 1980, S. 28.

53 Vgl. dazu Häsing et al. 1980, S. 7, Strzyz 1978, S. 136, Waterman 1984, S. 75 f.
54 Micksch/Höcht-Stöhr 1989, S. 2.
55 Runckel 2005; Lehnartz 2005, S. 264.
56 Bronisch 2004.
57 Vgl. Peplau/Perlman 1982, S. 124.
58 Schellenbaum 1989, S. 23.
59 Ziehe 1980, S. 130.
60 Lasch 1980, S. 14.
61 Schellenbaum 1989, S. 20.
62 Robinson/Godbey 1997, S. 36.
63 Robinson/Godbey 1997, S. XIV, S. 34 u. S. 236.
64 »People seek to ›take‹ from activity rather than totally ›giving‹ themselves to it.« Robinson/Godbey 1997, S. 47.
65 Vgl. Robinson/Godbey 1997, S. 47.
66 Etzioni 1997, S. 54.
67 Schelsky 1955, S. 114 f.

»Fragen Sie mal einen, der dabei war«
Das soziale Bedürfnis

68 Puls 1989, S. 55; Gordon 1976, S. 27.
69 Fischer/Phillips 1982, S. 36.
70 Rook/Peplau 1982, S. 353.
71 Maslow 1977, S. 78.
72 Darwin 1966, S. 136 u. S. 141.
73 Sahlins 1960.
74 Zoll 2000, S. 108 f.; Fromm 1980a, S. 120 ff.
75 Puls 1989, S. 58 u. S. 68; Bierhoff 1998, S. 12.
76 Vgl. Darwin 1966, S. 134 ff.
77 Fauser 1982, S. 162.
78 Maslow 1977, S. 86.
79 Maslow 1977, S. 86.
80 Zitiert in Heitmeyer 1997a, S. 281.
81 Lau 2002.
82 Etzioni 1995, S. 134.
83 Etzioni 1995, S. 134.
84 Vgl. Puls 1989, S. 39, u. Bierhoff 1998, S. 17.
85 Gordon 1976, S. 19.
86 Richter 1963, S. 75.

87 Neidhardt 1979, S. 337.
88 Etzioni 1995, S. 146; Puls 1989, S. 68.
89 Richter 1998, S. 70 (Hervorhebung durch die Autoren).
90 Maslow 1977, S. 99.
91 Puls 1989, S. 394.
92 Smith 1994, S. 26.
93 Veenhoven 1989, S. 101.
94 Vgl. Hofstede 1993, S. 66, u. Veenhoven 1984, S. 150 u. S. 259.
95 NEF 2006, S. 33 f.
96 De Graaf et al. 2002, S. 189.
97 Larson et al. 1982, S. 50.

Glückliche Umstände?
Gegenbeispiele

98   Veenhoven 1999, Appendix.
99   Lüdtke 1997, S. 386 f.
100 Veenhoven 1984, S. 259.
101 Siehe Teil I, Kapitel »Die Suche nach der achtzehnten Krawatte, oder: Voraussetzungen der Entwicklung von Lebensfreude«.
102 Schneider et al. 1995, S. 3; Klein 1995, S. 85 f.
103 Schneider et al. 1995, S. 2.
104 Lane 2000, S. 197.
105 Hoggart 1992, S. 111 f.
106 Zoll 1993, S. 133 (Hervorhebung durch die Autoren).

»Gepflegte Langeweile«
Zum Zustand des Soziallebens

107 Fauser 1982, S. 104 u. S. 175.
108 Fauser 1982, S. 107 u. S. 179.
109 U. a. bereits Sullivan 1955, S. 260, u. Mead 1965a, S. 126.
110 Vgl. Mead 1965a, S. 30 f. u. S. 50 ff.
111 Vgl. Pfingsten/Hinsch 1991, S. 23, u. Puls 1989, S. 109.
112 Fauser 1982, S. 58.
113 Beck 1986, S. 182.
114 De Graaf et al. 2002, S. 113.
115 Putnam 2000, S. 296 f.
116 Mead 1965a, S. 305.

117 Puls 1989, S. 102.
118 Fauser 1982, S. 116; Puls 1989, S. 396.
119 Vgl. Lenz 1987, S. 207.
120 Veenhoven 1994b; diese Statistiken könnten allerdings durch »Gewöhnungsprozesse« verzerrt sein, siehe auch Teil II, Kapitel »Einfach‹, aber intensiv! *Lebenskultur* versus Einseitigkeit«.
121 Fauser 1982, S. 155 ff.
122 Vgl. Puls 1989, S. 164.
123 Robinson/Godbey 1997, S. 134 f. u. S. 270.
124 Puls 1989, S. 392.
125 Beck 1986, S. 213.
126 DESTATIS 2003, S. 7.
127 Scitovsky 1992, S. 235.
128 Zitiert in Schirrmacher 2006, S. 82.
129 Schenz 2003.
130 Houellebecq 1999a, S. 15.
131 Vgl. Lyubomirsky 2004.
132 Joop 2003.
133 Strzyz 1978, S. 50.
134 Puls 1989, S. 358; Lane 2000, S. 85.
135 Puls 1989, S. 379.
136 Fauser 1982, S. 190.
137 Bierhoff 1998, S. 17.
138 Fauser 1982, S. 163 f.
139 Vgl. Robinson/Godbey, S. 208.
140 Näger 2003; Allmendinger 2004.
141 Puls 1989, S. 256 f. u. S. 370.
142 Putnam 2000, S. 308 u. S. 314.
143 Etzioni 1997, S. 107 u. S. 116.
144 Puls 1989, S. 2.
145 Lieberz 2002; Puls 1989, S. 274 u. S. 299; Bierhoff 1998, S. 18.
146 Vgl. Puls 1989, S. 298 u. S. 306.
147 De Graaf 2002, S. 170; Putnam 2000, S. 326 ff.
148 Puls 1989, S. 256 f.
149 Legner 2004 (Hervorhebung durch die Autoren).
150 Lane 2000, S. 9 f.
151 Fromm 1980a, S. 97.
152 Argyle 1987, S. 107.
153 Dennemark 1959.
154 Beck 1983.
155 Rogers 1998, S. 50 ff. u. S. 70.

156 Keupp 1987, S. 30.
157 Mansel 1995, S. 258 ff.
158 Etzioni 1995, S. 142.
159 Strasser 1985, S. 46; Reim 2004.
160 CIAR 2006.

Das kommt Ihnen spanisch vor?
Individualismus im internationalen Vergleich

161 Vgl. hierzu u. zum Folgenden Hofstede 1993, S. 69 u. S. 73, u.
     Veenhoven 1999, Appendix.
162 Veenhoven 1999, Appendix.
163 Vgl. Richter 1998, S. 125 ff.
164 Vgl. Hofstede 1993, S. 103; Arrindell/Veenhoven 2002.
165 Hofstede 1993, S. 132 f.
166 Popenoe 2001, S. 80 f.
167 Houellebecq 1998, S. 115.
168 Houellebecq 1999a, S. 7.
169 Houellebecq 1999b, S. 18 u. S. 43.
170 Houellebecq 1999b, S. 49.
171 Vgl. Ehrenreich 2007, S. 189 ff.
172 Mitscherlich 1992, S. 66.
173 Fromm 1980b, S. 108.
174 Jérôme 2001.
175 Pérez-Díaz 2001, S. 561.
176 Pérez-Díaz 2001, S. 562.
177 EU-Kommission 2004, S. 8, S. 20 ff. u. S. 39.

Therapien fürs Privatleben
Die USA

178 Lane 2000, S. 111.
179 Vgl. Slater 1970, S. 25.
180 Hierzu u. zum Folgenden siehe Robinson/Godbey 1997, S. 124,
     S. 171 u. S. 355 ff.; Putnam 2000, S. 98 ff. u. S. 185.
181 Popenoe 2001, S. 82 f.; Schor 1991, S. 107 f.
182 Schor 1991, S. 1.
183 Robinson/Godbey 1997, S. XIV u. S. 135.
184 Roll 2004.

185 Schor 1991, S. 161 f.
186 Kerr 1962, S. 31; Bellah et al. 1985, S. IX.
187 Schor 1991, S. 26; Harwood 2002.
188 Jacobson 2002.
189 Gordon 1976, S. 98 f.
190 NBER 2005.
191 Lane 2000, S. 35.
192 Schor 1991, S. 12; Etzioni 1995, S. 66 u. S. 75.
193 Myers 2000, S. 6.
194 Whybrow 2005, S. 24.
195 De Graaf et al. 2002, S. 89.
196 Slater 1970, S. 7.
197 Brennan 1982, S. 272 f.
198 Slater 1970, S. 9.
199 De Graaf et al. 2002, S. 114.
200 Blokland 1997, S. 214; de Graaf et al. 2002, S. 123.
201 Slater 1970, S. 9.
202 Lasch 1980, S. 45.
203 Siehe Teil II, Kapitel »Freiheit allein reicht nicht. Ursachen des Verfalls des Soziallebens«.
204 Slater 1970, S. 5.
205 De Graaf et al. 2002, S. 124; Puls 1989, S. 334 u. S. 358.

Heute kein Problem mehr?
Sexualität und Partnerschaft

206 Robinson/Godbey 1997, S. 115 f.
207 Siehe Teil II, Kapitel »Kulturelle Eigendynamik. Beobachtungen aus ›primitiven‹ Stammeskulturen«.
208 Mead 1965a, S. 51, S. 99 u. S. 126; Malinowski 1963, S. 5.
209 Malinowski 1963, S. 5; vgl. Fromm 1980a, S. 152, u. Malinowski 1983, S. 62 f. u. S. 92 f.
210 Mead 1965a, S. 100.
211 Vgl. z. B. Powdermaker 1979, S. 245 u. S. 276.
212 Vgl. Foucault 1976, S. 76 f.
213 Haarmann 2006.
214 Sullivan 1955, S. 296 f. (Übersetzung in Anlehnung an Sullivan 1980, S. 333).
215 Vgl. Maslow 1977, S. 78.
216 Slater 1970, S. 72.

217 Liedloff 1980, S. 193 f.
218 Veenhoven 1989, S. 55; Gudisch 2004.
219 Vgl. Kort 2002.
220 Houellebecq 1999b, S. 43.
221 Vgl. hierzu u. zum Folgenden Puls 1989, S. 378 f., u. Peuckert 1997, S. 298.
222 Lasch 1980, S. 236.
223 Vgl. Puls 1989, S. 378.
224 Fromm 1981a, S. 452.
225 Vgl. Puls 1989, S. 154.
226 Graupner 2004.
227 Peuckert 1997, S. 294; Myers 2000, S. 36.
228 Vgl. Malinowski 1983, S. 70 f.
229 Beck 1986, S. 188.
230 Peuckert 1997, S. 298.
231 Vgl. Myers 2000, S. 46.
232 Veenhoven 1983.
233 Beck 1986, S. 175 u. S. 187.

»Nebeneinander herfeiern«
Ein Kommentar zu Festen

234 Puls 1989, S. 327.
235 Siehe Teil II, Kapitel »›Einfach‹, aber intensiv! *Lebenskultur* versus Einseitigkeit«.

Die zwischenmenschliche Wüste
Schlussbemerkungen

236 Gordon 1976, S. 21
237 Maslow 1977, S. 86
238 EU-Kommission 2005; Lieberz 2002.
239 Argyle 1987, S. 12; Lane 2000, S. 22.
240 Steinberger 2004; Organon 2004; Buchegger 2003.
241 Kröncke 2004.
242 Fromm 1980b, S. 9; de Graaf et al. 2002, S. 125 u. S. 134.
243 Whybrow 2005, S. 169; Rögener 2003.
244 Lane 2000, S. 42; Fernald 2000.
245 Lindner 2005.

246 Vgl. de Graaf et al. 2002, S. 125; Suomi 2000.
247 Guht 2004.
248 Richter 1998, S. 38.
249 Richter 1998, S. 15.
250 Fromm 2000, S. 95.
251 Mölling 2001.
252 Fromm 1980a, S. 224.
253 Sombart 1987, S. 6 ff.

Die Widerspiegelung in den Augen des Nächsten
Bedeutungen des Soziallebens

254 Vgl. Neidhardt 1979, S. 376, u. Rogers 1998, S. 50 f. u. S. 70.
255 Pfingsten/Hinsch 1991, S. 9.
256 Siehe Teil I, Kapitel »Ein Blick in den Spiegel – die Individualis-
     mus-Falle«.
257 Strzyz 1978, S. 82.
258 Vgl. Pfingsten/Hinsch 1991, S. 24.
259 Puls 1989, S. 92 u. S. 102 f.
260 Argyle 1987, S. 84.
261 Veenhoven 1984, S. 322.
262 Zitiert in Waterman 1984, S. 13.
263 Asserate 2003.
264 Etzioni 1995, S. 79.
265 Reppesgaard 2006; Pilgram 2005.
266 DIHK 2004.
267 Putnam 2000, S. 301.
268 Fromm 1981, S. 425.
269 Ribeiro 1994, S. 76.
270 Myers 2000, S. 43.
271 Mead 1965b, S. 86.
272 Keupp 1987, S. 30.
273 Siehe das nachfolgende Kapitel »Einfach‹, aber intensiv! *Le-
     benskultur* versus Einseitigkeit«.
274 Maslow 1973, S. 22.
275 Siehe Teil I, Kapitel »Glückliche Umstände? Gegenbeispiele«.
276 Darwin 1966, S. 142 ff.; Etzioni 1997, S. 224.
277 Liedloff 1980, S. 103 (Hervorhebung durch die Autoren).
278 Vgl. Teil I, Kapitel »Ein Blick in den Spiegel – die Individualis-
     mus-Falle«.

279 Pfeiffer/Wetzels 2005.
280 Etzioni 2003.
281 Puls 1989, S. 370.
282 Siehe das Schlusskapitel »Den Jahren mehr Leben geben:
    ›Wiederaufbau‹ und Auswirkungen von Lebensfreude«.
283 Zoll 1993, S. 141 (Hervorhebung durch die Autoren).
284 Zoll 1993, S. 132.
285 Mumford 1957, S. 150 ff. (Übersetzung in Anlehnung an
    Mumford 1981, S. 174 ff.; Hervorhebung durch die
    Autoren).

»Einfach«, aber intensiv!
Lebenskultur versus Einseitigkeit

286 Kästner 1986, S. 13.
287 Scitovsky 1992, S. 228 u. S. 231 ff.
288 Kast 2004, S. 186.
289 Willenbrock 2006, S. 31.
290 Mann 1989, S. 89.
291 Fischer/Phillips 1982, S. 33.
292 Lane 2000, S. 242.
293 Schulze 2004.
294 Putnam 2000, S. 245.
295 Hierzu u. zum Folgenden siehe Le Goff 1989, S. 173 ff.
296 Mehu 2004, S. 191; Phillips 1993, S. 119.
297 Fromm 1980c, S. 71 f.
298 Levine 1998, S. 42; Schor 1991, S. 47.
299 Thompson 2002.
300 Ehrenreich 2007, S. 77 ff.
301 Wikipedia 2007.
302 Zitiert in Hengst 2003, S. 155.
303 Schelsky 1955, S. 99 ff.
304 Robinson/Godbey 1997, S. 131; Scitovsky 1992, S. 164
    (Übersetzung in Anlehnung an Scitovsky 1977, S. 140).
305 Vgl. Lane 2000, S. 149.
306 Argyle 1987, S. 84; Veenhoven 1984, S. 304 f.
307 Miegel/Wahl 1994, S. 51.
308 Strzyz 1978, S. 50.
309 Houellebecq 1999b, S. 14 f.
310 Schor 1991, S. 66.

311 Bierhoff 1998, S. 181 ff.
312 Fromm 1980a, S. 151 ff.
313 Schor 1991, S. 6 f. u. S. 44 ff.; Le Goff 1983, S. 38.
314 Beck 1986, S. 221.
315 Siehe Teil I, Kapitel »Das kommt Ihnen spanisch vor? Individualismus im internationalen Vergleich«.
316 Veenhoven 1989, S. 115.
317 Vgl. Veenhoven 1984, S. 342 f.
318 Vgl. Bierhoff 1998, S. 68 f.
319 Heitmeyer/Olk 1990, S. 102 f.
320 Robinson/Godbey 1997, S. 45 (Hervorhebung durch die Autoren).
321 Veenhoven 1984, S. 317.
322 Vgl. Lane 2000, S. 20.
323 Argyle 1987, S. 154 f.; Lane 2000, S. 343 ff.; de Graaf et al. 2002, S. 133.
324 Liedloff 1980, S. 174.
325 Veenhoven 1984, S. 314.
326 Lerner 2002.
327 Fromm 2000, S. 164.
328 Josephson 2002.
329 Mitscherlich 1992, S. 130.
330 Fromm 1980d, S. 175 f.
331 Siehe Teil I, Kapitel »Therapien fürs Privatleben. Die USA«.
332 Slater 1970, S. 92; Etzioni 1995, S. 31.
333 Hujer 2003.

Kulturelle Eigendynamik
Beobachtungen aus »primitiven« Stammeskulturen

334 Hierzu u. zum Folgenden siehe Fromm 1980a, S. 149 ff.
335 Liedloff 1980, S. 138 f. u. S. 186 f.
336 Mead 1965a, S. 65 u. S. 288 ff.
337 Puls 1989, S. 370.
338 Argyle/Martin 1991, S. 82.
339 Fromm 1980a, S. 150.
340 Anhäuser 2004.
341 Malinowski 1963, S. 127 u. S. 186.
342 Swenson 2002.
343 Vgl. Fromm 1980a, S. 151 u. S. 155 ff.

344 Vgl. Fromm 1980a, S. 151 u. S. 155 ff.
345 Bierhoff 1998, S. 164.

Freiheit allein reicht nicht
Ursachen des Verfalls des Soziallebens

346 Ehrenreich 2007, S. 101 u. S. 144; vgl. Scitovsky 1992, S. 205.
347 Ehrenreich 2007, S. 142; Schor 1991, S. 70.
348 Lane 2000, S. 311.
349 Heide 2002, S. 21; Lasch 1980, S. 145 ff.; Ehrenreich 2007, S. 98 f.
350 Ehrenreich 2007, S. 119 ff. u. S. 249.
351 Siehe das vorvorige Kapitel »Einfach‹, aber intensiv! *Lebenskultur* versus Einseitigkeit«.
352 Siehe Teil II, am Ende des Kapitels »Die Widerspiegelung in den Augen des Nächsten – Bedeutungen des Soziallebens«.
353 De Graaf et al. 2002, S. 112.
354 Siehe Teil I, Kapitel »Glückliche Umstände? Gegenbeispiele«.
355 Lau 2004.
356 Puls 1989, S. 326; Richter 1998, S. 69.
357 Lane 2000, S. 103.
358 Vgl. hierzu u. zum Folgenden Fauser 1982, S. 186.
359 Popenoe 2001, S. 132.
360 Vgl. Teil I, Kapitel »Fragen Sie mal einen, der dabei war‹. Das soziale Bedürfnis«.
361 Phillips 1993, S. 119.
362 Vgl. Keupp 1987, S. 40.
363 Puls 1989, S. 49.
364 Miegel/Wahl 1994, S. 50.
365 Fromm 1981c, S. 364.
366 Vgl. Myers 2000, S. 46.
367 Vgl. Veenhoven 1999, Abschnitt 3.3.
368 Houellebecq 1999b, S. 41.
369 Maslow 1973, S. 21 f.
370 Hofstede 1993, S. 69; vgl. Teil I, Kapitel »Das kommt Ihnen spanisch vor? Individualismus im internationalen Vergleich«.
371 Sakaiya 1994, S. 367 f.
372 Späth 2005, S. 2.
373 Revkin 2005.

»Das System ist schuld«
Einflüsse der Wirtschaftsordnung

374 Phillips 1993, S. 92; zur mittelalterlichen Lebenskultur siehe
Teil II, Kapitel »Einfach‹, aber intensiv! *Lebenskultur* versus Einseitigkeit«.
375 Lane 2000, S. 161.
376 Siehe Teil I, Kapitel »Das kommt Ihnen spanisch vor? Individualismus im internationalen Vergleich«.
377 Siehe auch Teil II, Kapitel »Einfach‹, aber intensiv! *Lebenskultur*
versus Einseitigkeit«.
378 Veenhoven 2000.
379 Scitovsky 1992, S. 4.
380 Veenhoven 1984, S. X.
381 Fischer/Phillips 1982, S. 27.
382 Fischer/Phillips 1982, S. 27.
383 Siehe Teil II, am Ende des Kapitels »Die Widerspiegelung in den
Augen des Nächsten – Bedeutungen des Soziallebens«.
384 Gordon 1976, S. 116 f.
385 Robinson/Godbey 1997, S. 331 f.; Popenoe 2001, S. 82.
386 Schor 1991, S. 1; Robinson/Godbey 1997, S. XIV.
387 Schor 1991, S. 109 u. S. 206 f.
388 Scitovsky 1992, S. 164 (Übersetzung in Anlehnung an Scitovsky
1977, S. 140).
389 Robinson/Godbey 1997, S. 320; Schor 1991, S. 78 u. S. 144 f.
390 Schor 1991, S. 70; Linder 1971, S. 193; Robinson/Godbey 1997,
S. 237.
391 WEF 2005.
392 BLS 2005.
393 Heide 2002, S. 20 f.; Schor 1991, S. 47.
394 Sombart 1987, S. 426 (Hervorhebung durch die Autoren).
395 Schor 1991, S. 149 f.
396 eFinancialCareers 2004.
397 Slater 1970, S. 131.
398 Der interessierte Leser sei auf die Werke von Joseph A. Schum-
peter verwiesen.
399 Vgl. das Zitat von Smith in Teil I, Kapitel »Fragen Sie mal
einen, der dabei war‹. Das soziale Bedürfnis« (Smith 1994,
S. 26).
400 Galbraith 1984, S. 152.
401 Hense-Ferch 2003.

402 Cohen 1996.
403 Neumann 2005.
404 Freud 1953, S. 84 f.
405 Argyle 1987, S. 208.
406 Blokland 1997, S. 232 f.
407 Lawrence 1934, S. 125 (Übersetzung in Anlehnung an Lawrence 1968, S. 365 f.).
408 Puls 1989, S. 393.
409 Lane 2000, S. 190.
410 Berndt 2004; Pfeiffer 2004a.
411 Whybrow 2005, S. 245.
412 Slater 1974, S. 55; de Graaf et al. 2002, S. 19.

Den Jahren mehr Leben geben
»Wiederaufbau« – und Auswirkungen von Lebensfreude

413 Blokland 1997, S. 232.
414 Vgl. Teil I, Kapitel »Das kommt Ihnen spanisch vor? Individualismus im internationalen Vergleich«.
415 Vgl. Robinson/Godbey 1997, S. 256.
416 Balser/Büschemann 2004.
417 Zoll 1993, S. 59.
418 Vgl. Teil I, Kapitel »›Gepflegte Langeweile‹. Zum Zustand des Soziallebens«.
419 Liedloff 1980, S. 174.
420 Pfingsten/Hinsch 1991, S. 23.
421 Liedloff 1980, S. 111 u. S. 177 (Hervorhebung durch die Autoren).
422 Siehe Teil I, Kapitel »Therapien fürs Privatleben. Die USA«.
423 Berndt 2004; Blokland 1997, S. 233 f.
424 Pfeiffer 2004b.
425 Reinders 2004.
426 Robinson/Godbey 1997, S. 315.
427 Ramelsberger 2005.
428 Kerr 1962, S. 96.
429 Liedloff 1980, S. 176 (Hervorhebung durch die Autoren).
430 Vgl. Mead 1965a, S. 30 ff. u. S. 99.
431 Mead 1965a, S. 126 u. S. 288.
432 Siehe insbesondere das vorvorige Kapitel »Freiheit allein reicht nicht. Ursachen des Verfalls des Soziallebens«.

433 Vgl. Cseh-Szombathy 1972, S. 308.
434 Siehe Teil II, Kapitel »Einfach‹, aber intensiv! *Lebenskultur versus Einseitigkeit«.
435 De Graaf et al. 2002, S. 140.
436 Vgl. das Ende des vorigen Kapitels.
437 Siehe Teil II, Kapitel »Die Widerspiegelung in den Augen des Nächsten – Bedeutungen des Soziallebens«.
438 Siefer/Weber 2006.
439 Lyubomirsky 2004.
440 Coelho 2003, S. 41.
441 Harwood 2002.
442 Gollwitzer 2007.
443 Harwood 2002.
444 Richter 1998, S. 23.
445 Zitiert in Schmiedendorf 2007.
446 Puls 1989, S. 49.
447 De Graaf et al. 2002, S. 340 ff.
448 Seibold 2005.
449 Etzioni 1995, S. 151.
450 Vgl. Zoll 1993, S. 49.
451 Vgl. Teil I, Kapitel »Nebeneinander herfeiern‹. Ein Kommentar zu Festen«.
452 Viering 2004.
453 Siehe Teil I, Kapitel »Glückliche Umstände? Gegenbeispiele«.
454 Beul 2004.
455 Argyle 1987, S. 139 f.
456 Veenhoven 2005.
457 Veenhoven 1984, S. 296 f.
458 Veenhoven 1989, S. 55.
459 Fromm 1981a, S. 396.
460 Lane 2000, S. 238.
461 Lyubomirsky 2004.
462 Lane 2000, S. 329; Lyubomirsky 2004.
463 Lane 2000, S. 220, S. 240 u. S. 248; Veenhoven 1998.
464 Veenhoven 1984, S. 353; Lyubomirsky 2004.
465 Lyubomirsky 2004; Fromm 1980a, S. 331; Veenhoven 1984, S. 322 u. S. 353.
466 Vgl. de Graaf et al. 2002, S. 396.
467 Veenhoven 1994a.
468 Feuerbach 1846, S. 91.

Literatur

A

Allmendinger, Jutta, zitiert in: *Bundesanstalt: Jeder dritte Arbeitslose krank*, Süddeutsche Zeitung, 4.10.2004, S. 21.

Anhäuser, Marcus: *Frieden schaffen unter Affen*, in: Süddeutsche Zeitung, 15.4.2004, S. 11.

Argyle, Michael: *The Psychology of Happiness*, London 1987.

Argyle, Michael/Martin, Maryanne: *The Psychological Causes of Happiness*, in: Strack, Fritz/Argyle, Michael/Schwarz, Norbert: *Subjective Well-Being*, Oxford 1991.

Arrindell, Willem A./Veenhoven, Ruut: *Feminine Values and Happy Life-Expectancy in Nations*, in: Personality and Individual Differences, 33/2002, S. 803.

Asserate, Asfa-Wossen: Interview, in: Handelsblatt Weekend Journal, 14.11.2003, S. 1.

B

Balser, Markus/Büschemann, Karl-Heinz: *Jenseits der magischen Zahl*, in: Süddeutsche Zeitung, 30.6.2004, S. 2.

Beck, Ulrich (1983): *Jenseits von Stand und Klasse?*, in: Kreckel, Reinhard: *Soziale Ungleichheiten*, Göttingen 1983, S. 60.

Beck, Ulrich (1986): *Risikogesellschaft – Auf dem Weg in eine andere Moderne*, Frankfurt am Main 1986.

Bellah, Robert N./Madsen, Richard/Sullivan, William M./Swidler, Ann/Tipton, Steven M.: *Habits of the Heart*, Berkeley/Los Angeles 1985.

Berndt, Christina: *Risiko-Programm*, in: Süddeutsche Zeitung, 16.7.2004, S. 1.

Beul, Miriam M.: *Die Senioren-WG ist ein Modell mit Zukunft*, in: Süddeutsche Zeitung, 5.11.2004, S. V2/1.

Bierhoff, Hans W.: *Sozialpsychologie*, 4. Auflage, Stuttgart 1998.

Blokland, Hans: *Freedom and Culture in Western Society*, London 1997.

BLS Bureau of Labor Statistics: *Changes in women's labor force participation in the 20th century*, www.bls.gov/opub/ted/2000/feb/wk3/art03.htm, 10.1.2005.

Bovensiepen, Nina: *Abflug in die Freiheit*, in: Süddeutsche Zeitung, 17.1.2004, S. 26.

Brennan, Tim: *Loneliness at Adolescence*, in: Peplau/Perlman 1982.

Bronisch, Thomas, zitiert in: *Persönlichkeit ist keine Falle*, Süddeutsche Zeitung, 19.11.2004, S. 11.

Buchegger, Otto: *Selbstmord in Deutschland*, www.buchegger.de/selbstmord.html, 28.10.2003.

C

CIAR Canadian Institute for Advanced Research: *Estimated Impact of Determinants of Health on the Health Status of the Population*, www.law.utoronto.ca/healthlaw/basket/docs/11, 7.3.2006.

Coelho, Paulo: *Der Dämon und Fräulein Prym*, Zürich 2003.

Cohen, Scott: *Shopaholics Anonymous*, in: Elle, Mai 1996, S. 120.

Cseh-Szombathy, László: *International Differences in the Types and Frequencies of Social Contacts*, in: Szalai, Alexander: *The Use of Time*, Paris 1972.

D

Darwin, Charles: *Die Abstammung des Menschen*, Stuttgart 1966.

De Graaf, John/Wann, David/Naylor, Thomas H.: *Affluenza – Zeitkrankheit Konsum*, München 2002.

Dennemark, H. G., zitiert in: Kölbel, Gerhard: *Über die Einsamkeit*, München 1959, S. 116.

DESTATIS (Statistisches Bundesamt): *Wo bleibt die Zeit?*, Wiesbaden 2003.

DIHK: *Fachwissen ist nicht alles – Persönlichkeit ist gefragt*, www.dihk.de/inhalt/informationen/news/meldungen/meldung005580.main.html, 24.6.2004.

Döpp, Hans J.: *Sind die Kinder heute anders?*, in: Häsing et al. 1980.

E

eFinancialCareers: www.efinancialcareers.com, 23.9.2004.

Ehrenreich, Barbara: *Dancing in the Streets*, New York 2007.

Etzioni, Amitai (1995): *Die Entdeckung des Gemeinwesens*, Stuttgart 1995.

Etzioni, Amitai (1997): *Die Verantwortungsgesellschaft*, Frankfurt am Main 1997.

Etzioni, Amitai (2003): *The Ways We Celebrate*, www.gwu.edu/~ccps/the_ways_we_celebrate.html, 26.5.2003.

EU-Kommission (2004): *The State of Mental Health in the European Union*, Luxemburg 2004.

EU-Kommission (2005): *Mental Health: Commission Adopts Green Paper on Illness Affecting 1 in Four Adults*, Pressemitteilung Referenz-Nr. IP/05/1292, 17.10.2005.

F

Fauser, Richard: *Zur Isolationsproblematik von Familien*, München 1982.

Fernald, Russel, zitiert in: Lane 2000, S. 43.

Feuerbach, Ludwig: *Wider den Dualismus von Leib und Seele, Fleisch und Geist*, Leipzig 1846.

Fischer, Claude S./Phillips, Susan L.: *Who Is Alone?*, in: Peplau/Perlman 1982.

Foucault, Michel: *Histoire de la Sexualité*, Paris 1976.

Freud, Sigmund: *Das Unbehagen in der Kultur*, Frankfurt am Main 1953.

Fromm, Erich (1980a): Gesamtausgabe Band 7 *Aggressionstheorie*, Stuttgart 1980.

Fromm, Erich (1980b): Gesamtausgabe Band 4 *Gesellschaftstheorie*, Stuttgart 1980.

Fromm, Erich (1980c): Gesamtausgabe Band 1 *Analytische Sozialpsychologie*, Stuttgart 1980.

Fromm, Erich (1980d): Gesamtausgabe Band 2 *Analytische Charaktertheorie*, Stuttgart 1980.

Fromm, Erich (1981a): Gesamtausgabe Band 9 *Sozialistischer Humanismus und humanistische Ethik*, Stuttgart 1981.

Fromm, Erich (1981b): Gesamtausgabe Band 8 *Psychoanalyse*, Stuttgart 1981.

Fromm, Erich (1981c): Gesamtausgabe Band 5 *Politik und sozialistische Gesellschaftskritik*, Stuttgart 1981.

Fromm, Erich (2000): *Haben oder Sein*, 28. Auflage, München 2000.

G

Galbraith, John K.: *The Affluent Society*, 4. Auflage, Boston 1984.

Gollwitzer, Helmut, zitiert in: www.kubik-rubik.de/content/view/22/2, 27.9.2007.

Gordon, Suzanne: *Lonely in America*, New York 1976.

Graupner, Heidrun: *Kurzes Glück*, in: Süddeutsche Zeitung, 14.8.2004, S. 1.

Gudisch, Rebecca: *Schön freundlich*, in: Süddeutsche Zeitung, 22.4.2004, S. 9.

Guht, Christian: *Gebrannte Kinder*, in: Süddeutsche Zeitung, 17.2.2004, S. 10.

H

Haarmann, Claudia, zitiert in: *Wir stecken voller Hemmungen*, Süddeutsche Zeitung, 30.5.2006, S. 9.

Harwood, Richard, zitiert in: de Graaf et al. 2002, S. 21.

Häsing, Helga/Stubenrauch, Herbert/Ziehe, Thomas: *Narziß, – Ein neuer Sozialisationstypus*, 3. Auflage Bensheim 1980.

Heide, Holger: *Massenphänomen Arbeitssucht*, Bremen 2002.

Heitmeyer, Wilhelm (1997a): *Was hält die Gesellschaft zusammen?*, Frankfurt am Main 1997.

Heitmeyer, Wilhelm (1997b): *Was treibt die Gesellschaft auseinander?*, Frankfurt am Main 1997.

Heitmeyer, Wilhelm/Olk, Thomas: *Individualisierung von Jugend*, München 1990.

Hengst, Dirk P.: *Tanz, Trance und Ekstase*, Bad Honnef 2003.

Hense-Ferch, Sabine: *Afrika im Schlafzimmer*, in: Süddeutsche Zeitung, 6.6.2003, S. V2/25.

Hofstede, Geert: *Interkulturelle Zusammenarbeit*, Wiesbaden 1993.

Hoggart, Richard: *The Uses of Literacy*, New Brunswick 1992.

Houchard, Béatrice, zitiert in: *Die Fahrschule der Nation*, Süddeutsche Zeitung, 15.1.2004, S. 8.

Houellebecq, Michel (1998): *Interventions*, Paris 1998.

Houellebecq, Michel (1999a): *Elementarteilchen*, 4. Auflage, Köln 1999.

Houellebecq, Michel (1999b): *Ausweitung der Kampfzone*, Berlin 1999.

Hujer, Marc: *Eine Nation speckt ab*, in: Süddeutsche Zeitung, 19.8.2003, S. 3.

I

IFAK Markt- und Sozialforschung, zitiert in: *Die meisten Deutschen gehen gerne zur Arbeit*, Süddeutsche Zeitung, 5.5.2007, S. V2/13.

J

Jacobson, Michael, zitiert in: de Graaf et al. 2002, S. 38.

Jérôme, Béatrice: *De nouveaux outils de la politique de la ville*, in: Le Monde, 29.5.2001, S. 13.

Josephson, Eric u. Mary, zitiert in: de Graaf et al. 2002, S. 139.

Joop, Wolfgang: Interview, in: Süddeutsche Zeitung Magazin, Nr. 46 2003, S. 12.

Jung, Carl G.: *Erinnerungen, Träume, Gedanken*, Freiburg im Breisgau 1987.

K

Kästner, Erich: *Die kleine Freiheit*, Hamburg 1986.

Kast, Bas: *Die Liebe und wie sich Leidenschaft erklärt*, 2. Auflage, Frankfurt am Main 2004.

Kerr, Walter: *The Decline of Pleasure*, New York 1962.

Keupp, Heiner: *Soziale Netzwerke – Eine Metapher des gesellschaftlichen Umbruchs?*, in: Keupp/Röhrle 1987.

Keupp, Heiner/Röhrle, Bernd: *Soziale Netzwerke*, Frankfurt am Main 1987.

Klein, Thomas: *Ehescheidung in der Bundesrepublik und der früheren DDR*, in: Schneider et al. 1995.

Kort, Katharina: *Speed-Dating*, in: Handelsblatt, 13.5.2002.

Kröncke, Gerd: *Auf den Boulevards der Melancholie*, in: Süddeutsche Zeitung, 2.11.2004, S. 3.

L

Lane, Robert E.: *The Loss of Happiness in Market Democracies*, New Haven 2000.

Larson, Reed/Csikszentmihalyi, Mihaly/Graef, Ronald: *Time Alone in Daily Experience: Loneliness or Renewal?*, in: Peplau/Perlman 1982.

Lasch, Christopher: *Das Zeitalter des Narzissmus*, München 1980.

Lau, Peter (2002): *Die gute Seite der Katastrophe*, in: brand eins Wirtschaftsmagazin, November 2002, S. 123.

Lau, Peter (2004): *Was tun mit kalten Platten?*, in: brand eins Wirtschaftsmagazin, Juni 2004, S. 93.

Lawrence, David H. (1934): *Things*, in: *The Lovely Lady*, Hamburg 1934, S. 119 ff.

Lawrence, David H. (1968): *Sachen*, in: Gesammelte Erzählungen, Reinbek bei Hamburg 1968, S. 361 ff.

Legner, Reinhard, zitiert in: *Angst um den Job macht krank*, Süddeutsche Zeitung, 5.8.2004, S. 19.

Le Goff, Jacques (1983): *Für ein anderes Mittelalter*, Ulm 1983.

Le Goff, Jacques (1989): *Der Mensch des Mittelalters*, Frankfurt am Main 1989.

Lehnartz, Sascha: *Global Players*, Frankfurt am Main 2005.

Lenz, Albert: *Ländliche Beziehungsmuster und familiäre Probleme*, in: Keupp/Röhrle 1987.

Lerner, Michael, zitiert in: de Graaf et al. 2002, S. 133.

Levine, Robert: *Eine Landkarte der Zeit*, München 1998.

Ley, Wolfgang: Interview, in: Süddeutsche Zeitung, 22.10.2005, S. 24.

Lieberz, Klaus, zitiert in: *Krankheitsursache: Seele*, Süddeutsche Zeitung, 14.6.2002, S. 14.

Liedloff, Jean: *Auf der Suche nach dem verlorenen Glück*, München 1980.

Linder, Staffan B.: *Das Linder-Axiom*, Gütersloh 1971.

Lindner, Martin: *Ein Herz und eine Seele*, in: Süddeutsche Zeitung, 4.1.2005, S. 9.

Lüdtke, Hartmut: *Entgrenzung und Kontrollverlust in Freizeit und Konsum*, in: Heitmeyer 1997b.

Luttwak, Edward, zitiert in: de Graaf et al. 2002, S. 97.

Lyubomirsky, Sonja: http://faculty.ucr.edu/~sonja/, 9.7.2004.

M

Malinowski, Bronislaw (1963): *Sex, Culture, and Myth*, London 1963.

Malinowski, Bronislaw (1983): *Das Geschlechtsleben der Wilden in Nordwest-Melanesien*, Frankfurt am Main 1983.

Mann, Thomas: *Bekenntnisse des Hochstaplers Felix Krull – der Memoiren erster Teil*, Frankfurt am Main 1989.

Mansel, Jürgen: *Bewertung gesellschaftlich-politisch bedingter Bedrohungspotenziale und psycho-soziales Befinden von Jugendlichen in Ost- und Westdeutschland*, in: Schneider et al. 1995.

Maslow, Abraham (1973): *Psychologie des Seins*, München 1973.

Maslow, Abraham (1977): *Motivation und Persönlichkeit*, Olten 1977.

Mead, Margaret (1965a): *Leben in der Südsee*, München 1965.

Mead, Margaret (1965b): *And Keep your Powder Dry*, New York 1965.

Mehu, Didier: *Gratia Dei – Das Leben im Mittelalter*, Freiburg im Breisgau, 2004.

Micksch, Jürgen/Höcht-Stöhr, Jutta: Vorwort, in: Ziehe et al. 1989.

Miegel, Meinhard/Wahl, Stefanie: *Das Ende des Individualismus*, 2. Auflage, München 1994.

Mitscherlich, Alexander: *Die Unwirtlichkeit unserer Städte*, Lizenzausgabe, Stuttgart 1992.

Mölling, Jörg, zitiert in: *Holland und die Ecstasy-Milliarden*, Süddeutsche Zeitung, 10.12.2001, S. 12.

Mumford, Lewis (1957): *The Transformations of Man*, London 1957.

Mumford, Lewis (1981): *Hoffnung oder Barbarei*, Frankfurt 1981.

Myers, David G.: *The American Paradox*, New Haven 2000.

N

Näger, Doris: *Vom Börsenmakler zum Pfandflaschensammler*, in: Süddeutsche Zeitung, 17.10.2003, S. 9.

NBER National Bureau of Economic Research: *Do Longer Maternity Leaves Affect Maternal Health?*, www.nber.org/aginghealth/winter 04/w10206.html, 9.5.2005.

NEF New Economics Foundation: *The Happy Planet Index*, http://www. neweconomics.org/gen/z_sys_PublicationDetail.aspx? pid=225, 31.7.2006.

Neidhardt, Friedhelm: *Frühkindliche Sozialisation*, Stuttgart 1979.

Neumann, Rainer, zitiert in: *Jeder Zehnte ist in Geldnot*, Süddeutsche Zeitung, 25.11.2005, S. 34.

O

Organon GmbH: *Häufigkeit der Depression*, www.depression.de/depression/tx_3haeufigkeit.html, 10.3.2004.

P

Peplau, Letitia A./Perlman, Daniel: *Loneliness*, New York 1982.

Pérez-Díaz, Víctor: *Vom Bürgerkrieg zur Bürgergesellschaft: Sozialkapital in Spanien von den 1930er bis zu den 1990er Jahren*, in: Putnam, Robert D.: *Gesellschaft und Gemeinsinn*, Gütersloh 2001.

Peuckert, Rüdiger: *Die Destabilisierung der Familie*, in: Heitmeyer 1997b.

Pfeiffer, Christian (2004a), zitiert in: *Glotzen macht dumm*, Süddeutsche Zeitung, 27.12.2004, S. 9.

Pfeiffer, Christian (2004b): *Medienverwahrlosung als Ursache von Schulversagen und Jugenddelinquenz?*, www.kfn.de/medienverwahrlosung.pdf, 27.12.2004, S. 5.

Pfeiffer, Christian/Wetzels, Peter: *Junge Türken als Täter und Opfer von Gewalt*, www.kfn.de/tuerkfaz1.html, 20.10.2005.

Pfingsten, Ulrich/Hinsch, Rüdiger: *Gruppentraining sozialer Kompetenzen*, 2. Auflage, Weinheim 1991.

Phillips, Derek L.: *Looking Backward – a Critical Appraisal of Communitarian Thought*, Princeton 1993.

Pilgram, Jutta: *Die Party ist wichtiger*, in: Süddeutsche Zeitung, 24.10.2005, S. 9.

Popenoe, David: *Private Pleasure, Public Plight*, New Brunswick 2001.

Powdermaker, Hortense: *Life in Lesu*, London 1979.

Puls, Wichard: *Soziale Isolation und Einsamkeit*, Wiesbaden 1989.

Putnam, Robert D.: *Bowling Alone*, New York 2000.

R

Ramelsberger, Anette: *Das Wunder von Kreuzberg*, in: Süddeutsche Zeitung, 3.5.2005, S. 5.

Reim, Martin: *Angst um den Job macht krank*, in: Süddeutsche Zeitung, 5.8.2004, S. 19.

Reinders, Heinz, zitiert in: *Gefragt sind Ausbildung und Sparsamkeit*, Süddeutsche Zeitung, 9.8.2004, S. 20.

Reppesgaard, Lars: *Karrieristen ohne Kinderstube*, in: Handelsblatt, 6.1.2006, S. K/1.

Revkin, Andrew C.: *Pursuing Happiness in a Complex World*, in: The New York Times – Articles selected for Süddeutsche Zeitung, 10.10.2005, S. 1 u. S. 5.

Ribeiro, Joao U.: *Ein Brasilianer in Berlin*, Frankfurt am Main 1994.

Richter, Horst-Eberhard (1963): *Eltern, Kind und Neurose*, Stuttgart 1963.

Richter, Horst-Eberhard (1998): *Lernziel Solidarität*, Giessen 1998.

Robinson, John P./Godbey, Geoffrey: *Time for Life*, Pennsylvania State University 1997.

Rögener, Wiebke: *Valium – eine frühe Modedroge*, in: Süddeutsche Zeitung, 18.12.2003, S. 10.

Rogers, Carl R.: *Entwicklung der Persönlichkeit*, 12. Auflage, Stuttgart 1998.

Roll, Evelyn: *Die Zauberlehrlinge am Krankenbett*, in: Süddeutsche Zeitung, 18.9.2004, S. 3.

Rook, Karen S./Peplau, Letitia A.: *Perspectives on Helping the Lonely*, in: Peplau/Perlman 1982.

Runckel, Brigitte, zitiert in: Pilgram 2005.

S

Sahlins, Marshall D., zitiert in: Fromm 1980a, S. 121 f.

Sakaiya, Taichi: *Chika Kakumei – Die Geschichte der Zukunft*, Düsseldorf 1994.

Schellenbaum, Peter: *Vom Spiegel der Ungeliebten zur Spiegelung der Liebenden*, in: Ziehe et al. 1989.

Schelsky, Helmut: *Wandlungen der deutschen Familie in der Gegenwart*, Stuttgart 1955.

Schenz, Viola: *Hund und Katz sollen auch ihr Fett wegkriegen*, in: Süddeutsche Zeitung, 19.12.2003, S. 12.

Schirrmacher, Frank: *Minimum*, München 2006.

Schmiedendorf, Berit: *Großfamilie für Arbeitsnomaden*, in: Süddeutsche Zeitung, 29.9.2007, S. V2/9.

Schneider, Norbert/Tölke, Angelika/Nauck, Bernhard: *Familie und Lebenslauf im gesellschaftlichen Umbruch*, Stuttgart 1995.

Schor, Juliet B.: *The Overworked American*, New York 1991.

Schulze, Gerhard, zitiert in: *Wie kommt der Spaß in die Gesellschaft?*, Süddeutsche Zeitung Magazin, Nr. 18 2004, S. 8.

Scitovsky, Tibor (1977): *Psychologie des Wohlstands*, Frankfurt am Main 1977.

Scitovsky, Tibor (1992): *The Joyless Economy*, 2. Auflage, New York 1992.

Seibold, Karin: *Freunde am Gartenzaun*, in: Süddeutsche Zeitung, 23.11.2005, S. 37.

Siefer, Werner/Weber, Christian: *Die Suche nach dem Ich*, in: Focus, 6/2006, S. 83.

Slater, Philip E.: *The Pursuit of Loneliness*, Boston 1970.

Slater, Philip E.: *Earthwalk*, New York 1974.

Smith, Adam: *Theorie der ethischen Gefühle*, Hamburg 1994.

Sombart, Werner: *Der moderne Kapitalismus*, Band 3, München 1987.

Späth, Lothar: *Der deutsche Glücksfaktor*, in: Handelsblatt, www.handelsblatt.com/news/Default.aspx?_p=204008&_t=ft&_b=1010238, 28.12.2005.

Steinberger, Karin: *Wenn das Leben stillsteht*, in: Süddeutsche Zeitung, 20.2.2004, S. 3.

Strasser, Johano: *Soziale Sicherung in der Wachstumskrise*, in: Olk, Thomas/Otto, Hans-Uwe: *Der Wohlfahrtsstaat in der Wende*, München 1985.

Strzyz, Klaus: *Sozialisation und Narzissmus*, Wiesbaden 1978.

Sullivan, Harry S. (1955): *The Interpersonal Theory of Psychiatry*, London 1955.

Sullivan, Harry S. (1980): *Die interpersonale Theorie der Psychiatrie*, Frankfurt am Main 1980.

Suomi, Steven, zitiert in: Lane 2000, S. 43.

Swenson, Richard, zitiert in: de Graaf et al. 2002, S. 79.

T

Thompson, Edward P., zitiert in: Heide 2002, S. 21.

V

Veenhoven, Ruut (1983): *The growing Impact of Marriage*, in: Social Indicators Research, 12/1983, S. 49.

Veenhoven, Ruut (1984): *Conditions of Happiness*, Dordrecht 1984.

Veenhoven, Ruut (1989): *How harmful is happiness?*, Rotterdam 1989.

Veenhoven, Ruut (1991a): *Ist Glück relativ?*, in: Report Psychologie, Juli 1991, S. 14.

Veenhoven, Ruut (1991b): *Is Happiness relative?*, in: Social Indicators Research, 24/1991, S. 1.

Veenhoven, Ruut (1994a): *Is Happiness a Trait?*, in: Social Indicators Research, 32/1994, S. 101.

Veenhoven, Ruut (1994b): *How satisfying is rural life? Fact and value.*, in: FAA Report Nr. 296, Bonn 1994, S. 41.

Veenhoven, Ruut (1998): *The Utility of Happiness*, in: Social Indicators Research, 20/1998, S. 333.

Veenhoven, Ruut (1999): *Quality-of-life in individualistic Society*, in: Social Indicators Research, 48/1999, S. 157–186.

Veenhoven, Ruut (2000): *Wellbeing in the Welfare State*, in: Journal of Comparative Policy Analysis, 2/2000, S. 91.

Veenhoven, Ruut (2003a): *Happiness in Hardship*, www2.eur.nl/fsw/ research/veenhoven/Pub2000s/2004a-abe.htm, 26.10.2004.

Veenhoven, Ruut (2005): *World Database of Happiness*, Correlational Findings/Code   P4.63,   http://worlddatabaseofhappiness.eur.nl, 24.10.2005.

Viering, Jonas: *Armes reiches Deutschland*, in: Süddeutsche Zeitung, 18.12.2004, S. 11.

W

Waterman, Alan S.: *The Psychology of Individualism*, New York 1984.

WEF World Economic Forum: *The Global Competitiveness Report 2005–2006*, www.weforum.org/site/homepublic.nsf/Content/Global+Competitiveness+Programme%5CGlobal+Competitiveness+Report, 28.9.2005.

Whybrow, Peter C.: *American Mania*, New York 2005.

Wikipedia: *Kölner Karneval*, http://de.wikipedia.org/wiki/K%C3% B6lner_Karneval, 9.10.2007.

Willenbrock, Harald: *Das Dagobert-Dilemma*, München 2006.

Williams, Raymond: *The Long Revolution*, London 1961.

Z

Ziehe, Thomas (1980): *Gegen eine soziologische Verkürzung der Diskussion um den neuen Sozialisationstyp*, in: Häsing et al. 1980.

Ziehe, Thomas (1989): *Narzißmus als Leitbild und als Störung*, in: Ziehe et al. 1989.

Ziehe, Thomas/Schellenbaum, Peter/Brockhaus, Gudrun/Dettmering, Peter: *Die Welt als Spiegel – der neue Narzissmus*, Tutzing 1989.

Zoll, Rainer (1993): *Alltagssolidarität und Individualismus*, Frankfurt am Main 1993.

Zoll, Rainer (2000): *Was ist Solidarität heute?*, Frankfurt am Main 2000.